찰스 핫지의
신학
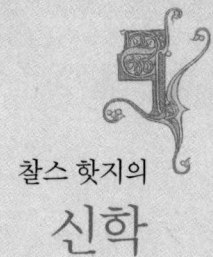

찰스 핫지의 신학

Theology of Charles Hodge

길자연 · 강웅산 편저

솔로몬

찰스 핫지의 신학

2009년 9월 1일 초판 1쇄 인쇄
2009년 9월 12일 초판 1쇄 발행

    지은이   길자연 강웅산 편저
    펴낸이   박영호
    펴낸곳   도서출판 솔로몬

  등록번호   제 16-24호
    등록일   1990년 7월 31일

          주소 : 서울시 동작구 사당3동 207-3 신주빌딩 1층
          TEL : 599-1482 FAX : 592-2104
          직영서점 : 596-5225

          ISBN : 978-89-8255-442-1 03230

* 저작권법에 의하여 보호를 받는 저작물이므로 무단전재와 복제를 금합니다.
* 정가는 뒷표지에 있습니다.
* 잘못되거나 파손된 책은 구입하신 서점에서 교환하여 드립니다.

서문

이천년의 기독교 역사에 비춰볼 때, 이제 불과 한 세기를 넘어서는 역사이지만 한국교회는 참으로 놀라운 성장을 이루었습니다. 그것은 전적으로 하나님의 놀라우신 섭리와 은혜가운데 가능했던 일임을 고백하며 하나님께 존귀와 영광을 올려드립니다.

본 저서는 2007년 10월 29일 영성목회연구회가 주최하는 2007년 가을학술대회의 결실로 빛을 보게 되었습니다. 2007년 한국교회가 1907년 평양대부흥 100주년을 기념하는 감격으로 벅차 있을 때, 영성목회연구회는 자축의 일환으로 "Charles Hodge의 신학과 21세기 한국교회"라는 주제로 학술대회를 개최하였습니다. 100년 전 대부흥 사건에 힘입어 한국교회가 이제까지 크게 성장하였다면, 향후 100년을 어떻게 준비해야 할 것인가에 대한 질문이 있었기 때문입니다. 미래에 대한 준비는 항상 우리의 뿌리와 정체성을 견고히 하는 데에 있다고 믿고, 우리는 한국장로교 신학의 뿌리인 미국 북장로교회의 대표적인 신학자이자 구 프린스턴 신학교의 교수였던 찰스 핫지(Charles Hodge,

1797-1878)를 연구해 보게 되었습니다. 찰스 핫지는 미국 북장로교회가 칼빈주의 개혁신학의 전통에 설 수 있게 한 신학자일 뿐만 아니라, 북장로교회가 장로교회로서 정체성과 전통을 확고히 한 교회의 사람(church-man)이었습니다. 그러기에 우리는 그로부터 우리의 뿌리가 어디에 있는지, 우리의 정체성이 무엇인지 듣는 기회를 갖기 원합니다.

본 저서에 실린 논문들은 영성목회연구회의 연구기금에 힘입어 8명의 교수님들이 1년 넘는 기간 연구하여 발표한 논문들을 모은 것임을 밝히며 수고하신 교수님들께 깊은 감사의 뜻을 표합니다. 먼저 본 학술대회의 주제를 선정하기까지 찰스 핫지 신학의 중요성을 부각시키며 집필진을 모으는 일을 위해 수고해주신 홍치모 교수님(전 총신대학교)께 감사를 드립니다. 또한 집필진으로, 차영배 교수님(전 총신대학교 신학대학원), 김길성 교수님(총신대학교 신학대학원), 이승구 교수님(합동신학대학원대학교), 박응규 교수님(아세아연합신학대학교), 조진모 교수님(합동신학대학원대학교), 장동민 교수님(백석대학교), 그리고 학술대회에서 출판까지 진행을 맡아 주신 강웅산 교수님(총신대학교 신학대학원)께 감사드립니다.
또한 학생으로서 많은 시간 아무런 불평 없이 기쁨으로 수정을 도와준 총신대학교신학대학원 윤운현 전도사님께 감사를 드립니다. 그리고 연구기금 마련을 위해 헌신해 주신 김성길목사님(시온소), 김선규목사님(성남성현), 장종현목사님(성도), 오치용목사님(왕십리), 김관선목사님(산정현) 외 영성목회연구회 사역에 동참하고 계시는 모든 회원 목사님들께 깊은 감사를 드립니다.
끝으로 주제의 중요성을 공감하시고 기꺼이 출판을 허락해 주신 솔로몬 출판사 대표 박영호 집사님께 감사를 드립니다.

찰스 핫지의 신학을 통해 한국장로교회가 그 뿌리를 더욱 굳건히 하며 분명한 정체성 위에서 계속해서 충성되게 복음사역을 잘 감당할 수 있기를 간절히 소원하며 본 저서의 출간에 즈음하여 하나님께 모든 영광과 감사와 찬송을 올려 드립니다.

영성목회연구회 총재 길자연 목사

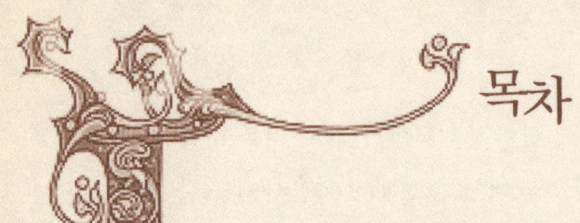

목차

서문 길자연 _ 5

01 찰스 핫지의 생애와 신학 _ 홍치모

I. 들어가는 말 _ 15
II. 소년 시절 _ 16
III. 프린스턴 대학 및 신학교 시절 _ 20
IV. 할레 대학과 베를린 대학 시절 _ 26
V. 핫지와 프린스턴 신학 _ 30
VI. 맺는 말 _ 35

02 찰스 핫지의 조직신학과 헤르만 바빙크의 교의신학 _ 차영배

I. 이성(理性) _ 39
 찰스 핫지(Charles Hodge)
 헤르만 바빙크(Herman Babinck)
II. 중생(重生) _ 43
 찰스 핫지의 중생관
 헤르만 바빙크의 중생관
 아브라함 카이퍼의 중생관

03 이성과 계시문제에 대한 찰스핫지의 견해 _ 이승구

I. 찰스 핫지의 생애와 사역, 그의 신학에 대한 일반적 고찰 _ 52
II. 신학에서의 이성의 역할과 기능에 대한 핫지의 견해 _ 61
III. 찰스 핫지는 합리주의[이성주의]자인가? _ 66
IV. 핫지의 "합리주의 정통주의"에 대한 후대 개혁파의 평가 _ 80
V. 결론 _ 93

04 찰스 핫지의 칭의론 _ 강웅산

I. 들어가는 말 _ 97
II. 신학적 구조 및 특징 _ 99
III. 칭의의 기독론적 근거 _ 105
IV. 그리스도와의 연합 _ 109
V. 칭의의 개념 _ 114
VI. 칭의와 그리스도인의 삶 _ 122
VII. 나가는 말: 21세기 한국 교회를 생각하며 _ 136

05 찰스 핫지의 교회론 _ 김길성

- I. 들어가는 글 _ 143
- II. 은혜의 수단으로서 말씀 _ 145
- III. 은혜의 수단으로서 성례 _ 149
- IV. 세 례 _ 153
- V. 주의 만찬 _ 157
- VI. 은혜의 수단으로서 기도 _ 161
- VII. 맺는 글 _ 164

06 찰스 핫지의 종말론 _ 박응규

- I. 들어가는 말 _ 171
- II. 찰스 핫지의 시대와 신학적 배경 _ 173
- III. 핫지의 후천년설의 형성배경, 구조 그리고 특성 _ 186
- IV. 핫지의 후천년설에 대한 재고찰 _ 199
- V. 나가는 말 _ 205

07 찰스 핫지의 기독교와 과학의 관계 _ 장동민

- I. 서 론 _ 209
- II. 본 론 _ 211
  - 과학(Science)과 신학(Theology)
  - 사실(Facts)과 이론(Theories)
  - 이성(Reason)과 계시(Revelation)
- III. 결 론 : 포스트모던 사회에서의 핫지 과학론의 유산 _ 240

08 찰스 핫지의 학문과 경건 _ 조진모

  I. 들어가는 글 _ 249
  II. 학문과 경건의 조화 _ 251
  III. 성경에 기초한 학문과 경건 _ 257
  IV. 도전받는 학문과 경건의 조화 _ 272
  V. 나가는 글 _ 281

09 찰스 핫지 신학의 목회적 접근 _ 길자연

  I. 일관성 있는 개혁주의 _ 288
  II. 개혁주의 신학 전수의 사명 _ 289
  III. 교리교육의 강조 _ 290
  IV. 장로교 정치 구현 _ 291
  V. 신학과 영성의 조화 _ 292
  VI. 목회적 접목 _ 294

Appendix 찰스 핫지에 관한 1차 및 2차 문헌 모음

  I. 핫지의 출간된 1차 문헌 _ 302
  II. 핫지의 미출간 저서 및 원고 _ 321
  III. 핫지에 관한 출간된 2차 문헌 _ 323
  IV. 핫지에 관한 미출간 2차 문헌 _ 349

01
찰스 핫지의
생애와 신학

홍 치 모 교수
(전 총신대학교, 역사신학)

Ⅰ. 들어가는 말
Ⅱ. 소년 시절
Ⅲ. 프린스턴 대학 및 신학교 시절
Ⅳ. 할레 대학과 베를린 대학 시절
Ⅴ. 핫지와 프린스턴 신학
Ⅵ. 맺는 말

찰스 핫지의 생애와 신학

1 홍치모

I. 들어가는 말

찰스 핫지(Charles Hodge, 1797-1878)는 미국장로교회가 배출한 조직신학자로서 세계 4대 칼빈주의 신학자의 한 사람으로 꼽히고 있다. 그는 미국에서 태어나 현재의 프린스턴 대학교의 전신인 뉴저지 대학을 졸업한 후 프린스턴 신학교에 진학하여 3년간 신학공부를 하고 독일에 가서 2년간 유학을 마치고 돌아와서는 줄곧 모교인 프린스턴 신학교에서 신학을 근 반세기 동안이나 가르치다가 작고한 위대한 조직신학자로 추앙받고 있다.[1]

핫지 교수가 장로교회의 조직신학자로서 대들보와 같은 존재임

---

1) 세계 4대 칼빈주의 신학자를 지적 할 것 같으면 다음과 같다.
 찰스 핫지(Charles Hodge, 1797-1878)
 아브라함 카이퍼(Abraham Kyper, 1837-1920)
 헤르만 바빙크(Herrman Bavinck, 1854-1921)
 벤자민 워필드(Benjamin B. Wirfield, 1851-1921)
 만약 5대 칼빈주의자로서 한 사람을 더 추가시키라고 할 것 같으면 스코틀랜드의 역사신학자요 핫지의 친구였던 윌리암 커닝햄(William Cunningham, 1805-1861)을 포함시킬 수 있다.

에도 불구하고 한국 신학계에서는 그의 신학에 대하여 분석적 연구가 거의 없는 형편이다. 금번 왕성교회가 주최하는 핫지 신학의 심포지엄을 개최함에 있어서 간단하나마 핫지의 생애와 그가 살았던 시대적 배경을 스케치해보고자 한다.

II. 소년 시절

찰스 핫지는 1797년 12월 27일, 미국 독립운동의 발상지였던 필라델피아 시에서 출생하였다. 그의 조상은 소위 스코티쉬-아이리쉬(Scottish-Irish) 계통으로서 조부(祖父)인 앤드류(Andrew)는 아일랜드에서 미국으로 이민하여 필라델피아 시 워터 거리(Water street)에서 상업을 시작하여 제법 재산을 저축할 수 있었다. 핫지의 아버지 찰스 휴(Charles Hugh, 1755-1798)는 1773년 프린스턴 대학을 졸업하였다.[2] 핫지의 아버지가 대학을 졸업하던 무렵 미국에서 독립전쟁이 발발하려던 무렵이었다. 대학에서는 애국심과 독립심이 최고조에 달해 있었다.

찰스 핫지의 아버지는 의과대학에 진학하여 의학을 전공했다. 막상 전쟁이 발발하자 펜실베이니아 연대에 입대하여 군의관으로 봉사하던 중 1776년 11월 뉴욕 시 근처에 있는 포트 워싱턴(Fort Washington)이라는 지역에서 전투하다가 포로가 되었다. 포로가 된 후 수개월 동

---

2) 찰스 핫지의 전기는 그의 아들(A. A. Hodge)이 쓴 *The Life of Charles Hodge*(1881)가 있다. 1969년 Arone Press에서 재판(개정판)이 간행되었다. 그러나 내용에 있어서나 체제에 있어서 하등에 변화가 없다. 이하 생략하여 Hodge, Life로 표기하기로 한다. pp. 1-19. Richard Harrison, "Hugh Hodge", Princetonims 1769-1776: A Biographical Dictionary (Princeton University Press, 1980), pp. 295-297.

안 고생하다가 다시는 군대에 재입대 하지 않는다는 선서를 한 후에 석방되었다. 찰스 핫지는 나이가 들어 성인이 되었을 때 회고록을 집필하였다. 그 때 핫지는 가문의 신앙 전통을 알리기 위해 "우리들의 조상은 모두가 장로교 교인들이었고 애국자들이었다"고 기록하였다.3)

영국군의 포로에서 풀려난 핫지의 아버지는 필라델피아시로 돌아와 의사가 되어 의원을 개설하였다. 1790년 찰스의 아버지는 메리 브란차드(Mary Blanchard) 양과 결혼하였다. 그녀는 보스턴 시에서 태어난 고아였다. 결혼하기 5년 전 오빠가 살고 있는 필라델피아 시로 이주하였다. 그녀는 비록 고아 출신이었지만 친척들 중에는 유명한 인사들이 있었다. 독립전쟁에 참전하여 벙커 힐(Bunker Hill) 전투에서 전사한 육군소장 조셉 워렌(Joseph Warren)과 워싱턴 대통령의 각료였던 티모시 피커링(Timothy Pickering)은 그녀의 친척들이었다.

두 젊은이는 필라델피아 시 제2장로교회에서 아쉬벨 그린(Ashbel Green) 목사의 주례로 결혼하였다. 그린 목사는 핫지의 아버지가 사망하자 핫지의 후견인으로서 핫지가 결혼할 때까지 돌보아주었다. 그는 프린스턴 신학교의 창설자의 한 사람으로서 핫지가 프린스턴 신학교의 교수로 임명되는 일에도 직간접으로 영향력을 행사하였다.

이 부부는 다섯 아들을 두었는데 1793년과 1795년에 유행했던 황열병(Yellow Fever)에 걸려 세 아들이 모두 사망하였고 두 아들만이 살아남았다. 큰 형인 휴 레녹스 핫지(Hugh Lenox Hodge)는 1796년에 출생하며 찰스 핫지보다 한 살 위였다. 그는 의학을 공부하여 유명한 산부인

---

3) A. A. Hodge, Life, p.5. 영국의 크롬웰 장군이 스코틀랜드를 점령하자 스코틀랜드에서 살고 있던 거주민들을 반 강제로 북아일랜드에 이주시켰다. 그 곳에서 살고 있던 사람들이 아일랜드에 기근이 닥치자 집단적으로 미국으로 이주하였다. 이들을 가리켜 '스코티쉬-아이리쉬' 라고 부른다.

과 의사가 되었고 동시에 제 2장로교회의 장로가 되었다. 찰스 핫지 형제는 남달리 형제간의 정이 두터웠다. 핫지는 근 50년 동안 형에게 매주 한 번은 편지를 써서 보내곤 하였다. 형은 동생보다 수입이 많았음으로 매달 동생에게 생활비를 보냈다. 당시 프린스턴 신학교도 우리가 생각했던 것과는 달리 교수들의 생활비를 제때 지급하지 못하는 일이 종종 있었던 것 같다. 그리고 핫지의 자녀들이 대학에 진학하자 그들의 학비를 보조하는데 형은 인색하지 않았다.

그런데 두 형제가 성장하는 동안 그들의 가는 길은 고난의 길이었다. 찰스 핫지가 출생한지 7개월도 안 돼 그의 아버지 역시 황열병으로 세상을 떠나고 말았다. 어린 젖먹이 두 아들을 남겨두고 세상을 떠났으니 찰스 형제를 양육해야 할 어머니의 고생은 어떠했으랴. 불행 중 다행하게도 찰스 핫지의 두 고모님은 펜실베이니아 주와 뉴저지 주에서 활동하고 있던 정치가와 결혼함으로써 그들로부터 양육비와 교육비를 보조받을 수 있었기 때문에 두 아들들 모두가 프린스턴 대학에 진학할 수 있었다.[4]

그런데 19세기에 들어서자 프랑스는 나폴레옹이 1806년 대륙봉쇄령을 선포함으로써 영국을 고립시키려고 하였다. 영국은 미국과 교역을 계속하고 있었음으로 프랑스는 달갑지 않게 생각하고 있었다. 미국은 중립을 지키면서 프랑스와 교역을 계속하고 있었다. 그러자 영국은 대서양 공해상에서 미국 선박을 납치하는 등 미국의 국위를 손상시켰다.

이와 같은 사건이 발생하자 미국 대통령 제퍼슨은 1807년 영국

---

4) Mark A. Noll, ed., Charles Hodge, The way of Life (The Paulist Press, New york, 1987), p.4.

에 대한 경고 수단으로서 미국 선박의 외국 출항을 금지하는 출항금지법(Embargo Act)을 제정하였다. 이와 같은 조치는 미국편에서 스스로 교역을 끊어 상대 국가에게 각성을 촉구하는 소극적 정책이었다. 이로 인해 미국의 대외무역은 일체 중지되었고 영국도 식량이 궁핍해졌다. 그러나 이 법은 영국 공산품에 크게 의존하고 있던 미국이 오히려 더 큰 타격을 받았다. 제퍼슨 대통령은 대통령에서 퇴임하기 전 통상금지법(Non-Intercourse Act)을 제정한 뒤 물러났지만 이 법은 출항금지법이나 내용적으로 달라진 것은 없었다. 이로 인하여 찰스 핫지의 어머니는 남편이 남겨둔 적은 재산이기는 했지만 어느 무역상사에 맡겨 이자를 받다가 이자는 커녕 원금도 받지 못하고 말았다.[5]

　이로 인하여 두 아들을 소학교에 보내지 못하고 가정교육을 시킬 수밖에 없었다. 한편 종교교육만은 철저하였다. 어머니는 두 아들에게 웨스트민스터 소요리 문답을 매일 가르쳤고 암송시켰다.

　1810년 핫지의 어머니는 두 아들을 뉴저지 주의 소머빌(Somerville)이라는 곳에 있는 고전어(古典語)학교에 입학시켰다. 이 학교는 고모님 댁에서 가까운 곳에 위치하고 있었다. 여기서 찰스 두 형제는 네덜란드에서 이민 온 상류층 자제들과 교분을 맺으면서 사회적 기반을 닦았다. 핫지의 어머니는 두 아들의 교육을 위해서 프린스턴 대학이 있는 동네로 이주하였다. 두 형제는 새로운 지적세계를 접하게 되었다.

---

[5] Ibid., p. 4. 이보형, 미국사개설 (일조각, 2005), pp. 96-97.

Ⅲ. 프린스턴 대학 및 신학교 시절

　　찰스 핫지의 어머니가 두 아들을 거느리고 프린스턴으로 이주했던 1812년은 핫지의 생애에 있어서 뿐만 아니라 미국 북장로교회사에 있어서 큰 변화를 일으켰던 해였다.

　　찰스 핫지가 프린스턴 대학에 입학한 것은 1812년 9월이었다. 그는 그 해 대학 2학년에 입학하였다. 핫지의 집은 위더스푼 거리(Witherspoon street)에 있었다. 1795년 이후 프린스턴 대학은 존 위더스푼(John Witherspoon)의 사위가 되는 사무엘 스텐홉 스미스(Samuel Stanhope Smith)가 1768년부터 1794년까지 학장직을 맡고 있었다. 위더스푼 목사는 미국 장로교회의 총회를 조직한 아버지라고 할 수 있다. 뿐만 아니라 미국 독립선언서에 서명한 유일한 목사였다.[6]

　　스텐홉 스미스는 비록 건강이 좋지 못한 몸이었으나 그는 최선을 다해서 새로 발전하고 있던 과학과 하나님의 말씀을 충돌시키지 않고 조화시키는데 노력했던 인물이었다. 스미스 학장의 노력에도 불구하고 그는 대학 이사회로부터 소외당하고 있었다. 그 이유 중의 하나는 프린스턴 대학을 졸업하는 학생들 중에서 신학 지망생이 해를 거듭할수록 줄어들었기 때문이었다. 설상가상으로 1800년부터 1807년 사이에 학생들의 반항적 행동과 스트라이크가 절정에 달하고 있었다. 교단에서 임명한 이사들은 스미스 학장의 지도력이 한계에 이르렀다는 것을 절감하게 되었다. 그리하여 1812년 6월과 8월에 각각 이사회를 소집하여 스미스 학장의 은퇴를 논의한 결과 그를 퇴임시키기로 결

---

6) Mark A. Noll, ed., Ibid, p. 5.

정하고 대신 필라델피아 시에 있는 제2장로교회 목사 아쉬밸 그린 목사를 학장으로 임명하였다. 그린 목사의 학장 취임은 찰스 핫지의 생애의 진로를 결정하는데 중요한 계기가 되었다. 핫지를 위대한 신학자로 만든 사람은 그린 목사였다.

아쉬밸 그린이 프린스턴 대학의 학장으로 취임한 1812년은 프린스턴 신학교가 설립되는 해이기도 하다. 그때까지 미국에서 목사를 교육시켜 일선 목회지에 파송시키는 일은 오늘 우리들이 실행하고 있는 것과 같이 특수 전문대학원으로서의 신학대학원(Seminary)은 없었다. 다만 대학 4년 과정에서 장차 목사가 될 학생은 학교가 별도로 제정한 과목을 이수한 후, 학생이 출석하는 교회가 소속되어 있는 노회(老會)에서 목사 시험에 시취하여 합격하면 목사가 될 수 있었다. 회중교회의 경우는 절차가 더 간단했다. 당시 하버드 대학교나 예일 대학교는 회중교회의 관할 하에 있었다. 19세기에 들어서자 소위 서점운동(西漸運動: Westward Movement)으로 많은 사람들이 서부개척을 위해 서쪽으로 이동하였다. 사람들이 가는 곳에는 새로운 개척교회가 설립되기 마련이다. 따라서 교역자가 필요한 것은 재언할 필요가 없다. 새로 개척되는 서부 지역에서 설립되는 교회에 파송해야 할 교역자가 필요한데 종전과 같은 교역자 양성방법으로는 도저히 충당할 수가 없는 실정이었다. 그러므로 신학교의 설립은 시대적 요청이었다.

아쉬밸 그린 이외에 그와 뜻을 같이 하고 있던 뉴욕 시의 젊은 목사 사무엘 밀러(Samuel Miller)가 있었다. 그 역시 교단이 직영하는 신학교를 설립해야 한다고 절감하고 있었다.[7]

총회의 결의를 거쳐 1812년 프린스턴 신학교는 개교하였고 아쉬밸 그린이 초대 이사장이 되었다. 최초의 신학교의 전임교수는 버지니아 주 출신의 아치발드 알렉산더(Archbald Alexander)가 취임하였다.[8] 알렉산더 교수는 영적, 지적으로 찰스 핫지의 성장에 결정적인 영향을 미쳤다. 말하자면 핫지의 영적 및 지적 후견인 역할을 한 인물이었다.

알렉산더 교수는 1772년 버지니아 주에서 스코티쉬-아이리쉬계 가문에서 출생하였다. 교육은 미국 장로교회의 대들보라고 할 수 있는 위더스푼의 제자 윌리엄 그레이엄(William Graham) 밑에서 개인지도를 받았다. 알렉산더는 1790년 버지니아 노회에서 목사 시취를 거쳐 안수를 받았다. 그 후 4년간 개인적으로 신학공부를 하면서 순회 전도 목사 생활을 한 후 버지니아 주 샤롯데 카운티(Charlotte County)에 있는 두 장로교회를 동시에 섬기는 목사가 되었다. 1797년에는 햄든-시드니(Hamden-Sydney) 대학의 학장이 되어 10년 후 필라델피아 제3장로교회로 이전하기 직전까지 그리고 프린스턴 신학교의 교수로 초빙받기까지 학장직을 겸임하고 있었다. 알렉산더 교수는 설교를 통해서 사람들의 마음을 설득하여 사로잡을 뿐만 아니라 사람들을 끌어 모아 포용하는 능력을 소유하고 있었다. 찰스 핫지는 프린스턴 신학교가 설립되는 해에 신학교가 있는 동네로 이주하여 그 곳에서 60년 동안 생활하였다. 이 해는 미국 북장로교회사뿐만 아니라 프린스턴 신학교 그리고 핫지 생애에 있어서 역사적 전환점을 찍는 해이기도 하였다.[9]

핫지는 이 마을에서 60년 동안 생활하면서 대학과 신학교 그리

---

7) Joseph H. Jones, The life of Asbel Green, (New York, 1849) Belclin C. Lane, Democracy and the Ruling Elderihip : Samuel Millers Response to Jension Betiueen Clerical and lay Authority in Early 19th-Century America (1976) 이 논문은 1976년 프린스턴 신학교에 제출한 신학박사 논문임. 홍치모, "프린스턴 신학교 설립의 역사적 배경", 神學指南(1983), 제50권, 제1집, pp. 84-103.
8) W. Andrew Hoffecker, 홍치모 역, 프린스턴神學思想, (한국로고스연구원, 1991), pp. 15-83.
9) Mark A. Noll, ed., op. cit., p. 7.

고 교단에서 발생했던 여러 가지 사건의 영향을 직접 혹은 간접으로 받거나 자신이 사건에 개입하면서 한평생을 생활하였다.

　　1812년 8월 12일은 소년 핫지에게 잊을 수 없는 매우 인상 깊은 날이었다. 그 날 핫지는 14세의 소년의 나이로, 프린스턴신학교 교수로 취임하는 아치발드 알렉산더 교수의 취임사를 들었다.10)

　　핫지와 알렉산더 교수와의 만남(encounter)은 뜻밖의 일이었다. 어느 여름날 핫지가 프린스턴 대학에 입학하기 전 고전어 학교에서 공부하고 있을 때 알렉산더 교수가 그 학교 교정을 거닐다가 귀엽게 생긴 소년 핫지를 만나 헬라어 단어 πιστις가 무슨 말인지를 물었던 것이 계기가 되어 평생 사제지간의 관계를 맺게 되었다. 그러고 나서 핫지가 알렉산더 교수에게 편지를 쓸 때 "사랑하는 아버지"라고 쓰기도 하였다. 그가 말하기를 "나의 어머니 이외에 내가 은혜를 입은 사람이 있다고 한다. 알렉산더 교수님밖에 없다"라고 하였다. 그러므로 핫지는 자기의 첫 아들의 이름을 스승의 이름을 따서 아치볼드 알렉산더라고 지어주었다.11)

　　1812년 가을, 핫지는 프린스턴 대학 2학년에 편입하여 1816년에 졸업하였다. 핫지의 대학생활에서 얻은 수확은 많았지만 그 중에서 상류층 인사의 자제들을 많이 사귀게 된 것이 큰 도움이 되었다. 그 중에서 감독교회의 감독이 되었던 찰스 멜빈(Charles P. Mellvaine)과 훗날 프린스턴 대학의 학장이 되었던 존 맥클레인(John Maclean)과 친교가 두터웠다. 그는 핫지가 창간한 『프린스턴 리뷰』(Princeton Review)지의 기고자였다.

---

10) A. A. Hodge, The Life of Charles Hodge, (New York, 1969), p. 18.
11) Mark. A. Nall, op. cit., p. 8.

핫지의 대학생활에 있어서 무엇보다 의의가 있었던 사건은 그의 회심, 즉 거듭남의 체험이었다. 프린스턴 대학의 초기 학장이었던 위더스푼이 대학생들의 공적처세를 올바로 할 것을 강조하고 스텐홉 스미스 학장이 학생들에게 과학탐구를 소홀히 해서는 안 된다는 것을 강조했다고 할 것 같으면, 아쉬벨 그린 학장은 조나단 에드워즈 초대 학장처럼 학생들의 경건생활(Piety life)을 강조하였다. 경건생활을 강조하는 한 방법으로 주일 오후에 실시하던 성경공부를 폐지하고 소요리문답을 처음부터 끝까지 암송시키는 것을 의무화했다. 이 결과 1814년에서 1815년 사이에 대학에서 부흥이 일어났다. 핫지는 1815년 1월 13일 친구와 더불어 자신의 신앙을 고백하였다. 당시 프린스턴 대학에는 105명의 학생이 재학하고 있었는데 이 중에서 삼분의 이 이상의 학생들이 회심의 체험을 가졌다.[12]

이와 같은 회심의 결과 핫지는 목사가 되기 위해서 신학공부를 하기로 결심하였다. 핫지가 프린스턴 신학교에 입학하던 해 사무엘 밀러가 전임교수로 부임하였다. 핫지는 1819년에 졸업하였다. 그의 졸업반 학생은 26명이었다. 그가 졸업하는 해 58명의 학생이 새로 입학하자 2명의 전임교수가 가르치기에는 학생의 수가 많아졌다. 젊은 전임강사가 필요했고, 총회는 새로 채용하는 전임교수의 사례금을 마련해야만 했다. 알렉산더 교장은 총회에 재정을 청원하기 전에 인물부터 물색하였다. 처음에는 핫지의 가장 친한 친구인 존(John Jehns)에게 물어보려고 생각하였으나 그는 이미 감독교회의 목사가 되기로 결정한 상태다. 그런데 1819년 5월 6일 아침, 핫지는 사소한 일로 알렉산더 교장의

---

12) Mark A. Nall, Ibid., p. 9.

방에 갔을 때 알렉산더 교장은 핫지로 하여금 놀랄 만한 질문을 던졌다. 그는 핫지에게 신학교 교수가 되지 않겠느냐고 물었던 것이다.13)

핫지는 알렉산더 교수로부터 제언을 받고 몹시 당황하고 망설였다. 그때로부터 1년간 자기 자신이 과연 신학교의 교수가 될 만한 자질과 인격을 갖추고 있는가를 검증하였다. 1년이 지나자 총회는 1820년 5월 핫지에게 1년간 보조교사(조교와 같은 지위)로 임명하였다. 교수해야 할 과목은 성경원어였고 봉급은 연봉 400불을 지급하기로 하였다. 그가 총회로부터 보조교사로 임명을 받자 공교롭게도 오른쪽 허벅다리에서 통증을 느끼기 시작하였다. 이것은 일종의 류마즘으로서 간헐적으로 20년 동안 지속되었다. 1820년 10월 핫지는 뉴잉글랜드 지방을 여행하였다. 여행 목적은 교파를 초월하여 여러 저명한 신학교 교수들을 만나 성경언어의 교수법과 성경해석에 관한 자문을 구하기 위한 것이었다. 그가 만났던 교수들 중에서 신학적 입장을 달리 했던 인물을 한두 사람 지적한다면 앤도버 신학교(Andover Seminary)의 모세 스튜어트(Moses Stuart)를 만났고,14) 예일 대학의 나다니엘 테일러(Nathaniel W. Taylor) 교수를 만났다.15)

1821년 11월 핫지는 뉴브룬스윅(New Brunswick) 노회에서 목사안수를 받았다. 동시에 스승 알렉산더 교수는 핫지로 하여금 교단 안에

---

13) A. A. Hodge, op. cit., The Life, p. 65.
14) Jerry Wayne Brown, The Rige of Biblical Criticism in America, 1800-1870, The New-England Scholars, (Wesleyan University Tress, 1969), 제3장 및 6장을 참조할 것. 훗날 핫지는 로마서 주석을 집필할 때 Moses stuart의 사상을 비판하였다. Stephen J. Stein, "Stuart and Hodge on Romans 5:12-21: An Exegetical Controversy About Original Sin" Journal of Presbyterian History 47 (1969.12): pp. 340-358.
15) Sidney E. Mead, N. W. Taylor, 1786-1858: A conneticut Liberal(Chicago, 1942). 핫지는 훗날 『프린스턴 리뷰』지에서 N. W. Taylor의 신학 사상을 비판하였다.

서 하루 속히 인정받는 목사요 교수로 두각을 나타내기 위해서 그로 하여금 작은 소책자이기는 하지만 한 권의 팸플릿을 간행하도록 독촉였다. 그 책의 제목은 "성경문학의 중요성에 관하여"(On the Importance of Biblical Literature)였다. 이 책자를 발행하는 것과 그간의 성공적인 교수의 경력을 인정받아 총회는 근동언어(近東言語)와 성경을 가르치는 정식교수로서 1822년 5월, 핫지를 임명하였다. 핫지의 나이 24세 때였다. 따라서 핫지의 연봉은 1천불로 증액되었다. 핫지는 정교수 임명과 동시에 사라 바치(Sarah Bache)와 결혼하였다.16)

학문의 세계에 들어선 핫지는 유럽에서 유입되는 정보와 문헌을 입수하게 되자 자신이 우물 안에 갇혀 있는 개구리와 같은 느낌을 가지게 되었다. 핫지는 자신의 부족한 신학지식과 식견을 넓히기 위하여 유럽대륙에 건너가 신학을 연구해야겠다는 생각을 갖게 되었다. 핫지의 독일 유학은 그에게 있어서 학문을 연구하고 식견을 넓히는데 새로운 계기를 마련해주었다.

Ⅳ. 할레 대학과 베를린 대학 시절

프린스턴 신학교 당국은 핫지의 독일 유학을 정식으로 허락하였고 2년간의 연구기간 중에라도 봉급을 계속 지급하기로 결정하였다. 핫지는 부인과 두 자녀를 어머니와 형에게 맡기고 유럽을 향해서 출발하였다.

---

16) A. A. Hodge, The Life, op. cit., pp.92-103. 핫지의 신부는 Benjamin Franklin의 증손녀이다.

핫지가 유럽으로 떠나자 그가 맡고 있던 과목은 존 네빈(John W. Nevin)이라는 독일계 청년학자가 대신 맡았다. 그는 훗날 독일개혁교회로 교적을 옮긴 후 소위 멀셔버그 신학(Mercerburg Theology)이라는 학파를 형성하였다. 핫지는 멀셔버그 신학의 성격과 내용에 관해서 많은 의심을 표명한 바 있었다. 핫지의 유학기간은 1826년 10월부터 1828년 9월까지 만 2년간이었다. 핫지는 유럽에 도착하자 1827년 초까지 파리에서 불어 · 아랍어 · 시리아어를 공부하였다. 그 후 독일 할레 대학에 가서 정식으로 신학연구에 착수하였다. 핫지는 주야로 쉬지 않고 독일어를 공부하였는데 그의 독일어 교사는 유명한 고아의 아버지요, 기도의 사람 조지 뮬러(George Müller)였다.[17]

핫지가 할레 대학에서 사귀었던 사람은 자기와 거의 나이가 같은 동년배였던 젊은 신학자 아우구스투스 톨록(Augustus Tholuck)이었다. 톨록 교수의 본 이름은 프리드리히 아우구스트 고트레이 톨록(Friedrich August Gottreii Tholuck, 1799 -1877)이다. 그는 1799년 3월 30일 독일 부레슬라우(Breslau)에서 태어났다. 고향에 있는 브레슬라우 대학을 거쳐 베를린 대학에서 동방어(東方語)를 당대의 유명한 하인리히 프리드리히 논디그(Heinrich Friedrich Non Dieg, 1750-1817)에게 배웠다. 베를린에 있을 때 독일 경건파 교인들과 교제함으로써 그들의 신앙의 영향을 받았다. 그리고 유명한 교회사가 니앤더(Neander)의 지도를 받았다. 당시 독일은 계몽 시대의 합리주의 사상과 새로 일어나고 있던 낭만주의 사상이 교체하고 있던 시기였다. 그러므로 톨록 교수는 철학자 헤겔과 신학자 슐라이어마허의 영향을 어느 정도 받기는 하였으나 그들의 사상에 동의

---

17) Mark A. Noll, op. cit., p. 14.

하거나 동화되지는 않았다. 1821년 22세 때 교수 자격 논문이 통과되어 1823년에 베를린 대학교의 교수가 되었다. 그의 교수과목은 신구약 성경과 변증학 그리고 18세기 교회사였다. 프러시아 정부의 후원으로 네덜란드와 영국의 여러 대학교의 도서관을 방문하고 돌아온 후 1826년 할레 대학교의 신학부의 정교수로 임명되었다. 그 이듬해 핫지가 할레 대학을 방문하여 그와 교제를 나누게 되었다. 당시 루터파 교회의 보수신학자들은 이신론(理神論, Deism)과 합리주의 사상(合理主義思想)과 대항하기 위해서 인간의 종교적 체험을 강조하였다. 그들은 성령의 역사가 하나님의 말씀을 통해서 수행된다는 사실을 강조하는 것보다 막연하게 인간의 주관적 종교체험을 강조하고 있었다는 것을 핫지는 직감할 수 있었다. 그러므로 핫지는 할레 대학에서 독일 루터교회의 경건파들의 신앙과 예배의식의 장점과 단점을 동시에 목격할 수 있었고 베를린 대학에 가서는 슐라이어마허의 강의와 설교를 직접 청강하였다. 그러나 핫지는 그의 강의를 듣고 회의심을 가졌거나 고민했다는 말은 없다. 이와 같은 경험을 통해서 핫지는 확고부동한 장로교회의 조직신학자로서 대성할 수 있는 기둥으로 성장할 수 있었다. 프린스턴 신학의 특징은 어디까지나 '경건과 학문'의 조화에 있었다.[18]

그러면 핫지가 독일에서 2년간 공부한 결론을 무엇이었을까? 한마디로 말해서 독일 신학에 대해서 부정적인 것이었다. 즉 독일 신학자들이 계시의존사색(啓示依存思索)을 하지 않고 인간의 자율적 사색(自律的思索)을 하는 것이 마음에 들지 않았다(Speculative Spirit of the German theologians most uncongenial).[19] 더구나 슐라이어마허가 주장했던 신앙관,

---

18) Philip Schaff, Germany ; Its Universities, Theology and Religion (1857).
19) Mark A. Noll, op. cit., p. 14.

즉 신앙이란 절대자에 대한 인간의 감정의 절대의존이란 말은 핫지로서는 받아들일 수 없는 주장이었다. 그렇지 않아도 핫지가 2년 동안 독일에 체류하고 있는 동안 미국에 있는 프린스턴 신학교 교수들을 비롯하여 어머니, 형님 그리고 핫지를 아끼는 선배 및 동료 목사들의 끊임없는 격려와 애정 어린 충고가 쉴 새 없이 핫지에게 서신으로 전달되었다. 특히 1827년 3월 알렉산더 교수가 핫지에게 보낸 편지에는 다음과 같은 구절이 눈에 띈다. 원문 그대로 인용하면 다음과 같다.

"Remember that you breathe a poisoned atmosphere, if you lose the lively and deep impressions of divine truth - if you fall into skepticism or even into coldness, you will lose more than you gain from all the German professoss and libraries, May the Lord preserve from error and from all evil" [20]

이 글을 쓴 알렉산더 교수는 이미 하나님의 말씀 위에 굳건하게 서 있는 핫지의 신앙과 신학 사상에 대하여 조금도 염려하거나 의심하지 않았다. 1827년 가을 핫지는 베를린 대학으로 옮겨갔다. 그 곳에서 그는 당시 루터교회 안에서 복음파(福音派)의 지도자로 알려진 성서학자 어네스트 빌헬름 헹스텐베르크(Ernest Wilhelm Hengstenberg)와 교회사가였던 요한 아우구스투스 빌헬름 네안더(Johann Augustus Wilhelm Neander) 교수와 교제를 나누게 되었다. 베를린 대학으로 옮겨옴으로써 핫지는 헤겔의 철학과 슐라이어마허의 신학을 보다 가까이 접할 수 있게 되었고 두

---

20) A. A. hodge, The Life of Charles Hodge, p. 160

사람의 사상을 보다 예리하게 비판할 수 있는 기회를 가질 수 있었다.

핫지는 30대 초의 젊은 신학자로서 당시 독일에서 내노라 하는 당대의 일류 신학자들과 어깨를 나란히 하고 교제하면서 신학을 논할 수 있었다는 것은 핫지로서는 학문의 시야를 넓힐 수 있는 기회가 되었을 뿐만 아니라 그로 하여금 신생국가인 미국에서 고백적 칼빈주의 신학자로 성장하여 대성할 수 있다. 그것은 핫지 자신뿐만 아니라 미국 장로교회의 큰 수확이요 영광이 아닐 수 없었다. 핫지는 독일에서 연구생활을 마치고 미국으로 돌아오는 길에 영국 캠브리지 대학에 들려 당시 영국 국교회 안에서 복음파로 알려져 있던 찰스 시메온(Charles Simeon)의 설교를 들을 수 있었던 것도 그의 외유생활에 있어서 빼놓을 수 없는 하나의 아름다운 추억이다.

핫지는 2년간의 독일 유학생활을 마치고 1828년 9월에 프린스턴으로 돌아왔다. 그의 나이 31세였다.

V. 핫지와 프린스턴 신학

독일 유학에서 돌아온 핫지는 독일에서 신학적 식견을 넓히고 지식을 쌓았지만 장로교 신학자로서 그의 신학적 충성심에 영향을 주지는 못하였다. 핫지가 미국에 돌아오자 다시금 다리의 신경통이 재발하여 그를 괴롭혔다. 그러나 그의 강의와 연구에 치명적인 지장은 주지 않았다. 강의는 그의 연구실에서 진행되었다. 1828년부터 1840년경까지 핫지의 사생활은 비교적 평온하였다. 그러나 공적생활에 있어서는 반드시 평탄하지는 않았다.

우선 미국 장로교 역사에서 제 2차 분열이라고 할 수 있는 구파 (Old School)와 신파(New School)의 분열이 1837년에 있었다. 이 과정에서 자기의 은사라고 할 수 있는 아쉬벨 그린 교수가 프린스턴신학교 교수임에도 불구하고 신파에 가담했다는 것이 핫지로서는 매우 난처한 입장이었다. 동시에 신파에서는 뉴욕에 새로 신학교를 설립하였다. 이 신학교가 소위 뉴욕 유니온 신학교로서 훗날 미국 자유주의 신학의 아성이 되었다.[21]

구파와 신파가 분열하던 당시 분열의 원인과 각 파의 성격을 볼 것 같으면 장로교회의 근본교리의 차이 때문이 아니라 행정문제와 목사 안수문제 등 주로 교회운영 전반에 걸쳐 나타난 양자간의 견해가 더 컸다고 보아야 할 것이다. 물론 신파에 속해 있던 인사들이 가지고 있었던 장로교회의 기본신조라고 할 수 있는 웨스트민스터 신앙고백에 대한 태도는 느슨한 편이었다.[22]

핫지는 1828년에서 1838년까지 『프린스턴 리뷰』지에 약 28편의 논문을 기재하였다.[23] 1849년 핫지가 52세가 되는 크리스마스 날 사랑하는 아내를 먼저 천국에 보내야만 했다.[24] 아내와의 사별은 그의 심장을 강타한 것이나 다를 바 없었다. 그 다음해인 1850년에는 사무엘 밀러 교수가 사망하였고, 그 다음 해(1851)는 핫지가 아버지와 같이 존경하고 사랑했던 알렉산더 교수가 소천하였다. 돌연한 부인의 죽음

---

21) R. T. Handy, History of Union Theological Seminary, (Columbia University Press, New York, 1987).
22) George Marsden, The Evangelical Mind and the New School Presbyterian Experience, (Yale University Press, 1970).
23) Mark A. Noll, op. cit., p. 16.
24) Mark A. Noll, Ibid., P. 17.

으로 핫지는 홀아비가 되었고 두 선임교수의 사망으로 프린스턴 신학교의 선임교수가 되었다. 핫지는 1852년 7월 8일 해군장교의 미망인이었던 메리 헌터 스톡턴 여사(Marry Hunter Stockton)와 재혼하였다.[25]

1850년 이후 그가 사망하던 1878년까지 핫지는 미국에 있어서 고백적 칼빈주의 신학(Confessional Calvinist Theology)의 유일한 대변자가 되어 하버드 신학과 뉴 헤이븐 신학(New Haven Theology)을 대항하는 기수가 되었다.

약 50년 전에 예일 대학교 신학부 교수인 알스트롬(Ahlstrom)은 그의 논문에서 핫지에 관해서 언급하기를 "19세기 중엽 미국 장로교 신학에 있어서 위대한 신학적 중재인"이었다고 하였고 그의 말은 결코 과장된 것이 아니었다.[26]

핫지의 저술활동은 『프린스턴 리뷰』에서 시작했지만 저서로서 처음으로 단행본을 간행한 것은 1841년 『생명의 길』(The way of life)이었다.

이 책은 미국 주일학교 연합회가 1824년 창설된 이래 처음으로 간행한 조직신학적으로 서술된 교리서였다. 이 책을 간행한 목적은 주일학교 교사들이 소년부와 청년부 그리고 장년부에서 성경을 가르칠 때 참고할 수 있도록 마련된 교사 지침서였다. 핫지는 이 책을 훗날 자신의 대작이라고 할 수 있는 조직신학의 골격(骨格)으로 삼았다. 이 책이 간행되자 큰 환영을 받았다. 주일학교 연합회에서 간행하였으니 각 교파에서 이의 없이 채택하여 사용하였다. 1843년에는 제 3판을 인쇄하면서 가격을 낮추어 75전에서 35전으로 판매하였다. 동시에 스페

---

25) Mark A. Noll, Ibid., p. 17.
26) S. Ahlstrom, "The Scollish philosophy and American Theology", Church History 24,(1955, 9), p. 265.

인어와 힌두어 그리고 중국어로 번역되었다. 핫지가 서거한 후 2년이 지난 1880년에는 3만5,000천부가 판매되었다. 순서가 바뀌었지만 핫지가 맨 처음 저서로 간행한 것은 1822년 『성경문학의 중요성에 관한 논문』이었고, 이 후 10년 후에는 『교육체계에 있어서 성경의 위치』를 간행하였는데 이것은 필라델피아 『시에서 행한 설교를 체계적으로 엮은 것이었다. 그리고 1835년에는 『로마서 주석』이 간행되었다. 핫지는 조직신학자이면서 교회정치에도 깊은 관심을 가지고 있었다. 그 결과 『미합중국 장로교회 헌정사』를 상하권으로 집필하여 간행하였다. 이 책을 간행하고 나서 앞에서 이미 언급한 것과 같이 『생명의 길』을 간행하였던 것이다.

    1846년에는 그간 『프린스턴 리뷰』지에 기고했던 논문들을 엮어서 『신학논문집』(Theological Essays)을 자신이 편집하여 간행하였다. 이어서 1855년 5월 1일 장로교회 사학회 석상에서 행한 연설을 소책자로 『장로교 사상이란 무엇인가』를 간행하였다. 1856년에는 에베소서 주석과 고린도전서 주석을 간행하였고 1857년에는 제2차로 『신학논설과 서평집』을 간행하였다. 동시에 같은 해 『고린도후서 주석』을 간행하였다.

    핫지의 저서 중에서 가장 대표적인 것을 지적하면 역시 세 권으로 된 『조직신학』(Systematic Theology)이다. 이 책은 1871년에 제1권과 2권이 간행되었고, 1872년에 제3권이 간행되었다. 이 책이 간행됨으로써 핫지는 명실공이 보수적 칼빈주 조직신학자로서 각광을 받게 되었다. 핫지의 조직신학에 대한 평과와 찬사는 이루 다 표현할 수 없다. 심지어 루터파 신학자들도 핫지의 학문적 성과에 대해서 찬사를 아끼지 않았다. 핫지의 조직신학이야말로 장로교를 대표하는 조직신학의 금자탑이라고 하지 않을 수 없다. 조직신학에 기술된 그의 주장한 구절을 소개하면 다음과 같다.

"과학이 과학자를 위해서 있는 것이라고 할 것 같으면 성경은 신학자를 위해서 있는 것이다. 그것들은 여러 사실들(진리)의 보물창고다. 성경이 가르치고 있는 것을 확인하는 방법은 마치 자연철학자들이 자연을 가르치고 있는 것을 확인하는 것과 같다. 기독교신학자들의 의무는 하나님이 자기 스스로에 관해서 계시하신 모든 사실들을 수집하고, 확인하며 순리대로 연결시키는 데 있다. 모든 진리들은 성경에 있다…. 신학자는 여러 사실들을 수집하고 정리하는 가운데서 과학자들이 자연을 다스리듯이 같은 법칙에 따라 신학자들도 인도함을 받아야 한다. 신학도 자연과학과 마찬가지로 모든 원리들은 사실들(Fact)에서 나오는 것이지 추리에서 나오는 것이 아니다." [27]

끝으로 핫지가 생전에 정면으로 마주쳤던 이데올로기는 1859년에 간행된 찰스 다윈(Charles Dawin)의 진화론이었다. 진화론은 당시 학문의 여러 분야에 큰 영향을 끼쳤을 뿐만 아니라 신학(神學)에까지 큰 악영향을 끼쳤다. 다윈의 진화론이 제기되기 전에 이미 성경연구에 있어서 고등비평이 시작되었지만 다윈의 진화론이 널리 소개됨으로 말미암아 성경을 파괴시키는 고등 비평적 연구는 더욱 기세를 떨치게 되었다. 이와 같은 상황을 핫지는 조직신학자로서 좌시할 수 없었다. 창조설이 도전을 받는다는 것은 곧 기독교의 근본 교리가 도전을 받는 것을 의미한다. 다윈의 『종(種)의 기원(起源)』이 간행되고 다윈의 『남태평양 항해기』가 출판되자 핫지는 그것들을 모두 읽었다. 그리하여 15년이 지난 1874년 핫지는 비로소 『다윈주의란 무엇인가』를 집필하여 간행하였다.

---

27) Charles Hodge, Systematic Theology, (1872-1873), vol I, pp. 10-13.

Ⅵ. 맺는말

핫지는 서구 사상이 분열하는 시대에 살고 있었다. 한편으로는 과학이 물질세계를 정복하고 지배하여 현실을 이끌어가고 있었고 인간의 사회생활에 있어서 합리화, 기술화, 방법화, 정밀화, 효과화는 날이 갈수록 상습이 되어가고 있었다. 동시에 공리주의(功利主義) 사상은 낭만주의 사상과 병행하고 있었다. 인간생활의 모든 면에 있어서 효과의 극대화는 19세기 후반기를 살아가는 사람들의 최고의 가치요 목표이기도 하였다. 과학적 사고의 합리성과 낭만주의적 감성을 동시에 추구하려고 시도하는 당시의 지성인(知性人)들을 상대로 핫지는 기독교의 진리를 변호하는데 주저하지 않았다.

더구나 영국에서 극성을 부렸던 이신론자들에 대해서 핫지는 실망하지 않을 수 없었다. 설상가상으로 프랑스의 철학자 오귀스트 꽁트(Auguste Comte)는 종교를 과학적 사회학으로 대치시키려는 주장에 대해서 그는 가차 없이 비판하였다.[28]

핫지는 종교의 권위에 도전하는 과학 사상을 비판했을 뿐만 아니라 슐라이어마허의 영향을 받아 정통신학에서 이탈하여 신학의 궤도를 수정한 하트포드(Hartford)의 호레이스 부쉬넬(Horace Bushnell)을 비롯하여 앤도버의 파크(E. A. Park) 그리고 프린스턴 출신의 후배요 친구인 네빈(J. W. Nevin)의 신학적 입장에 대해서도 비판적이었다. 그러나 네빈에 대한 우정은 죽을 때까지 변함없이 지속되었다.[29]

---

[28] Charles Hodge, Systematic Theology, vol I. pp. 254-261. what is Darwinism? (1874), pp. 173-177.

끝으로 언급하려고 하는 문제는 19세기 중반기를 전후하여 미국 서부 지역을 중심으로 일어난 부흥운동이다. 이 운동의 주역을 담당했던 중심 인물은 찰스 피니(Charles Finney)였다. 핫지는 피니의 부흥운동 자체를 무시하거나 비난하지 않았다. 다만 그의 주장이 성경의 교리에 어긋나고 있다는 사실을 지적하였을 뿐이다. 피니는 인간은 스스로가 노력만 하면 자신의 운명을 지배할 수 있는 능력을 가지고 있다고 주장하였는데 핫지는 피니의 주장에 침묵할 수 없었다.[30]

핫지의 신학 사상은 시종여일했다. 1872년 핫지는 교수생활 50년을 맞이하는 기념석상에서 "프린스턴 신학교에서 새로운 신학 사상이 결코 나오지 않았다는 것을 말하는데 나는 감히 주저하지 않는다"고 말하였다(I am not afraid to say that a new idea never originated in the Seminary).[31]

---

29) George H. Shriven, "Passages in Friendship: John W. Nevin to Charles Hodge, 1872", Journal of Presbyterian History, vol 58. (1980), pp. 116-122.
30) Charles Hodge, "Finney's Lectures on Theology" Biblical Repertory and Princeton Review 19(1947. 4), pp. 237-277.
31) A. A. Hodge, Life of Charles Hodge(1880), p. 521.

02

찰스 핫지의 조직신학과
헤르만 바빙크의 교의신학

차 영 배 교수
(전 총신대학교 신학대학원, 조직신학)

I. 이성(理性)

    찰스 핫지(Charles Hodge)
    헤르만 바빙크(Herman Babinck)

II. 중생(重生)

    찰스 핫지의 중생관
    헤르만 바빙크의 중생관
    아브라함 카이퍼의 중생관

찰스 핫지의 조직신학(組織神學)과 헤르만 바빙크의 교의신학(敎義神學)

차영배

핫지와 바빙크의 신학이 다 같이 개혁신학이라는 것은 양자 다 로마 가톨릭에 대하여 신랄하게 비평했고, 신교의 복음주의 신학이 그 핵심을 이루고 있기 때문이다.

그러나 몇 가지 중요한 점에서 양자 사이에 심각한 차이점을 발견하게 된다. 두 가지 점, 곧 이성과 중생에 관하여 그 차이점이 두드러지게 드러난다.

I. 이성(理性)

찰스 핫지(Charles Hodge)

신학을 세우는 데는 원리가 중요하다. 원리는 건축물의 초석과 같기 때문이다. 찰스 핫지는 인간의 이성을 과도하게 높이는데, 그의 『조직신학』 1권 52-53쪽에 "이성의 특권"(prerogative of reason)이라는 제하(題下)의 글이 우리를 자극한다.

> 1) 이성 모순을 판별하는 특권(prerogative of the judicium contradictionis)을 가지고 있다. 우리는 불가능한 것을 믿어서는 안 된다(we are forbidden to believe the impossible). 따라서 우리는 하늘에서 온 사도나 천사라도 하나님에게서 온 계시가 불합리하거나, 하나님께서 우리에게 주신 지성이나 도덕성에 위배되는 것을 믿도록 강요하는 것을 배척해야 한다(to pronounce anathema). 하나님에 대한 인간지성의 승복은 실로 절대적이다.
> 2) 증거가 결여된 것에 대한 신앙은 불합리하거나 불가능하다(faith without evidence is either irrational or impossible).
> 3) 하나님은 이성적 피조물을 향하여 불합리하거나, 증거가 없는 것을 믿도록 강요치 않으신다. 하나님은 최고의 합리적 원리 위에서 행동하신다(I, p.55).
> 4) 만약 우리 인간의 본성에 대한 신뢰가 파기(破棄)되면, 신앙이나 지식의 확실성에 대한 근거가 무너진다(I, p.60).

우리는 이상과 같은 찰스 핫지의 말에 경악을 금치 못한다. 인간의 이성에 절대적 권한을 부여하고 있기 때문인데, 다시 되새기면 다음과 같다.

첫째, 하늘에서 온 사도나 천사라도 하나님에게서 온 계시가 불합리하거나, 하나님께서 우리의 지성이나 도덕성에 위배되는 것을 믿도록 강요하는 것을 배척해야 한다.

둘째, 하나님은 최고의 합리적 원리 위에서 행동하신다.

셋째, 불합리한 것에 대하여는 절대 믿어서는 안된다.

넷째, 인간의 본성에 어긋나면, 신앙의 확실성에 대한 근거가 무너진다.

평가

과연 선지자와 사도들에 의하여 주어진 하나님의 계시, 곧 인간의 이성으로는 이해할 수 없는 불합리하거나 부도덕한 일이 성경에 없는가? 동정녀 마리아가 아기를 잉태한 사실이 인간의 이성으로는 불합리하고 부도덕한 일이 아닌가? 주 예수님의 조상 중에 유다가 며느리 다말에게서 베레스를 낳은 일, 살몬과 기생 라합에게서 난 현손이 다윗 왕이라는 사실은 부도덕한 일이 아닌가? 다윗 왕은 우리야의 아내에게서 솔로몬을 낳았는데, 우리야를 최전방에 나가도록 하여 전사케 한 후, 우리야의 아내를 취했으니, 부도덕한 일이 아닌가? 인간의 도덕성에 위배되는 일이므로 배척해야 하는가? 다윗의 부도덕한 행위에 대하여 비평은 해야 하지만, 이에서 난 아들 솔로몬 왕을 배척해야 하는가? 솔로몬 왕은 후궁이 많았고, 이방여인들도 취했는데, 이러한 부도덕한 자의 잠언을 받아들여야 하고, 더욱이 주 예수님의 조상이라는 것을 어떻게 설명해야 하는가?

핫지의 원칙대로라면, 이스라엘 조상들 중 배척해야 할 분들이 적지 않다.

그러나 만군의 여호와 하나님께서는 이 모든 것이 합력하여 선을 이루도록 하셨다. 말씀이 육신이 되신 그 자체가 인간의 지혜로는 이해할 수 없는 일이다. 여기서 육신이란 죄의 도구가 된 육신을 말한다. 따라서 사도 바울은 로마서에서 "율법이 육신으로 말미암아 연약하여 할 수 없는 그것을 하나님은 하시나니, 곧 죄를 인하여 자기 아들을 죄 있는 육신의 모양으로 보내어 육신에 죄를 정하사, 육신을 좇지 않고, 그 영을 좇아 행하는 우리에게 율법의 요구가 이루어지게 하려 하심이라"고 말한다(롬 8:3-4). 주 예수님의 육신은 그 모친 마리아의 육신이므로, 죄 있는 육신의 모양이다.

주 예수님은 모든 일에 우리와 한결같이 시험을 받으셨지만, 죄는 없으시다(히 4:15). 죄의 보금자리는 육체가 아니고 그 마음인데, 주 예수님의 마음은 깨끗하시므로, 그분에게는 죄가 없다. 또 예수님은 성령으로 잉태되어 나셨기 때문에, 아담의 죄가 그분에게 넘어가지 않는다. 세상 죄를 지고 가는 어린양이시지만, 세상 죄가 그분에게 넘어가 죄인이 되는 것이 아니고, 다만 죄를 지고 가신 어린양이시다!

헤르만 바빙크(Herman Bavinck)

바빙크는 이성에게 계시의 말씀을 해석하는 권(權)이 부여된 17세기의 합리주의를 신랄하게 비평한다. 교회에 침투된 합리주의는 초자연주의의 탈을 쓰고, 인간의 이성이 계시연구의 권리를 가졌다는 것을 인정했고, 그 결과 합리적 논증을 높이 평가하게 된 사실에 대하여 바빙크는 비평하였다. 바빙크는 18세기 네덜란드의 신학자 후티우스(Voetius)가 이에 대항하여 싸웠다는 사실을 상기시킨다(『개혁교의학』 I, p. 480). 지성 혹은 이성이나 양심이 종교적 지식이나, 확신을 일으키는 근거라고 하는 견해는 지식의 원천(源泉)과 그 기관(organ)을 혼동하는 오류를 범한다는 것이다. 인간의 이성은 지식추구의 기능에 불과하고, 그 원천은 아니다. 이것은 주관을 객관에게 제물로 바치는 것이 되고 만다. 그리스도 안에서 성경을 통해 우리에게 오는 계시는 이성의 생각과 정면으로 대립되는 경우가 많다. 계시는 인간의 생각이나 판단 아래로 들어오는 것이 아니고, 우리를 초월하여 위에서 내려온다. 인간의 이성은 복음의 말씀을 오히려 미련하게 여기고, 원수와 같이 대항하여 십자가에 못을 박는다(『개혁교의학』 I, pp. 470-471).

II. 중생(重生)

찰스 핫지의 중생관

핫지는 중생이 영혼의 실질(substance)이나, 본질(essence)이 바뀌는 것이 아니고, 생명의 새로운 원리가 전달되는 것(communication of a new principle of life)이라고 하였다(III, p. 33). 중생은 새로운 탄생이며(new birth)이며(III, p. 35), 중생시에 하나님은 새 마음, 새로운 자아를 주신다. 그것은 새 생명이며, 새로운 피조물이다. 성령의 권능으로 새로운 피조물이 된다(III, p. 36). 중생시에 새로운 생명이 영혼에게 전달된다(there is a new life communicated to the soul). 그러나 다음과 같은 말은 옳다. 인간의 영혼은 생명을 주시는 성령의 권능으로 새로운 피조물이 된다(III, p. 36). 이 때 오순절 성령의 권능에 관하여 언급했다면 좋았을 것이다. 그러나 핫지는 오순절 성령의 역사에 관해서는 한마디도 하지 않는다.

위에서 가장 치명적인 말은 중생시에 하나님은 새 마음, 새로운 자아(自我)를 주시고, 새로운 생명이 영혼에게 전달된다는 것이다. 요한복음 3장에서 니고데모는 중생을 새로운 생명이 태어나는 것으로 생각했는데, 핫지의 생각은 니고데모와는 다르지만, 매우 근접하다. 이러한 생각은 성경과 정면으로 대립된다.

그러나 중생이란 새로운 생명이 전달되는 것이 아니다. 이것은 아브라함 카이퍼의 생각과 비슷한데, 바빙크의 생각은 이것과는 정면으로 대립된다.

헤르만 바빙크의 중생관

바빙크는 말씀의 설교만으로는 불충분하므로, 오순절 성령의 역사를 강조한다. "오순절에 성령이 쏟아 부어짐으로, 사도들과 함께 그들을 통하여 그리스도에 관하여 증거케 하시며, ……그들이 거듭날 수 있도록 하셨다"(daartoe werd de Heilig Geest op de pinksterdag uitgestort, om met en door de apostelen te getuigen van Christus, Joh.15:26, 27, …… om te wederbaren, Joh.3:5,v, 6:63, 16:13). 하나님은 특별한 신적 권능으로 중생과 회개의 역사를 일으키신다(God werkt door zijn bijzondere Goddelijke kracht de wedergeboorte en bekering, 『개혁교의학』 IV, p. 12). 하나님은 우리의 마음을 새롭게 하시고, 율법을 마음에 새기시며, 영안(靈眼)을 밝히시고, 마음을 여시며, 그리스도를 알게 하시고, 신령한 능력의 세계로 인도하시며, 복음을 말씀으로만 전하게 하신 것이 아니라, 성령의 권능 아래에 두었고, 그리스도를 죽은 자 가운데서 살리신 그 권능으로 인간을 거듭나게 하신다 (『개혁교의학』 IV, pp. 12-13).

여기서 새 생명이 우리 속에 전달된다는 사상은 찾아볼 수 없다. 바빙크의 생각을 간단하게 정리하면, 다음과 같다.

첫째, 그리스도를 죽은 자 가운데서 다시 살리신 성령의 권능으로 거듭난다.

둘째, 하나님은 특별한 권능으로 중생의 역사를 일으키신다.

셋째, 쏟아 부어진 오순절 성령으로 거듭난다.

이러한 바빙크의 생각은 아브라함 카이퍼의 중생관과도 판이하게 다르다.

아브라함 카이퍼의 중생관

아브라함 카이퍼의 중생관은 찰스 핫지의 중생관과 비슷하므로, 카이퍼의 중생관을 소개하고, 당시 카이퍼와 같은 교단의 네덜란드 개혁신학자들이 카이퍼의 중생관에 대하여 신랄하게 비평한 내용을 소개한다. 카이퍼는 중생이 새로 심어진 씨앗과 같다고 하면서 그 중생의 과정을 자세히 진술했다.

1) 하나님께서 자기 생각 속에 중생케 될 새 사람을 생각하신다.
2) 중생케 될 사람에 맞도록 새 사람을 창조하신다.
3) 새 사람의 씨앗을 중생케 될 사람 속 중심에 심으신다.
4) 하나님께서 중생케 될 옛 사람과 심어진 씨앗이 결합되도록 역사하신다.
5) 적당한 때에 옛 사람이 새 사람으로 나타나도록 역사하신다.

이러한 카이퍼의 중생론에 대한 비평은 다음과 같다.

1) 보스(G. Boss) 목사는 1893년에 카이퍼의 중생론을 비평하는 글을 "de vrije kerk"(자유교회)라는 계간지에 투고했는데, 간략하게 요약하면 다음과 같다: 심어진 중생의 씨가 낮잠 자듯 자다가 나중에 깨어나, 정신을 차리고 신앙을 갖게 되느냐? 유아세례는 은혜언약 하에 있는 자녀에게 주어진 것이고, 중생을 전제로 하지 않는다고 했다.

2) 콕크(H. de Cock) 목사는 캄펜신학교에서 1860년부터 20여 년간 교의학 교수로 봉직한 분인데, 그의 후임으로 바빙크 박사가 20년간 교의학 교수로 봉직했고, 바빙크는 그 후 암스테르담의 자유대학에서 또 20년간 봉직했다. 콕크는 중생과 회개를 동시에 일어나는 것으로 보았고, 유아세례의 근거를 창세기 17장의 언약에 두면서, "언약과 말씀 외에 달리 근거가 없다"고 했다. 그는 유아세례를 받은 유아가 다 중생했다고 생각하지 않았다.

찰스 핫지의 중생론은 비성경적이다. 중생은 어떤 새 생명이 주입되는 것이 아니고, 오순절 성령과 같은 강력한 역사로 옛 사람이 죽고, 그 옛 사람 자체가 성령으로 새롭게 거듭나는 것을 의미한다. 거듭난다는 것은 존재론적 의미에서가 아니라, 종교적이고, 윤리적 의미에서 성령의 역사로 거듭난다. 중생에는 세 가지 역사적 진전성(進展性)이 있다.

첫째, 성령의 감화를 받은 사람이 주 예수를 구주로 믿게 하시는 성령의 은밀한 역사가 있다. 바람이 임의로 불기 때문에, 어디서 부는지 모를 정도로 성령의 약한 역사가 일어난다(요 3:3-8).

둘째, 옛 사람이 죽고, 새 사람으로 거듭나는 중생이 있는데, 오순절 성령과 같은 강력한 역사로 이러한 중생이 일어난다. 이것은 칼빈의 중생관이고, 초대 한국교회의 중생관이다(골 3:1-10, 엡 4:23-24).

셋째, 부활 중생인데, 마태복음 19:28에 있다. "예수께서 가라사대, 내가 진실로 너희에게 이르노니, 세상이 새롭게 되어 인자가 자기 영광의 보좌에 앉을 때, 나를 좇는 너희도 열두 보좌에 앉아 이스라엘 열두 지파를 심판하리라." 여기서 '세상이 새롭게 되어'는 오역(誤譯)이다. 원문은 '엔 테 팔링게네시아'(in the regeneration)인데, 여기에는 '세상'이라는 단어도 없고, '새롭게 된다'는 문구도 없다. 'in the regeneration'이라는 공간개념을 미래의 시간개념으로 고치면, 'by the regeneration' 곧 '중생시에'라고 번역할 수 있다.

부활 중생이야말로 참된 중생이다. 우리의 몸이 부활하면, 그 부활의 몸 곧 최고의 복(福)을 네 가지로 요약할 수 있다. "썩지 아니하고, 영광스럽고, 강하며, 신령하다".

요컨대, 찰스 핫지는 인간의 이성을 과도하게 중요시했다. 오늘날 프린스턴 신학이 좌경화된 것은 핫지의 이성중시론과 무관하지 않다. 물론, 그의 아들 핫지(A. A. Hodge)는 한 술 더 떠서 인간의 이성을 더욱 높였다. 박형룡 박사의 『신학서론』에 계시와 이성을 나란히 놓은 것도 아들 핫지(A. A. Hodge)의 영향을 받은 것으로 보인다. 독일 신학이 좌경화된 것도 인간의 이성을 높였기 때문이다. 인간의 이성은 신학 작업의 수단에 불과함에도 불구하고, 이것을 신학의 원리로 삼으면, 그 원리 위에 세워지는 건물이 기울어질 수밖에 없다.

03

이성과 계시문제에 대한
찰스핫지의 견해

이 승 구 박사
(합동신학대학원대학교, 조직신학)

I. 찰스 핫지의 생애와 사역, 그의 신학에 대한 일반적 고찰
II. 신학에서의 이성의 역할과 기능에 대한 핫지의 견해
III. 찰스 핫지는 합리주의[이성주의]자인가?
IV. 핫지의 "합리주의 정통주의"에 대한 후대 개혁파의 평가
V. 결론

이성과 계시문제에 대한 찰스 핫지의 견해

3 이승구

정통주의적 개혁신학(Reformed Orthodox theology)을 19세기 미국에서 보존하고 전달하고 발전시키는 역할을 잘 감당한1) 찰스 핫지 Charles Hodge, (1797-1878) 탄생 210년을 지내면서 역시 같은 정통주의적 개혁신학을 중요시하는 한국 교회가 핫지 신학과 그 영향 전반에 대한 신학적 논의를 하면서,2) 그의 사상에서 가장 중요하게 여겨지는 신학적 주제 중의 하나인 이성과 계시에 대한 그의 입장을 정리하고 논의할 수 있음은 큰 기쁨이다. 이에 대한 효과적인 논의를 위해 먼저

---

1) 이에 동의하는 마크 놀의 다음과 같은 평가를 보라. "He [Charles Hodge] did a better job than anyone in the English-speaking world at the difficult task of both preserving traditional Calvinism and speaking it into a largely anti-calvinist intellectual climate." (Mark A. Noll, "Charles Hodge as an Expositor of the Spiritual Life," in Charles Hodge Revisited: A Critical Appraisal of His Life and Work, eds. John W. Stewart and James H. Moorhead [Grand Rapids: Eerdmans, 2002], 210).
2) 형식적으로는 이 말이 참된 진술로 여겨질 수 있으나 과연 한국 교회가 오늘날 그런 방향을 추구하는가 하는 것은 이 시점에서 이번 기회에 우리가 심각하게 묻고 반성해야 하는 중요한 주제라고 여겨진다. 부디 우리가 이 진술을 의미 있게 하는 한국 교회로 드러날 수 있게 되기를 간절히 바라면서, 이런 기회를 마련하려고 애쓰신 홍치모 교수님께 학문적으로, 또 한국 교회적으로 감사드리면서 이 논문을 준비하고, 발제한다.

그의 생애와 사역을 이 주제와 관련해서 간단히 살펴본 후에(I), 이성의 역할에 대한 핫지의 견해를 살피고(II), 이를 오해하지 않도록 하기 위해 합리주의에 대한 핫지 자신의 입장을 분명히 할 것이다(III). 이를 후대의 논의와 연관시켜보는 작업(IV)을 한 후에, 우리 나름의 결론을 내리도록 하겠다(V).

I. 찰스 핫지의 생애와 사역, 그의 신학에 대한 일반적 고찰

1797년 12월 28일에 스코티쉬 장로교 전통의 의사인 아버지에게서 필라델피아에서 태어난 찰스 핫지는,[3] 1746년 10월에 시작된 뉴저지 대학에 더하여 프린스턴 신학교가 시작되고 그 초대 교수인 아치발드발드 알렉산더(Archibald Alexander, 1772-1851) 교수가 그 직무를 시작하기 바로 전인 1812년 여름에 (후에 프린스턴 대학으로 명명될) 뉴저지 대학(the College of New Jersey)에서 공부하기 위해 프린스턴에 도착했다.[4] 이 때 필라델피아에서 핫지 가정을 포함한 장로교인들 돌아보는 목회를 하다가[5] 이즈음에 이 대학 학장으로 선임되어 그의 직무를 시작한 아쉬벨 그린(Ashbel Green) 목사의 추천으로 핫지의 어머니가 찰스 핫지와 그 형인 휴 레녹스 핫지(Hugh Lenox Hodge)의 학업을 돕기 위해 프린스턴으로 와서 작은 집을 세내어 자신들의 친척들이기도 한 7명의 뉴저지 대학

---

3) John W. Stewart, "Introducing Charles Hodge to Postmoderns," in Charles Hodge Revisited,, 4. 이하에서 전기적 내용은 이 글과 다음에 언급할 다른 글들에 기초하여 재진술하는 것임을 밝힌다. Mark A. Noll, "Introduction," to The Princeton Theology, edited and complied by Mark A. Noll (Grand Rapids: Baker, 1983), 13-27,

생들을 기숙시키는 일종의 하숙을 하면서 대학의 빨래 등을 감당하는 일을 한 것으로 여겨진다.6) 핫지의 형은 후에 의학을 공부하고 펜실베니아 대학의 산부인과 의사와 교수가 되어 찰스 핫지를 여러 모로 도왔다고 한다. 핫지는 알렉산더 교수의 취임 연설도 듣고, 그의 신실한 학생이 된다. 후에 핫지는 알렉산더 교수가 자신이 태어난 지 7개월 만에 천연두로 죽은 자신의 아버지의 공백을 (정신적으로) 채우는 역할을 하였다고 말하기도 했다고 한다.7) 그는 프린스턴 대학을 1815년에 졸업하고, 1816년에 26명의 동료와 같이 시작한 프린스턴 신학교를

---

4) Mark A. Noll, "Introduction," to The Princeton Theology, edited and complied by Mark A. Noll (Grand Rapids: Baker, 1983), 13. 그러므로 E. Brooks Holifield, "Hodge, the Seminary and the American Theological Context," in Charles Hodge Revisited, 103에 나오는 핫지가 1819년에 처음 학생으로 프린스턴에 갔다고 하는 것은 학부를 의미할 경우에는 1812의, 그리고 신대원을 의미할 경우에는 1816년의 오기일 것이다. 그런데 그는 또 뒤에 핫지가 대학교를 1919년에 졸업했고, 신대원은 1822년에 졸업했다고 명확히 잘못 쓰고 있으므로(105) 이를 단순히 오기라고 하기도 어렵다. 그는 자신의 글에서도 내적 모순을 범하고 있고(103쪽의 말과 105쪽의 말이 다르다), 그 둘 모두가 역사적 증거와 맞지 않으므로 정확성 없는 진술을 하고 있다고 평가 받아야 할 것이다. 이는 그뿐 아니라 그 책의 편집자들에게도 돌려져야 할 문제점이다. 보다 정확한 연대를 보려면, Stewart, "Introducing Charles Hodge to Postmoderns," in Charles Hodge Revisited, 4; David B. Calhoun, Princeton Seminary, vol. 1: Faith and Learning (Edinburgh: The Banner of Truth Trust, 1994), , 107, 108, 110을 보라. 알렉산더 교수가 프린스턴 메르셔 가(Mercer Street)의 작은 3층집으로 이사 온 것이 1812년 7월 29일이고 프린스턴 신학교는 그의 집에서 8월 말에 3명의 학생으로 시작되므로(Calhoun, Princeton Seminary, vol. 1, 41, 58f.), 핫지는 그 이전에 프린스턴에 와서 학부인 뉴저지 대학의 학생이 된 것이다. 미국에 대학원으로서의 신학교로는 볼티모어에 천주교의 성마리아 신학교가 1791년 세워진 것이 처음이고, 개신교에서는 1808년에 세워진 앤도버 신학교(Andover Seminary)가 최초라고 하므로(Holifield, "Hodge, the Seminary and the American Theological Context," in Charles Hodge Revisited, 103), 프린스턴 신학교는 신학교로는 미국에서 세 번째, 개신교로서는 두 번째 신학교가 되는 것이다.

5) 그러므로 아쉬벨 그린 목사가 "핫지에게 유아 세례를 베풀고 그의 아버지의 장례를 집례하였으며, 핫지에게 요리 문답 교육을 하였다"는 마크 놀의 말은 매우 자연스러운 것이다(Mark A. Noll, "Charles Hodge as an Expositor of the Spiritual Life," in Charles Hodge Revisited, 211).

6) Stewart, "Introducing Charles Hodge to Postmoderns," in Charles Hodge Revisited, 4. 또한 Calhoun, Princeton Seminary, vol. 1, 107을 보라.

7) Cf. Noll, "Introduction," to The Princeton Theology, 14; Noll, "Charles Hodge as an Expositor of the Spiritual Life," in Charles Hodge Revisited, 212.

1819년 9월 29일에 6명의 동료와 함께 졸업한다.[8]

핫지는 1819년 10월 20일에 필라델피아 노회에서 아프리카 출신의 미국인 사무엘 코니쉬(Samuel Cornish)와 함께 강도사 인허를 받고 인근 지역에서 전도 사역하는 임무를 부여 받고 그 일을 하면서, 알렉산더 교수의 종용에 따라 필라델피아에서 스코티쉬 어소시에이트 장로교회의 목사인 조셉 뱅크스(Joseph Banks)에게서 히브리어를 더 공부하고[9] 후에는 앤도버 신학교의 성경학자인 모세 스튜어트(Moses Stuart)와 개인적으로 공부하면서[10] 1820년부터 후배들에게 고전어를 가르치는 역할을 하였다.[11] 이 때 그는 이전 알렉산더 교수가 살던 집에 살면서, 알렉산더 교수 집에서 식사를 같이 하고(board), 결국 그의 두 아들들(Joseph Addison Alexander [1809-1861]와 James Waddel Alexander [1804-1859])과 평생의 교제를 나누게 된다.[12]

핫지는 1822년 5월 24일에 동양어와 성경 문학 교수(Professor of Oriental and Biblical Literature)로[13] 프린스턴 신학교의 세 번째 교수로 취임하여, (그런 입장에 서게 되는 이들의 입장에서는 너무도 감사하게) 알렉산더 교수의 친구요 동료로서 활동하게 된다. 그해 6월 17일 그는 벤자민 플랭클린의 증손녀인 사라 바치(Sarah Bache)와 혼인하여 안정된 분위기에서 교수 사역을 하게 된다. 마크 놀(Mark A. Noll)은 알렉산더 교수가 놓은 터전에 근거하여 온전한 조직신학을 건립하고 그들과 같은 확신을 공유

---

8) Calhoun, *Princeton Seminary*, vol. 1, 110.
9) Calhoun, *Princeton Seminary*, vol. 1, 110.
10) Stewart, "Introducing Charles Hodge to Postmoderns," in Charles Hodge Revisited, 5.
11) 이에 대해서는 Calhoun, Princeton Seminary, vol. 1, 103, 110; Noll, "Introduction," to The Princeton Theology, 14를 보라.
12) Stewart, "Introducing Charles Hodge to Postmoderns," in Charles Hodge Revisited, 9.
13) Calhoun, Princeton Seminary, vol. 1, 112.

하지 않은 사람들의 견해를 비판하는 역할을 감당한 이가 찰스 핫지라고 평가한다.14)

이와 같이 프린스턴에서 가르치기 시작한 뒤 4년 후에 29세 된 찰스 핫지는 1826년 10월부터 1828년 9월까지 2년간에 걸쳐 프랑스의 파리와 독일의 할레, 그리고 베를린 대학교에서 연구하면서 엄밀한 지적 노력의 중요성을 살피기도 하면서, 또한 합리주의, 신비주의, 그리고 성례주의의 위험성에 대한 새로운 관심을 가지게 된다. 할레 대학교에서는 유명한 히브리어 교수요 사전 편찬자인 게제니우스(H. F. W. Gesinius)와 교제하고, 특히 중재신학(Vermittelunstheologie)의 대표자인 톨룩(August Tholuck)과 친분을 가지게 된다. 또한 베를린에서는 슐라이어마허의 강의도 듣고, 당시에 가장 영향력 있던 프러시아의 학자인 헹그스텐베르크와 같이 성경을 공부하기도 하고, 오토 폰 게를라흐(Otto von Gerlach)와 니엔더(A. Neander)와 함께 신학사(神學史)를 공부하기도 하였으며, 왕립 학술원 강의에 참여하여 훔볼트 등의 강의를 듣기도 했다.

그리하여 핫지는 미국인 교수로서는 처음으로 영국이나 스코틀랜드 대학이 아니라 유럽 대륙의 여러 대학교들에서 학문의 동향을 직접 살피고 온 교수들 중의 하나가 되어15) 프린스턴에서 가르치다가, 1840년에 그는 주해와 이론 신학 교수(Professor of Exegetical and Didactic Theology)가 되고, 1852년 알렉산더 교수 사후에는 논쟁 신학(Polemic Theology) 교수직까지 감당하게 된다. 그는 그 자신이 프린스턴 신학교

---

14) Noll, "Introduction," to The Princeton Theology, 14.
15) 이에 대해서는 Stewart, "Introducing Charles Hodge to Postmoderns," in Charles Hodge Revisited, 5, 6을 보라.

의 가장 중요한 교수로 활동하던 1841부터 1878년 사이에 2,082명의 학생들을 교육시킨 것으로 여겨진다. 물론 그 이전에 알렉산더와 함께 가르친 학생들을 포함하면 3,000명의 미국 목사를 훈련시킨 것으로 집계되므로, 1887년에서 1920년까지 2,750명을 가르친 워필드와 함께 당대까지 가장 많은 목사님들을 가르친 교수라고 할 수 있을 것이다.16)

핫지는 『로마서 주석』(1835),17) 『에베소서 주석』(1856),18) 『고린도전서 강해』(1856),19) 『고린도후서 강해』(1857),20) 등의 주석서와 성경 강해서를 내었고, 미국 주일학교 연합회의 부탁으로 『생명의 길』(The Way of Life, 1840)이라는 성도들을 위한 간단한 교의학 개요요 성경공부 교재를 내었으며, 다양한 작품을 통해서 장로교 교회론과 직분론에 대한 확고한 기초를 놓아 장로교 체제가 미국적인 회중주의적 교회 체제보다 더 성경적이고 개혁파적이어서 더 바람직하다는 것을 잘 드러내었다.21) 그는 또한 당대까지 사용되던 프란시스 튜레틴(Francis Turretin,

---

16) 이에 대해서 Noll, "Introduction," to The Princeton Theology, 19쪽을 참조하라. 또한 Stewart, "Introducing Charles Hodge to Postmoderns," in Charles Hodge Revisited, 2도 보라.
17) Hodge, Commentary on Romans (Philadelphia: Grigg & Eliot, 1835; reprint, Grand Rapids: Eerdmans, 1990); A Commentary on Romans: Abridged for Use of Sunday Schools and Bible Classes (Philadelphia: Henry Perkins, 1843).
18) Hodge, A Commentary on the Epistle to the Ephesians (New York: Carter & Bro., 1856; reprint. Wheaton: Crossway Books, 1991).
19) Hodge, An Exposition of the First Epistle to the Corinthians (New York: Carter & Bro., 1856; reprint, Wheaton: Crossway Books, 1995).
20) Hodge, An Exposition to the Second Epistle to the Corinthians (New York: Carter & Bro., 1857; reprint, Wheaton: Crossway Books, 1995).
21) Cf. Hodge, The Constitutional History of the Presbyterian Church in the United States of America, 2 vols. (Philadelphia: Williams S. Martien, 1839-40); "Rights of Ruling Elders," BRPR 15 (1843): 432-43; "Theories of the Church," BRPR 18 (1846): 137-58; "Is the Church of Rome a Part of the Visible Church?" BRPR 18 (1846): 320-44; "The Idea of the Church," BRPR, 25 (1853): 339-89; "Visibility of the Church," in BRPR 25 (1853): 670-85; What is Presbyterianism? An Address delivered before the

1623-1687)의 『논쟁 신학 강요』(Institutio theologiae elencticae, 1679-1685)를 이론신학과 논쟁신학 교재로 사용하다가 1872년-73년에 그의 필생의 작업이라고 할 수 있는 3권으로 된 『조직신학』(Systematic Theology)을 내었다.22) 그런 의미에서 이 책은 미국의 최초의 조직신학서라고 할 수 있고, 미국에서의 조직신학 논의의 토대를 놓은 기념비적 작품이다. 또한 핫지는 『다윈주의란 무엇인가?』(What is Darwinism?, 1874)라는 책을 내어 초기 다윈주의에 대한 기독교적 입장에서 비판을 가하였다.23)

그 외에도 핫지는 프린스턴에서 1825-28년에 내던 *Biblical Repertory*, 이를 개정하여 1829-186년에 내던 *Biblical Repertory and Theological Review*, 그리고 이를 개정하여 1837-71년에 내던 *Biblical Rertory and Princeton Review* 등의 중요한 편집인 역할을 하면서,24)

Presbyterian Historical Society (Philadelphia: Presbyterian Board of Publication, 1855); "The Church - Its Perpetuity," BRPR 28 (1856): 689-715; "Adoption of the Confession of Faith," BRPR 30 (1858): 669-92; "The Revised Book of Discipline," BRPR 30 (1858): 692-721; "Presbyterianism," BRPR 32 (1860): 547-67 (이들 중 상당수는 Discussions in Church Polity, ed. William Durant (New York: Charles Scribner's Sons, 1878에 모아져서 출판되었다); The Teaching Office of the Church (New York: Board of Foreign Missions, 1882); The Rights of General Assembly Not to be Annulled by any Assumed Authority of the Presbyteries. New York: E. B. Treat, 1896.

22) Hodge, Systematic Theology. 3 vols. (New York: Charles Scribners and Co., 1871, 1872, reprint, Grand Rapids: Eerdmans, 1977). 앞으로 이 책으로부터의 인용은 ST로 약하여 본문에 삽입하기로 한다. 홀리필드는 핫지가 이 조직신학 책을 늦게 낸 이유가 핫지의 조직신학 강의의 내용을 다른 곳에서 읽을 수 있으면 학생들이 프린스턴에 오는 유인이 감소되리라는 것을 걱정한 신학교 이사들의 우려 때문이었다는 흥미로운 시사도 하고 있다. Cf. Holifield, "Hodge, the Seminary and the American Theological Context," in *Charles Hodge Revisited*, 103-104.

23) Hodge, What is Darwinism?, (New York: Scribners, 1874),

24) 이는 후에 Presbyterian Quarterly and Princeton Review(1872-1877)으로 계속되고, 프린스턴 교수단으로부터 독립하여 The Princeton Review(1878-1885), The New Princeton Review(1886-1889), 그리고 이와는 달리 A. A. Hodge와 Charles Briggs가 편집해 내던 The Presbyterian Review(1880-1889)과 합하여 후에 워필드가 편집하던 The Presbyterian and Reformed Review(1890-1902), 그리고 프린스턴 교수단이 편집해 내던 The Princeton Theological Review(1903-1929), 그리고 결국 웨스트민스터 신학교가 세워진 후에 그 교수단이 내는 Westminster Theological Journal로 이어지는 신학 저널이라고 할 수 있다. 이 연관성을 드러내기라도 하듯이 프린스턴 저널에 대한 역사적 평가 논문들이 웨스트민스터 신학저널에 실린 바 있다. Cf. Leslie W. Sloat, "American Calvinism Speaks," Westminster

이에 찰스 피니(Charles Finney, 1782-1875)의 조직신학과 그의 새로운 신학과 목회 방법(new measures)에 대한 비판,25) 필립 샤프(Philip Schaff, 1819-1893)와 그의 전 학생이기도 했던 존 네빈(John W. Nevin, 1803-86)의 메르세르스부르그(Mercersburg) 신학에 대한 비판적 고찰,26) 호레이스 부쉬넬(Horace Bushnell)의 자유주의적 기독교 교육관과27) 자유주의적 그리스도관에 대한 비판,28) 앤도버 신학교의 에드워드 파크(Edwards Amasa Park, 1808-1900)의 뉴잉글랜드 신학에 대한 비판,29) 스코티쉬 상식철학을 칸트의 철학과 결합시켜 논의한 윌리엄 해밀톤 경(Sir William Hamilton)의 철학에 대한 비판,30) 그리고 교회와 국가의 관계 문제나 당대 정치 문제에 대한 개혁신학적 입장을 제시하는31) 등 약 200여 편의 글을 써서32)

Theological Journal 7 (1944-45): 1-22, 112-35; 그리고 Mark Noll, "The Princeton Review," Westminster Theological Journal 50 (1988): 283-304. 본 논문에서는 위의 각주 21부터 Biblical Repertory and Princeton Review를 BRPR로 약하여 제시하고 있다.

25) Cf. Hodge, "Finney's Lectures of Theology," BRPR 19 (April, 1847)237-77, reprinted in Essays and Reviews: Selections from "The Princeton Review" (New York: Robert Carter & Brothers, 1857), 245-58, reprinted in Princeton Theology, ed, Mark A. Moll, 166-75.

26) Cf. Hodge, "Schaff's Protestantism," BRPR 17 (October, 1845): 626-36; reprinted in Princeton Theology, ed, Mark A. Moll, 157-164; "Doctrine of the Reformed Church on the Lord's Supper," BRPR 20 (April 1848): 259-97, reprinted in Essays and Reviews, 41-92; "Dr. Schaff's Apostolic Church," BRPR 26 (January, 1854): 148-93.

27) Cf. Hodge, "Bushnell on Christian Nurture," BRPR 19 (October, 1847): 502-39, reprinted in Essays and Reviews, 303-25, reprinted in Princeton Theology, ed, Mark A. Moll, 177-84.

28) Hodge, "Bushnell's Discourses," BRPR 21 (1849): 259-97.

29) Cf. Hodge, "The Theology of the Intellect and that of the Feelings," BRPR 22 (October 1850): 642-74, from Essays and Reviews, 539-69, reprinted in Princeton Theology, ed, Mark A. Moll, 186-207.

30) Hodge et al., "Sir William Hamilton's Philosophy of the Conditioned," BRPR 32 (1860): 472-510; Hodge, "Can God be Known?" BRPR 36 (1964): 122-52, esp., 131.

31) Cf. Hodge, "The State of the Country," BRPR 33 (1861): 1-36; "The Church and the Country," BRPR 33 (1861): 322-76; "England and America," BRPR 34 (1862): 147-77; "The War," BRPR 35 (1863): 140-69; "Relation of the Church and State," BRPR 35 (1863): 679-93; "President Lincoln," BRPR 37 (1865): 435-58; "The Princeton Review on the State of the Country and of the Church," BRPR 37 (1865): 627-58. 핫지는 국가의 정치적 사회적 문제들에 대해서 권면하고 비판할 성경에 근거한 권리를 가지고 있을 뿐만 아니라 그런 도덕적 책무를 가지고 있다는 입장에서 이런 작업을 시도한 것이다.

당시 신학계와 교계에서 문제가 된 여러 문제들에 대한 논쟁을 제공하며 그 문제들에 대한 개혁신학적 입장에서의 바른 평가를 제시하는 역할을 하였다. 이와 같이 다양한 활동을 하면서 거의 50년의 교수생활을 하고 1877년 은퇴하고 1878년 6월에 80세의 나이로 하늘의 부름을 받는다.[33] 그의 시대에는 주로 핫지 때문에 외국 학생들이 공부하러 미국에 온 학교가 유일하게 프린스턴이었다고 분석하기도 한다.[34]

존 스튜어트(John Swewart)는 19세기 미국의 어떤 신학자도 핫지만큼 다양한 문제들을 다루고 분석하지 못했다고 평가한다.[35] 따라서 핫지 전체를 다 다룬다고 하는 일은 매우 어려운 일이다. 그 동안 대개는 구학파(Old School)의 대변인으로서의 핫지의 기여를 살피는 일이 많았다. 즉 무엇보다 먼저 철저한 개혁파 정통주의 조직신학자로서의 핫지의 작업을 높이 평가하는 일이 많았으며,[36] 또한 장로교 제도에

---

32) 이에 대해서는 Stewart, "Introducing Charles Hodge to Postmoderns," in Charles Hodge Revisited, 2 와 이 책, 338-347에 정리된 핫지의 발표 논문 목록을 보라.
33) Stewart, "Introducing Charles Hodge to Postmoderns," in Charles Hodge Revisited, 5.
34) Peter Wallace and Mark Noll, "The Students of Princeton Seminary, 1812-1929: A Research Note," American Presbyterians 72 (Fall 1994): 208-11, cited in Noll, "Charles Hodge as an Expositor of the Spiritual Life," in Charles Hodge Revisited, 183.
35) Stewart, "Introducing Charles Hodge to Postmoderns," in Charles Hodge Revisited, 3. Holifield, "Hodge, the Seminary and the American Theological Context," in Charles Hodge Revisited, 128의 비슷한 평가도 보라.
36) 그 대표적인 예는 Ralph J. Danhof, Charles Hodge as Dogmatician. Goes, the Netherlands: Osterbaan and le Cintre, 1929이다. 또한 Leonard Trinterud, "Charles Hodge (1797-1878): Theology - Didactic and Polemical," in Sons of Prophets, ed. Hugh T. Kerr (Princeton: Princeton University Press, 1963), 22-38; W. Andrew Hoffecker, Piety and the Princeton Theologians: Archibald Alexander, Charles Hodge and Benjamin Warfield (Philisburg, N. J.: Presbyterian and Reformed Publishing Co; and Grand Rapids: Baker, 1981), 44-94; Mark A. Noll, "Introduction," in Charles Hodge: The Way of Life, ed. Mark A. Noll (New York: Paulist Press, 1987): 1-44; idem, "Princeton Theology," in Princeton Theology, ed. David F. Wells (Grand Rapids: Baker, 1989): 13-36; E. David Willis-Watkins, "Charles Hodge's Systematic Theology," American Presbyterians: Journal of Presbyterian History 66 (Winter 1988): 269-72; David F. Wells, "Charles Hodge," in The Princeton Theology, ed. David F. Wells (Grand Rapids: Baker, 1989): 37-62; idem, "Charles Hodge," in

대한 핫지의 논의를 그의 선생님인 사무엘 밀러(Samuel Miller, 1769-1850)의 노력과 함께 장로교주의에 대한 미국적 논의의 굳건한 토대를 놓은 논의로 의미 있게 살피는 일이 있었다.37)

그런데 1970년대와 1980년대에 그와 워필드, 그리고 칼빈주의 정통주의의 성경관을 칼빈 자신의 성경관과 대조시키면서 비판하는 공정하지 못한 논의가 강하게 나타났으나,38) 그런 평가에 대한 1980년대의 좋은 비판가들의 작업과39) 보다 공정한 역사적 평가 운동이 나타나서 이제는 샌딘과 맥킴 등의 논의가 비역사적인 것이라는 광범위한 의견의 일치가 형성되어 있다.40) 근자에 이르러 당대 정치 상

Reformed Theology in America: A History of Its Modern Development, ed. David F. Wells (Grand Rapids: Baker, 1997): 39-64 등도 보라.

37) Cf. Soon Gil Huh, Prebyter in Volle Rechten: Het Debat Tussen Charles Hodge en James H. Thornwell over Het Ambt Van Ouderling (Groningen, Nethwerlands: De Vuurbaak, 1972); John J. Deifell, "The Ecclesiology of Charles Hodge" (Ph. D. Dissertation, University of Edinburgh, 1969);; A. Craig Troxel, "Charles Hodge on Church Boards: A Case Study in Ecclesiology," Westminster Theological Journal 58 (Fall 1996): 183-207.

38) Cf. Erenst Sandeen, The Roots of Fundamentalism (Chicago: University of Chicago Press, 1970); Jack B. Rogers and Donald K. McKim, The Authority and Interpretation of the Bible (San Francisco: Harper and Row, 1979).

39) 특히 다음을 보라: Randall H. Balmer, "The Princetonians and Scripture: A Reconsideration," Westminster Theological Journal 44 (1982): 354-62; idem, "The Princetonians, Scripture, and Recent Scholarship," Journal of Presbyterian History 60 (Fall 1982): 267-70; John D. Woodbridge and Randall H. Balmer, "The Princetonians and Biblical Authority: An Assessment of the Ernest Sandeen Proposal," in Scripture and the Truth, ed. D. A. Carson and John Woodbridge (Grand Rapids: Zondervan, 1983); D, Clair Davis, "Princeton and Inerrancy: The Nineteenth-Century Philosophical Background of Contemporary Concerns," in Inerrancy and the Church, ed. John D. Hannah (Chicago: Moody Press, 1984), 359-78; John H. Gerstneer, "The Contributions of Charles Hodge, B. B. Warfielsd, and J. Gresham Machen to the Doctrine of Inspiration," in Challenges to Inerrancy: A Theological Response, ed. Gordon Lewis and Bruce Demarest (Chicago: Moody Press, 1984), 347-81; Moisés Silva, "Old Princeton, Westminster, and Inerrancy," in Inerrancy and Hermeneutic: A Tradition, A Challenge, A Debate, ed. Harvie Conn (Grand Rapids: Baker, 1988): 67-80.

40) 보다 균형 잡힌 논의로 George Marsden, Fundamentalism and American Culture (New York and Oxford: Oxford University Press, 1980) and idem, Understanding Fundamentalism and Evangelicalism (Grand Rapids: Eerdmans, 1991).

황에 대한 신학적 평가자요 사회 비평가, 그리고 미국 문화 비평가로서의 핫지를 깊이 있게 연구하는 일이 등장하고 있다.41) 이는 개혁신학의 공공영역에서의 문제에 대한 의견 표명의 자연스러운 모습의 한 단면을 잘 보여주는 것이라고 할 수 있다.

II. 신학에서의 이성의 역할과 기능에 대한 핫지의 견해

핫지는 이성에 대해 과연 어떤 입장을 취하였는가? 핫지는 자신이 파악한 모든 형태의 합리주의를 비판한 후에 "그렇지만 모든 형태의 합리주의를 비판할 때 그리스도인들이 종교 문제에 있어서 이성의 사용을 거부하는 것은 아니다"라고 선언한다(ST 1:49). 그리스도인들은 이성의 높은 지위와 그 사용에 관련되는 책임을 인정한다는 것이다.

첫째로, 이성은 모든 계시에서 필연적으로 전제된다고 핫지는 말한다(ST 1:49). 왜냐하면 계시는 정신에 진리를 전달하는 것(the communication of the truth to the mind)이기 때문이다. 진리의 전달은 그것을 받아들일 수 있는 능력을 전제로 한다. 그러므로 핫지에 의하면 "신앙 문제와 관련하여 인성의 첫째 되며 빠뜨릴 수 없는 역할은 우리의 지

---

41) Cf. William S. Baker, "The Social Views of Charles Hodge (1797-1878): A Study in Nineteenth-Century Calvinism and Conservatism, Presbyterian: Covenant Seminary Review 1 (Spring, 1975): 1-22; Richard J. Carwardine, Evanbgelicals and Politics in Antebellum America (Cambrudge, MA: Harvard University Press, 1993: and idem, "The Politics of Charles Hodge," in Charles Hodge Revisited, 247-97; Allen C. Guelzo, "Charles Hodge's Antislavery Movement," in Charles Hodge Revisited, 299-325. 당대의 미국 문화와 깊이 관여하는 핫지에 대한 평가로 John W. Stewart. Mediating the Center: Charles Hodge on American Science, Language, Literature and Politics (Princeton: Princeton Theological Seminary, 1995)를 보라.

각에 제공되는 진리들의 지적인 인식(the cognition, or intelligent apprehension of the truths proposed for our reception)이다"(ST 1:49). 즉 이성은 첫째로 계시를 수납하는 기능을 한다는 것이다. 핫지는 이를 신학자들이 "이성의 유기적 용법, 즉 이성의 도구적 용법"(the usus organicus, deu. instrumentalis, rationis)이라고 하였다고 말한다(ST 1:50).

물론 핫지는, 다른 모든 개혁 신학자들과 함께, 무엇을 "아는 것"과 "온전히 다 아는 것"을 구별한다. 이성을 사용하여 계시를 통해서 우리는 하나님을 알 수 있다(know). 그러나 계시를 다 파악해도 하나님을 "온전히 다 아는"(comprehend) 것은 아니다. 이를 전통적으로 "하나님의 불가해성"(incomprehensibility of God)이라고 불러왔다. 하나님에 대해서뿐만이 아니라 신학의 모든 주제에 대해서도 우리는 같은 말을 할 수 있고, 핫지도 그렇게 말한다. 예를 들어 계시에 근거하여 믿는 우리는 이성을 활용하여 구원 계획을 알 수 있다. 그러나 그 누구도 그 신비를 온전히 다 아는 것은 아니다(ST 1:50). 이렇게 모든 것은 온전히 다 알 수도 없고 알아야 하는 것은 아니지만(핫지는 이 점을 분명히 한다. 그러므로 후에 언급되겠지만 그는 일반적 의미의 합리주의자가 아니다), 그러나 적어도 무엇에 대해 알아야 그에 대한 믿음을 가질 수 있는 것이다. 바로 이런 뜻에서 그는 이렇게 말한다. "사람이 그의 창조자에 의해서 지식이 없이 믿으라고, 즉 정신에 의미를 전달하지 않는 것을 참된 명제들로 받아들이라는 부름을 받지 않았다는 것은 합리적 피조물로서의 인간의 참된 지위에 어울리는 것이다."42) 일단은 정신에 의미를 전달해 주는 것 그에게 지식으로 이해되는 것을 믿도록 하나님께서 의도하셨다는

---

42) ST, 1:50: "It is enough for the true dignity of man as a rational creature, that he is not called upon by his Creator to believe without knowledge, to receive as true propositions which convey no meaning to the mind."

것이다. 인간 정신에 의미를 전달하지 않는 것을 믿는다는 것은 불합리적일(irrational) 뿐만 아니라 불가능한(impossible) 것이라고 강하게 말한다(ST 1:50).

더 나가서 둘째로 이성의 특권은 계시의 신빙성(a credibility of a revelation)을 판단하는 것이라고도 핫지는 말한다(ST 1:50). 계시의 판단자로서의 이성의 기능을 둘째로 언급하는 것이다. 그는 자신이 말하는 바른 의미에서의 신빙성이라는 말은 "믿을 수 없는 것에 대립하는 것"이라는 뜻이라고 설명한다.[43] 핫지는 있을 수 있는 것은 적절한 근거에서는 믿을 수 있는 것이라는 입장을 취한다. 그러므로 핫지에 의하면 어떤 것이 믿을 수 있기 위해서는 1) 그것이 가능해야(what is possible or what may be) 하며, 2) 적절한 근거를 가진 것이어야(on adequate grounds) 한다. 그러므로 이상하고(strange), 설명할 수 없고(unaccountable), 우리의 지성으로는 이해가 안 되는(unintelligible) 것도 그것이 가능하며, 적절한 근거가 있다면 믿어질 수 있다는 것이다(ST 1:50). 그러므로 일단 이성은 어떤 것이 가능한지, 가능한 것이 아닌지를 판단하는 모순의 판단자(the judicium contradictionis) 역할을 한다(ST 1:51). 핫지는 불가능한 것은 참될 수 없다는 말을 한다(ST 1:51). 또한 "우리 정신의 구성상 우리는 불가능한 것을 믿을 수 없게끔 되어 있다"고 말한다.(ST 1:52) 그러나 동시에 그는 "이성이 어떤 것이 불가능한 것이라고 선언할 때, 이성은 자의적으로가 아니라 합리적으로 행동해야만 한다"(ST 1:51)고 주장한다.

---

[43] Cf. "antithetical to incredible" (ST I:50). 그는 이것이 신빙성이라는 말의 대중적인 사용인 "믿기 쉬운"(easy to believe), 또는 "개연적인"(probable)이라는 의미와는 다른 것이라고 밝힌다. 그러므로 핫지에게 있어서 이성을 계시가 개연적이라는 것을 밝히는 것이 아니라 참된 계시는 믿을 수 없는 것이 아니라 반드시 믿어야만 하는 것이라는 것을 밝혀 준다는 뜻이다. 이런 의미에서 그의 의미는 로크나 흄 등이 생각하는 이성의 기능과는 상당히 다름을 기억해야 한다.

이런 말을 오해하지 말아야 한다. 핫지는 한 사람이 동시에 하나님이요 사람이시라는 것을 불가능한 것이라고 말하는 사람들의 판단이 자의적인 것이요 합리적인 것이 아니라고 했기 때문이다(ST 1:51). 그러므로 핫지가 말하는 "합리적"이라는 말은 현대인들이 말하는 합리적이라는 말과 다른 면이 있음을 의식해야 한다. 과연 어떻게 할 때 이성이 핫지가 말하는 의미에서 "합리적으로 행동하는" 것인가? 핫지는 "사람들의 공통된 의식에서 자명하게 나타나는 원리들을 따라 인도되는" 판단들이 합리적인 판단들이라고 했다.44) 여기서 그는 사람들의 공통된 의식을 중요시 하고 있다. 이로부터 그는 1) 모순을 동반하는 것, 즉 동시에 있으며 없는 것, 동시에 옳으며 그른 것과 같은 모순을 동반하는 것은 불가능한 것이다. 2) 하나님께서 도덕적으로 잘못된 것을 행하시거나 승인하시거나 명령하시는 것은 불가능하다. 3) 하나님께서 우리의 본성에 부여해 놓으신 신념의 법칙들에 모순되는 것을 믿으라고 요구하시는 것은 불가능하다. 그리고 4) 진리가 다른 진리와 모순되는 것은 불가능하다고 한다. 요약해서 핫지는 직관이나 경험이나 이전의 계시에 비추어 잘 수립된 진리에 모순되는 것을 참된 것으로 계시하시는 것은 불가능하다고 한다(ST 1:51). 물론 핫지는 사람들이 이성의 이런 기능을 오용할 수 있다는 것을 잘 알고 그것을 인정한다(ST 1:51). 그러나 이런 이성의 권한 자체는 부인되어서는 안 된다는 것이다(ST 1:52). 하나님께서는 옳지 않은 것을 행하라고 하지 않으시는 것과 마찬가지로 부조리한 것을 믿으라고도 하지 아니하신다는

---

44) 여기서 나는 핫지의 표현을 의역하여 표현하였음에 유의하라. Cf. ST 1:51: "Its judgments must be guided by principlkes which commend themselves to the common consciousness of men." 이 표현이 얼마나 스코틀랜드 상식철학에 기초하고 있는지는 토마스 리드(Thomas Reid)와 더글라스 스튜어트(Douglas Stewart)의 글을 읽어본 이들은 누구나 잘 알게 될 것이다.

것이다(ST 1:52).

셋째로, 핫지는 이성이 계시의 증거가 되는 것들을 그 증거들을 이성이 판단해야만 한다고 말한다[계시의 증거들의 판단자로서의 이성](ST 1:53). 이에 대한 핫지의 논의는 다음과 같이 진행된다. 1) 신앙은 동의(assent)를 동반하는데, 동의는 증거에 의해 형성되는 확신(conviction produced by evidence)이므로, 증거가 없는 신앙은 비합리적이거나 불가능하다. 2) 그런데 이 증거는 "믿어지는 진리의 성질에 따르는 것"(appropriate to the nature of the truth believed)이어야만 한다. 즉 역사적 진리는 역사적 증거를 요구하고, 경험적 진리들은 경험의 증언을 요구하며, 수학적 진리들은 수학적 증거들을 요구하고, 도덕적 진리는 도덕적 증거를 요구하고, "신령한 것들은"(the things of the Spirit) 성령의 증거(the demonstration of the Spirit)를 필요로 한다는 것이다. 그러나 한 가지 진리를 여러 증거가 증언하는 경우가 대부분이다. 예를 들어 예수님께서 그리스도요 살아계신 하나님의 아들이시라는 것은 역사적, 도덕적, 그리고 영적 증거들로 증언되고 유지되는 것이다. 그 증거는 하도 많아서 우리 주께서 이를 거부하는 사람들은 하나님의 진노가 그 위에 머물러 있다고 말씀하실 정도로 많은 증거가 증언하고 있는 것이다(ST 1:53). 3) 증거는 그 진리의 성질에 따르는(appropriate) 것이어야 할 뿐만 아니라, 그에 적절한(adequate) 것이기도 해야 한다.

더구나 핫지는 철학과 과학이 정당하게 주장할 수 있는 영역이 있다고 한다. 그것들은 상당히 넓은 중요한 탐구 영역(a large and important sphere of investigation)을 가지고 있다(ST 1:59). 그 영역 안에서 철학과 과학은 상당한 복종을 요구할 수 있다고 한다. 정신 훈련의 수단으로서만이 아니라 인간 지식의 영역을 넓히는 데서와 사람들을 세련되게 하고 사람들의 복지를 위해 상당한 것을 성취하였다고 핫지는 기꺼이 인정한다(ST 1:59). 그러므로 상당한 독자적 영역에서의 이성의 능력이 인정되고 있다. 심지어 이런 영역에서 이렇게 과학과 철학을 통해서 밝혀진 것을 핫지는 하나님께서 그의 활동 안에서 가르치시는 바라고 말하기도 한다(ST 1:59). 그리고 계시를 하나님께서 그의 사역을 통해서 가르치시는 바와 조화되도록 이전에 오랫동안 받아들였던 성경 해석이 수정되고 버려져야만 한다고 말하기도 한다(ST 1:59). 이렇게 신학에서도 과학과 철학의 역할이 (따라서 이성의 역할이) 상당히 강조되어 나타나는 측면도 핫지의 진술에는 나타나고 있다.

III. 찰스 핫지는 합리주의[이성주의]자인가?

이성에 대한 이와 같은 적극적 평가는 자연스럽게 핫지가 합리주의자(이성주의자인가)인가라는 질문을 낳게 한다. 핫지에 의하면, 하나님은 부조리한 것을 믿으라고 하지 않으신다(ST 1:52). 따라서 우리는 이성이 가장 합리적으로 판단한 것만을 맡아야 한다는 것이다(ST 1:51 참조). 더 나아가 그는 "하나님께서는 그의 합리적 피조물들에게 불합리한 것을 전혀 요구하지 않으신다"고도 말한다(ST 1:55). 그는 상당한 영역에서 이성이 존중을 받으며, 인류의 지식을 넓히며 봉사하는 영역이 있다는 것을 핫지는 강조한다. 그리고 결정적으로 핫지는 진리의 통일성을 강조하면서 계시와 이성은 결코 갈등하거나 대립하지 않는다고 한다. 이런 점에서 보면 사람들이 핫지를 합리주의자라고 생각하고 그렇게 표현할 가능성이 많이 있다.

그러나 핫지가 과연 합리주의자인가 라는 질문에 공정하게 대답하기 위해서는 먼저 합리주의에 대한 핫지의 주장을 살펴보는 것이 좋을 것이다.

핫지의 합리주의 비판

핫지는 합리주의를 "종교 문제에 있어서 이성에 적절하지 않은 권위를 부여하는 체계나 이론이다"고 하면서(ST 1:34), 여러 종류의 합리주의를 언급하고 그들 모두에 대한 비판을 시도한다. 그가 말하는 다양한 형태의 합리주의들은 이신론적 합리주의적 형태의 합리주의, 온건한 형태의 합리주의, 교의적 형태의 합리주의, 그리고 초월주의적 형태의 합리주의가 그것이다.45)

핫지는 먼저 이신론적 합리주의를 강하게 비판한다. 초자연적 계시의 가능성과 사실을 부인하면서, 이성이 모든 종교적 지식과 확신의 원천과 근거라고 하는(ST 1:34) 이신론적 합리주의에 대한 비판은 정통주의적 기독교적 관점에서 보았을 때 매우 자연스러운 것이므로 그가 말하는 좀 더 온건한 형태의 합리주위와 교조적 합리주의, 그리고 초월주의적 합리주의에 대한 핫지의 비판적 입장에 대해서 좀 더 살펴보기로 하자.

핫지가 말하는 두 번째 종류의 합리주의는 오늘날 흔히 말하는 합리주의보다 좀 더 종교적이고 기독교에 대해 옹호적인 입장을 지닌

---

45) 핫지는 합리주의 자체를 다루면서는 이신론적 형태의 합리주의, 두 번째 형태의 합리주의, 교조적 합리주의 세 가지만으로 언급한다(ST 1: 34-49). 그런데 신학방법론 중 사변적 방법을 다루면서는 이신론적 사변과 둘째 합리주의와 교조적 사변을 같이 다루고, 그에 더하여 초월주의의 사변적 방법도 언급하므로(ST 1:4-6), 나는 여기서 이 두 논의를 합하여 네 가지 합리주의를 언급하고자 한다.

듯이 보이는 합리주의이다.[46] 이는 초자연적인 하나님의 계시를 인정하고 그런 계시가 기독교 성경에 포함되어 있음을 인정하나, 그렇게 계시된 모든 교리들을 어떤 철학적 체계의 형태로 환원시키는 합리주의이다(ST 1:5, 39-40). 이런 입장의 궁극적 함의가 드러나면 결국 현대 이신론적 합리주의나 무신론적 합리주의에로 나아가게 된다는 것이 핫지의 궁극적 비판이다. 이런 합리주의는 처음에는 초자연적 계시와 성경을 받아들이는 것같이 하다가도 후에는 "삼위일체 교리 같은 것은 비합리적이므로 믿을 수 없다"는 공공연한 합리주의적 주장으로 나아가게 된다는 것이다(ST, 1:40). 결국 이런 합리주의도 초자연적 계시를 인정하고 그것을 합리적 증거에 근거하여 받아들인다는 처음 입장과는 달리 자신이 생각하는 합리성에 맞지 않으면 성경에 있는 것도 받아들이지 않는 입장으로 나아가는 것이다. 즉 성경은 신적 계시를 포함하고 있다고 하면서도 "합리주의자들은 (성경의) 거룩한 저자들이 가르치는 모든 것을 다 믿을 필요는 없다는 의식을 갖게 된다"(ST 1:40). 이렇게 성경에 있는 것을 선별하는 작업을 하다가 급기야는 더 나아가서 볼테르와 같은 무신론적 합리주의를 주장하게도 되고(ST 1:43), 칸트적인 사유를 걸쳐서 피흐테와 쉘링에 이르러서는 자아와 피아, 주체와 객체의 구별도 없어지고, 모든 것이 절대적인 것의 표현 양식이 되고, 결국은 핫지가 보기에 관념론적 범신론(idealisstic Pantheism)으로, 그리고 교묘한 형태의 유물론에로 철학의 왕좌를 물려주기에

---

[46] 그런데 두 번째 종류의 합리주의 역사에서 특히 영국과 프랑스에서 그가 이런 합리주의의 그 대변인들로 제시하는 이들은 이신론자들이다(ST 1:42-43). 그는 이전 형태의 이신론과 현대적 형태의 이신론을 나누어 후자를 두 번째 형태에 넣어 진술하는 것이다. 이는 이신론에 대한 일반적 언급에 일치하지 않는다. 차라리 이 역사 부분에서 그가 언급하는 이들을 이신론적 합리주의 비판에 함께 넣어 언급하고 비판하는 것이 좋았을 것이다. 또한 독일 합리주의는(ST 1:43) 따로 한 장으로 나누어 다루든지 아니면 볼프와 같이 분류하여 논의하고 비판하는 것이 더 좋았을 것이다.

이른다는 것이다(ST 1:43).

핫지는 세 번째 형태의 합리주의로 신앙(πίστις)을 지식(γνῶσις)으로, 즉 일반 민중의 신앙을 식자들을 위한 철학으로 바꾸어 보려던 많은 교부들의 신학과 중세 스콜라 신학자들의 신학을 포함시켜 생각한다. 나는 핫지가 신학 방법론에서 사변적 방법의 두 번째 형태의 앞부분에 언급하는 이들과 버틀러와 그와 비슷한 입장을 가진 이들을 이런 종류의 합리주의에 넣어 생각하는 것이 좋겠다고 판단하게 된다. 핫지는 이런 친기독교적인 합리주의에 대해서도 강한 비판을 한다. 중세 스콜라주의 신학자들은 이성과 계시를 근접시키면서도 전통적 교리들, 예를 들어 삼위일체 등을 부인하지는 않았다. 그러나 핫지가 보기에, 안셈같은 이의 "신이 왜 인간이 되셨는가?"(Cur Deus Homo) 같은 시도가 터를 놓은(ST 1:5) 이성에 근거하여 논의하려는 태도는 (안셈같은 이들의 사유 안에 잔존하는 그 신앙적 토대가 상실되고 말면) 그것의 본래적인 이성중심주의의 태도를 드러내게 된다는 것이다.[47]

그 대표적인 예로 핫지가 생각하는 것은 크리스티안 볼프(Christian Wolff, 1679-1754)가 주장하는 철학적 합리주의이다. 핫지는 그것을 교조적 합리주의(Dogmatic Rationalism)라고 하면서 강하게 비판한다(ST 1:5, 45-49). 핫지에 의하면 볼프는 라이프니츠의 합리주의적 철학을 계시 교리의 설명과 증명에 사용하였다는 것이다. 그는 다음과 같은 볼프의 말을 인용한다. "성경은 자연 철학을 보충하는 역할을 한다. 그

---

47) 어떤 의미에서는 핫지가 이 세 번째 형태 합리주의 앞부분에 언급하는 합리주의자들과 후반에 언급하는 볼프적 합리주의자들을 분리시켜 다루는 것이 더 유익했으리라는 생각이 든다. 그런데 핫지는 전반에 해당하는 이들은 서론에 배치시키고, 볼프적 합리주의를 본론에 넣어 논의하고 있다. 아마 그의 의도는 본문에서 필자가 말하고 있는 것과 같이 전자의 합리주의가 본격화되면 후자의 합리주의로 나타나게 됨을 드러내려는 것이라고 여겨진다. 그런데 그것은 아마 한 권의 책을 필요로 하는 흥미진진한 논의의 주제가 될 것이다.

것은 자연 철학에 증명해야만 하는 명제들을 제공해준다. 그러므로 철학자는 명제를 창안해내는 것이 아니라 증명하는 역할을 하게끔 되어 있는 것이다."48) 그 결과 사람들은 유클리드 기하학에서처럼 공리(axioms) 또는 이성의 첫째 진리들(first truths of reason)이라고 부르는 원리들을 설정해놓고 그로부터 엄밀한 논증의 과정을 통해 교리를 도출해내는 것이다. 그러므로 이성의 원리들에 근거하여 교리들에 참된 것이 받아들여져야만 한다고 말하는 것이다(ST 1:46). 그러나 핫지의 판단에 의하면, 이는 결국 성경의 교리들을 이성과 조화시키기 원하며 결국 모든 것을 합리적 증거에 정초시키려고 하는 것이다(ST 1:5). 이는 신앙을 지식으로 변화시키고(ST 1:5, 46), 결국 성경의 가르침을 상당히 많이 수정하게 되는 문제를 드러낸다고 핫지는 지적한다. 이는 "계시적 진리의 체계(as a system of revealed truth)인 기독교를 철학의 체계(a system of Philosophy)로 바꾸는 것"이며(ST 1:46), 여기서는 결국 우리에게 하나님의 권리에 근거해서가 아니라 이성의 권위에 근거해서 믿도록 요구한다는 것이다(ST 1:5).

핫지는 또한 자신이 살던 시대에 유행하던 형태의 합리주의를 현대 초월주의자들(the modern Transcendentalists)의 사변이라고 말하면서 이것도 비판한다(ST 1:5). 49) 이것이 합리주의인 이유는 결국 이런 주장도 이성보다 높은 진리의 원천을 인정하지 않기 때문이다. 그런데 이들 초월주의자들은 위에서 말한 교조적 합리주의자들이 이성에 대해

---

48) Christian Wolff, Theol. Net., Prolegg. § 22 (Farnkfrurt and Leipzig, 1736), vol. 1, 22, cited in ST, 1:5.
49) 이 때 이 사상 안에는 진정한 초월, 전통적 신학이 말하는 초월 개념이 전혀 있지 않다는 것에 유념해야 한다. 이는 결국 헤겔과 헤겔주의자들, 말하이네케(Marheinecke), 스트라우스(Strauss), 로젠크란츠(Rosenkrantz)의 사상, 그리고 쉘링(Schelling)의 사상과 다우브(Daub)의 신학, 그리고 특히 에머슨(Ralph Waldo Emerson) 등의 유니테리안적 초월주의 사상(transcendentalism) 등을 지칭하는 것이다.

서 생각하는 것과 좀 다른 측면을 생각하기에 이들은 교조적 합리주의와는 상당히 다른 합리주의라고 한다(ST 1:5). 교조적 합리주의자들은 외적이며 초자연적이고 권위 있는 계시를 인정한다. 이를 통해서 인간 이성으로는 발견할 수 없는 진리들이 알려질 수 있다는 것이다. 그런데 그렇게 알려진 진리들은 이성의 원리들에 근거하여 참된 것으로 밝혀질 수 있다고 한다(ST 1:6). 그런 점에서 이는 합리주의라고 불리는 것이다. 그래서 교조적 합리주의자들은 성경으로부터 독립하여 삼위일체 교리, 성육신 교리, 구속 교리, 그리고 영혼의 불멸성 교리, 그리고 보상받은 미래 상태에 대한 교리들을 증명하려고 시도한다. 그런데 이에 비해서 초월주의적 합리주의자들은 사람들 안에서 그리고 인류의 역사적 발전 안에서 발견되는 것 외의 그 어떤 권위 있는 계시도 있을 수 없다고 주장한다(ST 1:6). 그런 의미에서 이는 더 철저한 합리주의라고 할 수 있다. 이런 입장에 의하면 모든 진리는 사유의 과정을 통해 발견되고 수립되어진다고 한다(ST 1:6). 성경이 진리를 포함하고 있다면, 그것은 철학의 가르침과 일치하는 한도 내에서 그렇게 말할 수 있다는 것이다. 이런 점에서 핫지는 다우브의 신학은 결국 쉘링의 철학과 다르지 않다고 한다. 즉 그는 하나님, 인간, 죄, 구속, 그리고 미래 상태에 관해서 철학이 가르치는 것만을 가르칠 뿐이라는 것이다. 또한 말하이네케와 스트라우스는 성경에서 헤겔주의를 발견해내고서는 그런 한도 내에서 성경이 진리를 가르친다고 말하는 것이다. 이를 잘 드러내 보이기 위해 핫지는 헤겔주의적 입장을 잘 대변하는 로젠크란츠의 다음과 같은 말을 적절히 인용하여 이들의 사상의 전모를 잘 알 수 있게 한다. "이성에 부합하는 유일한 종교는 기독교이다. 왜냐하면 기독교는 사람을 그 안에서 하나님이 자신을 계시하시는 형태로 여기기 때문이다. 그러므로 기독교 신론은 인간론이고, 그 인간론은 신론이다. 신인성(Gott-menschheit)의 관념은, 그 안에 레싱이 말한 그 합리성이 놓여 있는 기독교의 핵심이다." 50)

이와 같이 핫지는 여러 종류의 합리주의, 이신론적 합리주의와 헤겔주의적 합리주의, 유니테리안적인 합리주의, 그리고 교조적 합리주의와 일부 교부들의 신학이나 중세 스콜라 신학에서 나타나는 비교적 온건한 형태의 합리주의까지를 날카롭게 비판한다. 이런 점에서 보면 핫지를 합리주의자라고 하기는 어려울 것이다. 그는 자의식적으로 자신이 온건한 형태의 합리주의자도 될 수 없다는 입장을 분명히 하기 때문이다. 이 점은 신학 방법론에 대한 그의 견해를 살필 때도 잘 드러나게 된다.

핫지의 신학 방법론

핫지는 한편으로는 우리가 위에서 살펴본 모든 종류의 합리주의에서 나타나고 있는 사변적 방법을 비판하고, 또 한편으로는 신비주의적 방법을 비판한다. 특히 슐라이어마허적인 방법을 신비주의적 방법의 대표적인 예로 비판하고 있다(ST 1:9). 또한 몬타누스주의(Montanism, ST 1:69-70)로부터 시작하는 모든 신비주의적 경향, 위-디오니시우스의 사상(ST 1:70-71), 신플라톤주의의 사상(ST 1:71-73), 중세의 신비주의 전반(ST 1:73-79), 종교 개혁기의 신비주의자들인 칼쉬타트(Carlstadt)와 쉬벤크펠트(Schwenkfeld), 야콥 뵈메(Jacob Boehme), 그리고 스페인 출신

---

50) Rosenkranz, Encyklopädie, 3, cited in ST, 1:6.

의 신부로 로마에 거주하면서 교황 이노센트 XI와도 가깝게 지내면서 소위 "영적인 지침"(Spiritual Guide)라는 책을 써서 큰 영향을 미친 몰리노스(Michael Molinos, 1640-1697), 가장 영향력 있던(Madam Guyon, 1648-1717), 그리고 페넬롱 대주교(Archbishop Fénélon) 등이 대표하는 가톨릭적 정적주의(quietism, ST 1:84-88), 그리고 퀘이커주의 사상을 잘 드러내면서(ST 1:88-97) 이들의 신비주의적 신학 방법을 강하게 비판한다. 기본적으로 1) 신비주의는 성경에 토대를 두고 있지 않고(ST 1:98), 2) 성경과 모순되며(ST 1:100), 3) 경험적 사실들과도 모순되고(ST 1:101), 4) 그들이 말하는 내적 지시의 원천을 판단할 시금석이 없으며(ST 1:102), 5) 결국 이런 가르침은 악을 생성해낸다는(ST 1:103) 점을 강하게 지적하는 것이다. 모든 사람에 대한 직접적, 객관적 진리의 계시라는 신비주의적 원리는 성경을 상대적으로 무시하게 하며(led to comparative neglect of the Scriptures), 교회의 규례들을 무시하게 하는 결과를 낳는다는 것이다(ST 1:103).

그리하여 결국 신비주의는 다음과 같은 결과를 낸다는 것이다. 1) 계시와 영감은 정도만 다르지 모든 사람에게 주어지는 것이라고 하여 오늘날의 신자들이 사도들과 같이 온전하지 못할 이유가 없게 하여 사도와 우리들의 차이를 제거하며, 결국 성경적 의미의 계시와 영감을 상대화하거나 제거하게 된다(ST 1:8). 2) 성경이 교리 문제에 대한 무오한 권위가 되지 못하게 한다. 다른 시대의 다른 이들도 계시를 받으므로 다른 형태의 교의적 진술을 하게 할 수 있다고 하게 한다(ST 1:8). 3) 기독교는 교리의 체계로 구성된 것도 아니며, 그런 체계를 포함하고 있는 것도 아닌 것이 된다. 그리하여 기독교는 "삶이요, 영향력이고, 주관적 상태"요 "개개인 그리스도인 안에서 그의 감정을 통제하고 신적인 것들에 대한 그의 견해를 주관하는 능력"이라고 언급되게 하는 것이다(ST 1:8-9). 결과적으로 4) 신비주의에 의하면 신학자의 의무는 성경을 해석하는 것이 아니라, 자신의 기독교적 의식을 해석하는 것이 되고 만다(ST 1:9).

그러면서 그는 이와는 다른 귀납적 방법(the Inductive Method)이 일반적으로 당대의 학계에서 특히 자연과학계에서 사용되고 있음을 긍정적으로 진술하면서 귀납적 방법을 신학에 적용하고 있다(ST 1:9). 자연과학자가 자연으로부터 사실들을 모아서 그로부터 원리를 찾아내어 해석하듯이, 신학자는 첫째로, 성경에 포함되어 있는 신학의 모든 사실들을 잘 조사하고 이끌어 내야 한다고 한다(ST 1:11, 15, 17). 바로 이와 같은 이해에서 여기 핫지의 그 유명한 말이 나오는 것이다. "신학자에게 있어서 성경은 자연과학자의 자연에 해당하는 것이다"(ST 1:10). 그러므로 핫지는 성경은 신학자에게 "사실들의 창고"라고 한다. 그가 성경이 가르치는 바를 찾아내는 방법은 자연과학자들이 자연이 가르치는 바를 찾아내는 것과 같은 방법이라고 한다. 그리하여 성경에서 하나님께서 자신에 대해서와 자신과 우리의 관계에 대해서 계시하신 모든 사실들을 확정하고 모으고 연결시켜야 한다(ST 1:11). 그런데 성경은 진리만을 가르치는 것이 아니라, 성령께서 그 진리를 구원적으로 적용하실 때 우리의 심령과 양심에 미치는 진리의 효과가 어떤 것인가 하는 것도 가르치기 때문에, 우리는 성경에서 모든 참된 종교적 경험의 규범과 기준도 발견하는 것이다(ST 1:11). 따라서 핫지의 『조직신학』이 부분(ST, 1:10-11)을 인용하고서 여기서는 "성경이 더 이상 지성과 감정의 책이 아니라 지성만을 위한 책으로 여겨지고 있다"고 말하는 것은[51] 옳지 않다고 여겨진다. 왜냐하면 놀 자신이 다른 부분에서 잘 보여주듯이, 다른 어떤 사람들의 글도 마찬가지이지만 핫지의 글은 그의 글의 다른 부분에서 핫지 자신이 말하는 것과 같이 연관해서 읽어내야 하는 것이기 때문이다. 그리고 사실 이 부분에서도 핫지는 성령의 작용으로 인한 우리들 정신의 작용을 생각하면서 논의하고 있다. 놀은 핫지의 이 주장에서 근본주의로 가는 길을 우려한다.[52] 그러나 핫지를 따른다고 하는 것은 핫지의 의도 전체를 따라야 하는 것이라면, (근본주의의 함의를 아주 넓게 잡지 않는 이상) 놀이 우려하듯이 핫지를 진정으로 따르는 것으로부터 근본주의에로 나아갈 수는 없는 것이다.[53]

그리고 둘째, 신학자는 성경에서 찾아낸 사실들로부터 원리들을 이끌어내야 한다고 말한다(ST 1:13, 17). 핫지는 이점을 특히 강조하는데 신학자는 우리의 정신에서 나온(ST 1:17) 어떤 원리들을 성경의 사실에 부가시켜 적용하려고 해서는 안 된다고 한다(ST 1:13). 성경 자체가 말하는 원리를 성경의 사실들로부터 끌어내어야 한다는 것이다. 그 원리나 법칙은 사실들로부터 도출되어져서 정신에 의해 인정되는 것이라고 핫지는 주장한다(ST 1:17). 그러므로 신학자는 진리에 대한 자신의 체계를 세우는 일을 하는 것이 아니라, 하나님의 체계를 확언하고 드러내려고 해야 하는 것이다(ST 1:13). 그래서 핫지는 만일에 어떤 신학자가 성경의 사실들이 참되다고 가정하는 것을 자신이 믿지 못하겠거든 솔직하게 말해야 한다고 말한다. 자시 자신의 견해가 중요한 것이 아니라 "거룩한 글들이"(성경이) 교리를 말하게 하라는 것이다(ST 1:13). 성경의 사실들에 의해 우리의 이론에 규정되어야 한다(ST 1:14). 그

---

51) Noll, "Charles Hodge as an Expositor of the Spiritual Life," in Charles Hodge Revisited, 195.
52) Ibid., 196: "Yet his bold statement remains: the Bible is a "storehouse of facts." On such a trajectory, the next stop was fundamentalism."
53) 놀 자신은 여기서 토레이(R. A. Torey)의 작품을 언급하고 있는데(Ibid., n. 48), 토레이의 세대주의적 근본주의 신학과 핫지의 개혁신학이 얼마나 다른가를 생각하면 이런 식의 논의를 하지 않을 수 있지 않을까?

러나 성경의 사실들로부터 이끌어낸 원리들이 다음과 같은 비유적 표현에서 잘 표현되고 있다. "귀납의 원리가 인정되고 신실하게 수행되기까지는 자연과학이 혼돈스러운 것과 같이, 사람들이 같은 원리를 하나님의 말씀 연구에 적용하기를 거부하면 신학은 지푸라기의 가치도 없는 인간적 사변들의 범벅일 뿐이다"(ST 1:14-15). 그러므로 성경의 사실들로부터 원리들을 이끌어내어 성경의 가르침을 정리하는 것이 신학이라는 것이다. 이 때 성령의 내적 가르침이 중요한 역할을 한다. 그런데 핫지에 의하면, 성령의 내적 가르침은 성경 가운데서 객관적으로 계시하신 진리들에 대한 것이다.(ST 1:15)[54] 핫지는 바울의 말을 인용하면서 성령의 내적 증언이 주어진 것은 우리에게 은혜로 주신 것을 알게 하기 위한 것이라고 한다(고전 2:10-16). 그것은 새로운 진리들에 대한 계시가 아니고 정신을 조명하여 진리를 파악하게 하고 이미 계시해주신 것들의 뛰어남과 영광을 알도록 하는 것이다(ST 1:15). 그러므로 핫지는 모든 정통주의 신학자들과 함께 성경 계시의 객관성을 분명히 하면서 동시에 성령께서 조명하여 주시고 내적 증언하여 주실 것을 말하는 것이다. 이런 점에서 핫지의 입장을 설명하면서 "성령의 현존으로 성경은 사람들에게 하나님의 말씀이 되었다"고 표현하는 스튜어트의 진술은[55] 그른 것이며 실제로는 핫지의 입장을 왜곡하는 것이다. 그는 안타깝게도 후대 프린스턴 신학의 분위기를 가지고 핫지를 바라보고

---

54) ST 1:15: "[This] inward teaching or demonstration of the Spirit is confined to truths objectively revealed in the Scriptures."

55) Stewart, "Introducing Charles Hodge to Postmoderns," in Charles Hodge Revisited, 20: "With the Spirit's presence, however, it became the World of God to humans." (Steward's own emphasis). "성경에 대한 핫지의 의존은 참된 기독교적 확신의 근거를 변명할 수 없게 모호하게 하였다"고 말하는 프린스턴의 동료 교수인 밀리오레(Daniel Migliore, Faith Seeking Understanding [Grand Rapids: Eerdmans,, 1991], chapter 3)의 주장을 비평하면서 공정해보려고 노력하는 그가 어떻게 이런 바르트주의적 진술을 핫지에게 돌릴 수 있는지는 큰 의문이다. 학문적 공정성은 그렇게도 어려운 것일까?

있는 것이다. 그리고 성령님의 내적 증언은 이미 성경에 묘사되어 있다. 성경은 하나님과 그리스도와 우리 자신과 창조주와 구속자에 대한 우리의 관계에 대한 사실들만 알려주는 것이 아니라 이런 진리들이 신자들의 정신에 미치는 적법한 효과들도 기록하고 있는 것이다(ST 1:16). 그러므로 성경에 기록된 거룩한 사람들의 경험과 일치하는 것을 보일 수 있을 때만 우리는 우리 자신의 느낌이나 내적 경험에 호소할 수 있다는 것이다(ST 1:16).

그러므로 핫지에 의하면, 성경에 사실들뿐만 아니라, 그것들을 설명하는 원리도 성경에서 나오는 것이며, 또한 신앙의 규범이 가르치는 바를 결정하는 데 있어서 매우 중요한 지침도 성경을 영감하신 성령님의 내적인 가르치심이다(ST 1:16). 성령님의 내적 가르침이 적법하고 강력하기에 핫지는 사람들이 두 가지 신학을 가지는 일이 흔하다고 한다. 하나는 지성의 신학이고 또 하나는 마음의 신학이다. 하나는 신조와 신학 체계로 표현되고, 또 하나는 기도와 찬송으로 표현된다(ST 1:16). 그리고 이 둘의 연관성도 중시해서 말한다. 그러므로 모든 교단의 참된 그리스도인들의 경건서적에 의해 유지될 수 없는 것은 그 어떤 것이든지 우리의 신학에 전혀 도입하지 않겠다고 결단하는 것이 안전할 것이라고 말한다(ST 1:16-17).

철학과 성경이 대립할 경우에 대한 이해

더구나 인간 지성을 가지고 참된 것을 결정하려는 철학이 성경과 대립할 때는 성경은 참된 것에 대한 하나님의 선언이므로, 철학이 계시에 양보해야만 한다고 한다. 즉 사람이 하나님께 양보해야만 한다는 것을 핫지는 분명히 천명한다(ST 1:58). 그러므로 핫지는 일반적 의미의 합리주의자일 수는 없다.

오히려 핫지는 기독교는 합리주의에 반하는 것이라는 것을 분명히 한다(ST 1:55). 핫지는 궁극적으로 합리주의는 "분명한 증거가 있는데도 자신들이 이해할 수 없기에 그것을 받아들일 수 없다고 하는" 입장으로 보는 것이다(ST 1:55). 기독교는 이런 합리주의에 반하는 것일 수밖에 없다. 물론 기독교는 "적절한 증거 없이 믿는" (맹목적) 미신에 반하는 것이기도 하다는 것을 핫지는 또한 강조한다(ST 1:55). 기독교가 미신이 되지 않으려면 이성의 기능을 필요로 한다. 그래서 신학 방법에서 신비주의적 방법을 사용하지 말아야 한다고 핫지는 강조하는 것이다. 또한 다른 편에서는 이성만을 의지하고, 이성을 최고의 판관으로 만드는 합리주의에 대해서도 핫지는 강하게 반대하는 것이다.

이렇게 보면 핫지는 성경적 성령론적 귀납법적 방법론을 사용한다고 할 수 있다. 이것이 합리주의적인 성향이 있다면 우리는 그것은 "성경적 성령론적 합리주의"라고 할 수 있을 것이다. 핫지는 "하나님께서 그의 말씀 가운데서 계시하신 모든 것을 진리로 받아들이는 것"을 매우 중요시하며, 그렇게 받아들이는 것을 합리적인 것이라고 한다. 그렇게 하는 것은 모든 바른 마음을 가진 사람들이 옳다고 인정해야 하는 것이라고 한다(ST 1:59). 중요한 것은 우리의 연약한 이성을 말씀 가운데서 계시하셨으며 우리의 내면생활에 성령님으로 드러내신 하나님의 정신에 복속시키는 것이라고 한다(ST 1:16). 심지어 계시된 것을 모두 그대로 받아들이는 것이 "복음을 통한 구원의 필수불가결한 조건"이라고도 핫지는 말하는 것이다(ST 1:59). 그러므로 핫지가 합리적인 것이라고 말하는 것은 일반적으로 합리적인 것이라고 말하는 것과 상당히 다른 것이다. 그리고 핫지의 합리주의는 성경에 의해 가르침 받고 통제되며, 성령에 의해 움직여진 감정을 아주 많이 강조하는 합리주의이지, 감정적인 것을 모두 제거한 형태의 메마른 합리주의는 결코 아니다.56) 그에게는 교리를 설명하는 것이 메마른 머리만의 작업이 아니고 오히려, 마크 놀 교수가 잘 표현한 바와 같이, "경건한 경험"(a pious experience)인 것이다.57)

---

56) 핫지에게 있어서 성경에서 이끌어낸 명제적 내용(개혁신학적 내용)과 성령에 의한 감정 (개혁파적 경건) 모두를 포함한 신학 이해와 기독교 이해에 대한 좋은 논의로 Hoffecker, Piety and the Princeton Theologians, 44-94; Noll, "Charles Hodge as an Expositor of the Spiritual Life," in Charles Hodge Revisited, 181-216을 보라. 이런 핫지의 생각을 잘 담아내고 있는 그 자신의 서평 논문 제목을 주목해 보라: "The Theology of the Intellect and That of the Feelings," BRPR 22 (October, 1850): 642-74.

57) Noll, "Charles Hodge as an Expositor of the Spiritual Life," in Charles Hodge Revisited, 187. 이런 점에서는 이런 점을 잘 알고 있는 마크 놀 교수조차도 핫지의 작품을 "철저한 문자주의" 또는 "성경 영감에 대한 문자주의적 견해" 또는 "토마스주의적 신학 방법"과 "개신교 스콜라주의에 대한 헌신"으로 불구가 된 특성을 지니고 있다고 생각하는 것이 어느 정도 공정성을 가질 수 있다고 말한 것은(Ibid., 191) 심각한 문제가 아닐 수 없다. 이 때 그는 다음과 같은 이들의 평가를 소개하면서 일면 그것들을 긍정하는 것임에 유의하라: Bruce Kuklick, Churchmen and Philosophers from Jonathan Edwards to John Dewey (New Haven: Yale University Press, 1985), 204; Sydney E. Alstrom, A Religious History of the American People (New Haven: Yale University Press, 1972), 463; Rogers and McKim, The Authority and Interpretation of the Bible, 296; and Richard E. Wentz, John Williamson Nevin: American Theologian (New York: Oxford University Press, 1997), 145. 오히려 놀 교수 자신이 바로 뒤에서 잘 말하듯이, 핫지 신학 전체를 살펴 볼 때 이런 표현들은 우리를 오도하는(these epithets are misguided) 잘못된 표현들이다(Noll, "Charles Hodge as an Expositor of the Spiritual Life," in Charles Hodge Revisited, 191). 놀은 이 두 가지 성향을 핫지가 일관성 있는 연합체(cohesive unity)로 제시하지 못했다고 하는데(192) 이것도 다음 문단에서 우리가 말하려는 바 이상을 비판하는 것이라면 지나친 비판이라고 해야 할 것이다.

IV. 핫지의 "합리주의 정통주의"에 대한 후대 개혁파의 평가

그럼에도 불구하고 후대에는 계시를 비판할 수 있는 능력을 이성에 부여한 핫지의 견해를 일종의 기독교 합리주의라고 평가하고 있다. 따라서 그의 입장에 대해 "합리적 정통주의"(rational orthodoxy) 또는 "초자연주의적 합리주의"(supernatural rationalism) 또는 그의 귀납법적 신학 방법론 때문에 "신학적 베이컨주의"(theological Baconianism) 또는 "합리적 정통신학"(rational orthodox theology)이라는 말이 언급되기도 한다.[58] 그것은 아마도 그가 말하는 이성의 모호성을 염두에 두고 나타나는 평가라고 할 수 있다. 궁극적인 문제는 그가 말하는 이성이 과연 누구의 이성인가 하는 것이다. 그가 말하는 이성이 중생한 그리스도인의 이성이라면 그는 사실 합리주의자라는 비난과 전혀 관련 없는 입장에 서게 된다. 이는 모든 정상적인 그리스도인들이 취하는 입장이기 때문이다. 그가 이런 의미에서 이성을 긍정적으로 말하고 있을 가능성이 많이 있다. 특히 그가 모든 형태의 합리주의를 기독교적 관점에서 비판할 때 그가 생각하며 사용하는 이성이 중생한 그리스도인의 이성이라는 것은 상당한 설득력을 지니게 된다. 그리고 사실 핫지가 이성과 이성에 근거한 진리 추구인 철학이라는 말을 이런 의미로 사용한 적이 많이 있다.

그런데 문제는 때때로 그가 이성과 이성의 사용으로서의 철학을 중립적으로 사용한 곳도 있다는 데에 있다. 예를 들어 철학과 신학

---

[58] 예를 들어 Holifield, "Hodge, the Seminary and the American Theological Context," in Charles Hodge Revisited, 123, 124를 보라.

의 관계에 대해서 그는 다음과 같이 정리해서 말하고 있다.

> 1) 철학과 신학은 공동의 근거를 가지고 있다. 그 둘은 모두 하나님과 사람과 세상과 하나님이 피조물과 맺고 있는 관계에 대해서 가르친다고 가정된다.
> 2) 그 대상이 동일하여 그 둘이 모두 같은 진리들에 대한 지식을 추구하지만, 그 방법은 본질적으로 다르다. 철학은 사변과 귀납 또는 우리 자신의 지적 기능을 사용하여 지식을 얻으려고 하는 데 비해서, 신학은 하나님께서 그의 말씀 가운데서 계시하신 것은 모두 진리로 받아들이는 권위에 의존하는 방법을 사용한다.
> 3) 그 두 가지 방법은 모두 적법하다. 그리스도인들은 우리의 감각과 이성이 믿을 만한 정보원이라는 것을 부인하지 않는다. 즉 우리의 감각들과 이성은 그 각각의 영역 안에 있는 것들에 대해서 확실성에 이를 수 있도록 해준다.
> 4) 하나님께서는 자연의 저자요 하늘과 땅의 창조자이시다. 그러므로 자연의 법칙들이나 외적 세계의 사실들이 참된 것으로 증명한 것은 그 어떤 것도 하나님 말씀의 가르침과 모순될 수 없다. 성경도 철학이나 과학의 진리들과 모순될 수 없다(ST 1:56).

이런 핫지의 말들은 그것들을 어떻게 해석하느냐에 따라서 상당히 다른 의미로 이해될 수 있다. 그런데 그는 이 논의 바로 앞에서 "철학은 이성의 길로 진리를 획득하려는 것이다"는 피만스(Peemans)의 말을 긍정적으로 인용하고 있기에(ST 1:55) 이런 진술들에서 그가 일반적인 철학과 신학의 관계를 말하는 것이라고도 해석할 수 있는 가능성이 있다. 그러나 또한 그 내용상 그가 기독교 사상을 전제로 하는 정상적 철학과 계시에 근거한 신학의 관계를 말하는 것이라고도 해석될 수 있다. 핫지가 과연 어떤 것을 의도하는지는 본문 자체의 표현만으로는 결정하기 어렵다.

일반적인 진술은 그가 일반적인 철학을 염두에 두고 있다고 해석하도록 한다. 예를 들어 그는 "철학과 과학으로 여겨지는 상당히 많은 것들은 단지 인간의 사변일 뿐이다"고 말한다(ST 1:58). 그러면서 그 예로, 동양 철학들, 브라만 철학, 불교 철학, 초기 영지주의 철학, 플라톤주의 철학, 중세 말의 스코투스 철학, 라이프니쯔의 단자론과 예정조화론, 데까르트 철학, 칸트철학과 그의 범주들, 피히테, 쉘링, 헤겔 등의 철학, 관념론적 범신론의 다양한 이론들을 그 예로 든다. 그는 또한 그는 철학과 성경이 서로 모순되는 주장을 할 때가 있다고 하면서 이런 때 철학은 계시에 양보해야 한다고 말한다(ST 1:58). 그렇다면 여기서 말하는 철학은 일반적 철학일 수도 있다.

그러나 그 후에 "철학자들은 성경의 가르침을 무시해서는 안 된다"고(ST 1:56) 말하는 것으로 보아서 철학이라는 말을 사용할 때 핫지가 일반 철학을 말하는 것이 아니라 성경의 가르침에 유의하는 철학, 기독교적 관점에서의 바른 철학에 대해서 생각하며 말하고 있다는 해석도 가능하다. 결국 계시에 자신의 사유를 양보하는 철학은 기독교적인 것이기 때문이다. 비기독교적 철학은 계시에 사유를 양보하지 않을 것이니 말이다. 사실 그는 "철학자들이 성경의 사실들과 일관성을 지니지 못하는 이론들을 채용하거나 구성하는 것은 비합리적인 것이고 비종교적인 것이다"고 말한다(ST 1:56). 그러므로 핫지는 성경의 가르침을 받아들이고 그에 따라서 철학적 사유를 진행하는 것을 자명한 것으로 여기고 그렇게 하는 것이 합리적인 것이라고 말하는 것이다. 이런 데서 핫지가 사용하는 합리적이라는 말의 의미를 찾을 수 있다.

물론 이런 해석이 유일하게 바른 해석이라고 하기는 어려운 점도 있다. 왜냐하면 그는 위에서 언급한 일반 철학들을 언급한 후에 "이런 사변들이 성경과 일치하는 한 그것들은 옳은 것이고, 성경과 일치하지 않는 한 거짓되고 무가치한 것이다"는 말을 하기 때문이다(ST 1:58).59) 결국 성경에 일치하는 것만을 진리요 가치 있는 것으로 인정하는 것은 좋으나, 혹시 이성이 그 나름대로 진리를 말할 수 있는 영역이 있다는 것을 시사 하는 것이 되면 이는 이성의 중립적 영역을 주장하는 것이 되기 때문이다.

그런 점에서 보면 "진리의 전달은 그것을 받아들일 수 있는 능력을 전제로 한다"(ST 1:49)는 핫지의 말을 어떻게 이해하고 해석하느냐 하는 것도 이런 시각에서 보고 결정되어야 한다. 일반적 개혁파 사상을 전제로 하면 타락한 인간은 받아들일 수 있는 능력이 없으므로, 여기서 핫지는 이미 중생에 의해 변화된 사람의 계시를 받아들이는 능력을 말하는 것이라고 보면, 이는 중생한 사람에 대해서 말하는 것이 된다. 그렇게 보지 않으면 구원론에서 철저한 개혁파 이론을 주장하는 핫지가 신학 서론(신학적 인식론)에서는 자신도 모르는 사이에 일종의 알미니안주의를 주장하는 것이기 때문이다. 그러므로 이 문장 자체로서

---

59) 이런 점에서 보면 핫지가 56쪽에서 제시한 철학과 신학의 일반적 관계는 다시 정의되어야 하는 것이다. 56쪽의 표현만으로는 이런 성경 계시에 대립하는 일을 철학이 할 수 있게 되어 있지 않다. 그러므로 그 때 그가 말하는 철학이 성경 계시를 존중하는 기독교 철학인가 하는 생각이 나오는 것이다. 이런 점에서 핫지는 엄밀하게 용어를 사용하려고 하면서도 용어 사용이 엄밀하지 않은 문제를 드러내고야 만다. 그가 생각하는 이상적 철학의 모습을 중심으로 56쪽의 일반적 표현이 나타나고 있기 때문이다.

는 모호하지만 그의 신학 사상 전체로 미루어 그는 여기서 중생을 전제로 하면서 중생한 사람의 계시 수납 능력을 말하는 것이라고 보는 것이 좋은 해석이다. 핫지의 신학 사상 전체를 미루어 보거나 56쪽에서 철학자들이 성경의 사실을 존중해야 한다고 말하는 것을 볼 때 그가 말하는 이성은 그렇게 성경은 존중하는 이성일 가능성이 크다.

그러나 문제는 이것을 말하는 구체적 맥락에서 그는 중생과 중생 등에 의한 변화를 구체적으로 시사하거나 언급하고 있지 않고 마치 모든 정황에서 계시 개념상 사람의 정신은 계시를 수용할 수 있게끔 되어 있다는 인상을 주고 있다는 데에 있다. 더구나 그 다음에 나오는 문장인 "계시는 야수들이나 백치들에게는 이루어지지 않는다" (Revelation cannot be made to brutes or idiots)는 표현이(ST 1:49) 이런 중립적 해석을 강화시킬 수도 있다. 핫지는 결국 "진리는 신앙의 대상으로 받아들여지기 위해서는 (먼저) 지적으로 받아들여져야만 한다"고 말하고 있다(ST 1:49). 더구나 얼마 후에 우리가 위에서 인용한 바 있는 "사람이 그의 창조자에 의해서 지식이 없이 믿으라고, 즉 정신에 의미를 전달하지 않는 것을 참된 명제들로 받아들이라는 부름을 받지 않았다는 것은 합리적 피조물로서의 인간의 참된 지위에 어울리는 것이다"(ST 1:50) 라는 말을 하고 있는데, 여기서 '정신에 의미를 전달하는 것'이라는 말이 중립적인 이성의 작용을 시사하는 것으로 이해될 수도 있다. 그렇게 되면 일단 사람은 이성의 작용으로 어떤 것이 자신의 정신에 의미를 전달하는 것을 판단한 후에 자신의 정신에 의미를 전달하는 것을 믿을 만한 것으로 여기고 그것을 믿게 된다는 말로 이해될 수도 있다. 그런데 바로 여기서 문제가 발생할 수 있다. 마치 중생이나 그 결과로 신앙과 상관 없이 작용할 수 있는 이성적 영역이 있는 듯이 해석될 수 있기 때문이다. 반틸은 특히 이성이 계시의 증거들을 판단할 수 있다는 구절에 대한 논의에서 "(그런데) 적어도 겉으로 보기에는 이런 종류의 진술은 중생한 사람이든 중생하지 않은 사람이든 모든 사람이 이성과 증거의 성질에 대해서 동의하리라고 가정하는 듯하다"고 하면서 이를 비판적으로 평가한다.60)

물론 처음에는 이렇게 중립적 영역에서 논의하는 것이 긍정적이고 좋은 뜻으로 작용하는 것처럼 보일 수도 있다. 즉 심지어 신앙이 없는 사람에게도 계시의 내용은 실질적으로 합리적인 것인데, 불신앙인은 그 합리성을 보면서도 저항하며 그것을 받아들이지 않는 것으로 언급될 수 있는 것이다. 핫지가 중립적 영역을 생각한다고 해도 그는 아마 이런 의미에서의 이성의 영역을 생각하는 것이다(핫지와는 달리, 반틸은 불신자가 과연 계시의 내용을 합리적이라고 인정할 것인가에 대해서 반론한다. 그만큼 부패한 인간의 이성의 적용의 괴악함을 반틸은 더 느끼는 상황에서 신학을 하는 것이다.)

더 나아가서, 이렇게 신앙과 상관없는 중립적 영역을 인정하는 것은 후에 문제를 일으킬 수 있다. 세월이 지나다보면 (반틸이 걱정하듯이) 인간의 합리성이 계시의 내용을 판단할 수 있는 것과 같은 생각을 할 수 있는 것이다. 그리하여 인간의 합리성에 부합하면 받아들이고, 그에 부합하지 않으면 거부할 수 있는 듯한 착각을 타락한 인간이 하게 할 수 있는 것이다. 이런 관점에서는 핫지의 "우리는 그에 대해서 우리가 알 수 없는 것은 그 어떤 것도 확언할 수 없는 것이다"(ST 1:49)와61) 같은 말을 오해하기 쉽게 된다. 더구나 핫지가 "이성은 계시의 신빙성

---

60) Cornelius Van Til, An Introduction to Systematic Theology (Phillipsburg, NJ: Presbyterian and Reformed Publishing, 1971), 이승구 옮김, 『개혁주의 신학서론』(서울: 기독교문서선교회,1995), 77.
61) ST, I:49: "But we can affirm nothing of that of which we know nothing."

을 판단해야만 한다"와 같이 말하는 것을 오해하면 일단 우리의 이성이 계시의 신빙성을 판단한 후에라야 우리는 그것을 받아들이고 믿을 수 있을지를 결정할 수 있다는 뜻으로 오해할 가능성이 농후하다. 또한 "이성은 어떤 것이 가능한지, 가능한 것이 아닌지를 판단하는 모순의 판단자(the judicium contradictionis) 역할을 한다"(ST 1:51)는 표현도 그와 같이 오해될 가능성이 많다.

그러므로 이와 같은 표현들은 오해를 낳을 수 있는 소위 불행한 표현(unfortunate expression)으로 여겨져야 한다고 판단된다. 이런 표현은 핫지가 의도하는 결과를 낳지 않고, 오히려 수많은 오해를 양산하기 때문이다. 물론 이런 것이 오해라는 것은 분명히 지적되어야 한다(물론 그 자신의 표현이 오해할 수 있는 여지를 주고 있다는 책임은 핫지 자신에게 있다). 왜냐하면 핫지는, 우리가 위에서 살펴본 대로, "이상하고(strange), 설명할 수 없고(unaccountable), 우리의 지성으로는 이해가 안 되는(unintelligible) 것도" 그것이 가능하며, 적절한 근거가 있다면 "믿어질 수 있다"는 입장을 표현하고 있기 때문이다(ST 1:50). 그러므로 핫지는 중립적인 이성에 근거해서 어떤 성경의 내용은 있을 수 없는 것이라는 생각을 전혀 하지 않는다. 오히려 그는 우리와 같이 성경의 모든 내용을 성경이 말하는 그대로 다 받아들인다. 그는 이렇게 말한다. "모든 개신교도들은 구약과 신약의 성경에 포함된 하나님의 말씀이 신앙과 실천의 유일한 무오한 규범(the only infallible rule)이라는 가르침에 동의한다"(ST, 1:151). 그러므로 핫지의 입장을 정리하면서 "이성은 성경의 가르침을 그 판단 아래 둘 수 있는 권위를 가지고 있지 않다"고 말하는[62] 홀리필드의 말

---

62) Holifield, "Hodge, the Seminary and the American Theological Context," in Charles Hodge Revisited, 124.

은 매우 정확한 것이다. 따라서 핫지는 실제에 있어서는 중립적 이성을 가지고 성경 계시의 내용을 판단하지는 않는다. (그러나 그의 표현만을 생각하고, 후에 이런 입장에 나름대로 충실하게 나간 사람들은 왜 성경의 내용을 판단하지 말아야 하느냐고 하면서 이성이 성경의 내용을 포함한 계시의 판단자가 될 수 있다고 주장하면서 극단적인 견해로 나아갈 위험이 있는 것이다. 물론 이런 것을 핫지가 의도하지 않았다는 것은 매우 자명하다. 그는 "가장 제한된 이성과 경험을 지닌 이가 자신의 경험과 이성을 가능한 것과 참된 것의 기준으로 삼는 것은 어떤 사람이 자신의 가시적인 지평만을 공간의 한계라고 여기는 것 같이 부조리한 것이다"(ST 1:50)고 하며, "사람이 자신이 다 이해하지 못하는 것을 믿으려 하지 않는다면 그는 아무것도 믿을 수 없으며 영원히 외적 어두움에 거해야만 할 것이다"고 말하고 있기 때문이다(ST 1:50). 그러므로 그는 인간이 중립적이고 도움 받지 않은 이성으로 판단할 수 있는 것만을 받아들이는 사람들과는 근본적으로 다른 것이다. 즉 핫지는 칸트도 흄도 로크도 아니고, 합리주의적 자유주의 신학자도 아닌 것이다. 그럼에도 불구하고 핫지의 어떤 표현은 후대 사람들로 하여금 그렇게 나아갈 수 있는 일종의 여지를 주었다는 점에서 "이성이 계시의 신빙성을 판단한다" 또는 "판단해야만 한다"(ST 1:50)는 표현은 매우 불행한 표현이라고 하지 않을 수 없다.)

아마도 이와 같이 오해하기 쉬운 표현까지를 하는 이유는 핫지와 그를 따르는 상당수에게 있어서는 중생한 이성의 작용이 너무나도 자연스럽게 여겨지기 때문에 그것이 모든 사람의 이성의 가장 정상적인 사용이라는 생각이 작용한 결과일 것이다. 그들에게는 도무지 이성의 다른 사용이 비이성적인(비합리적인 것)것으로 여겨지는 것이다. 도무지 이성이 다른 식으로 작용할 수 있으리라고는 생각할 수 없었던 것이다. 그만큼 핫지는 중생한 사람의 이성의 작용이 너무나도 자연스럽게 여겨져서 모든 이성적인 사람들은 그 입장에 동의하지 않을 수 없을 것이라고 여긴 것이다. 물론 핫지는 다양한 형태의 합리주의에서 드러나는 이성의 오용의 문제를 잘 알고 있고, 바로 그런 이성의 오용을 비판한다. 그러나 그것이 이성의 오용이라고 여겨질 정도로 그는 이성이 성경적으로 성령의 역사와 관련해서 사용하는 이성의 사용만이(즉 이성의 도구적 사용만이) 바른 사용이라는 생각에 익숙한 것이다. 그런 의미에서 그는 이성에 대한 낙관적 견해를 가졌다고 할 수 있다. 이런 낙관성은 자연과학과 과학적 탐구의 산물을 낙관적으로 바라보는 데서도 잘 나타난다. 예를 들어 신학자들이 태양계에 대한 코페르니쿠스적 이론을 저항하지 말아야 한다고 주장하면서 핫지는 다음과 같이 말한다. 태양계에 대하여 "이전에 받아들여지던 해석이 포기되고 그 이론[코페르니쿠스적 이론]이 옳은 것으로 증명되었다. 그러나 성경은 그 어떤 해를 입지 않았고, 오히려 신학자들은 중요한 교훈을 받은 것이다. 즉 과학이 제 길을 가도록 하면, 과거에 그래 왔던 것과 같이, 성경은 앞으로 있게 될 잘 증언된 과학적 사실들에 자체를 잘 조화시킬 수 있음을 확언해주었다"(ST 1:57). **63)**

이런 이성 낙관론은 핫지의 사실관(view of the facts)과 연관되어 있다. 핫지는 "사실들은 하나님의 지혜와 의지에 의해서 결정된 것이다"고 말한다(ST 1:57). 그렇기에 "빛의 사실들과 전기의 사실들, 자기의 사실들은 영속적이다"는 것이다(ST 1:58). 이런 매우 핵심적이고 중요한 사실의 진술로부터 그는 다음과 같은 강한 추론을 이끌어낸다. 그러므로 "사실을 부인하는 것은 하나님께서 참되다고 확언하신 것을 부인하는 것이다"(ST 1:57). "성경은 그렇게 할 수 없다. 성경은 하나님과

---

63) ST, 1:57: "The Theory proved to be true, and the received interpretation had to be given up. The Bible, however, has received no injury, although theologians have been taught an important lesson; that is, to let science take its course, assured that the Scriptures will accommodated themselves to all well-authenticated scientific facts in time to come, as they have in time past."

모순될 수 없는 것이다." 이로부터 다음 진술로 가는 것은 더욱 놀랍다. "그러므로 신학자는 성경에 수립된 사실들에 따라 해석되어야 한다는 것을 인정해야 한다"(ST 1:57). 물론 교회가 사실 문제에 대하여 과학자들의 끊임없이 변화하는 표현들에 따라서 그 교리들이나 성경 해석들을 변화시키는 것을 보는 것은 한탄할 만한 정황이다"는 말도 한다(ST 1:57). 그러므로 핫지가 의도하는 것은 과학이 말하는 대로 성경을 해석해야 한다는 것이 아님은 분명하다. 그러나 일반적으로 과학이 수립한 사실은 믿을 만한 것이라고 여기는 마음도 그에게서 분명히 나타나는 것이다. 따라서 이런 핫지의 사유 배후에는 하나님이 창조하여주신 사실의 명확성과 강함(robustness)에 대한 확신이 있다. 그래서 "우리 시대나 우리나라의 과학자들은 사실들의 진리를 확언한다"고 말한다(ST 1:57).

그런데 문제는 소위 과학이 때로는 그 사실을 있는 그대로 파악해내지 않는다는 데에 있다. 그런데도 핫지는 자연과학을 사실에 대한 탐구라고 보아서 자연과학이 수립하는 것은 상당히 그대로 수납할 수 있는 것과 같이 제시하는 경향이 있다. 이런 데에 스코틀랜드 상식 철학의 실재론에 대한 확신이 작용하고 있음을 우리는 말할 수 있다. 그리고 그는 과학 자체가 바르게 사용되기만 하면 인류가 한 기원을 가졌다는 것을 부인하는 조시아 노트(Josiah Nott)나 루이스 애거시(Louis Agassiz) 같은 사람들의 사변을 반박할 수 있을 것이라고 생각한다.[64] 그는 과학적 진전을 이와 같이 매우 낙관적으로 보는 것이다. 그래서 결국은 우리가 위에서 본 바와 같이, "신학자는 성경이 수립된 사실들

---

[64] 이 점에 대한 옳은 관찰과 지적으로 Holifield, "Hodge, the Seminary and the American Theological Context," in Charles Hodge Revisited, 126을 보라.

에 따라 해석되어야 한다는 것을 인정해야 한다"(ST 1:57)와 같은 주장을 하는 것이다. 단지 관찰된 사실들로부터 이끌어낸 이론들은 인간 사변이 작용한 것으로 잘못될 수도 있고, 그 고유한 개연성 이상의 더 높은 권위를 지닐 수 없다고도 말한다(ST 1:57). 즉 핫지는 사실은 있는 그대로 다 잘 파악할 수 있는데, 그것을 해석하고 이로부터 이론을 이끌어내는 데서 문제가 발생할 수 있다고 한다. 사실들에 대한 "이론들은 끊임없이 바뀐다"고 핫지는 지적한다(ST 1:58). 예를 들어 "지질학의 사실들은 받아들여질 수 있으나, 지질학 이론들은 강한 권위를 지닌 것이 아니다. 생리학과 비교 해부학의 사실들은 받아들여질 수 있으나, 그 때문에 서로 상이한 발달 이론들을 다 받아들여야 하는 것은 아니다"고 말한다(ST 1:58). 그렇기에 그는 "교회가 사실 문제에 대하여 과학자들의 끊임없이 변화하는 표현들에 따라서 그 교리들이나 성경 해석들을 변화시키는 것을 보는 것은 한탄할 만한 정황이다"는 말도 했던 것이다(ST 1:57). 그러나 이론 이전의 사실에 대해서는 가치중립성을 인정하는 듯이 말한다. 이런 표현은 핫지가 모든 사실들이 이미 이론 담지적이라는 것을 생각하기 이전 시대에 학문활동을 하고 있는 데서 나오는 것이라고 할 수 있다. 소위 사실이라는 것이 그렇게 자명하게 나타나는 것이 아님을 잘 생각하지 않고, 그는 스코틀랜드 상식철학(common sense philosophy)이 자명한 것으로 여기던 일종의 소박실재론(naive realism)을 가정하면서 그의 논의를 전개하는 것이다.

그에 비해서 후세에 속하는 코넬리우스 반틸에게 있어서는 불신자들에게서 작용하는 이성의 부정적 기능을 너무나도 깊이 알기에 그는 이성에 대해서 부정적이고 비판적이며 비관적인 견해를 나타내고 있다고 할 수 있다.[65] 그래서 해석되지 않은 사실이 있을 수 없음을 강조하며, 사실의 가치중립성을 부인한다. 동일한 사실을 기독교적 관점에서 보며 말하는 것과 비기독교적 관점에서 보며 말하는 것이 다른 결과를 낸다는 것이다. 이미 사실의 수준에서 해석과 전 이론적 사유작용이 작용하고 있음을, 사실은 그 자명성을 드러내 보일 수 있다고 보는 핫지와는 달리, 반틸은 강조한다. 물론 반틸은 중생한 사람들에게 있어서는 이성이 정상적으로 도구적으로 사용된다는 것을 바르게 지적한다. 그러므로 중생한 그리스도인의 성령님께 의존하며 성경을 따르는 이성의 사용에 있어서는 이성에 대한 비관론자인 반틸이나 이성에 대한 낙관론자인 핫지 사이에 차이가 없다. 핫지도 "인간 지성이 하나님께 복속해야 함"(the subject of the human intelligence to God)을 매우 강조한다(ST 1:52). 그리스도인의 중생한 이성의 사용에 관한 한 반틸은 핫지의 진정한 후계자의 한 사람이다. 반틸도 하나님에게 복속할 때 이는 "무한한 지혜와 선하심에 복속하는 것"이라는(ST 1:52) 점에 반대하지 않을 것이다. 그 둘 모두는 그리스도인은 "자신을 하나님 앞에 어린아이 같은 자세로 서서 무한한 지성과 선하신 하나님께서 믿을 만한 것이라고 선언하시는 모든 것을 참된 것으로 받아들이는 것이다"(ST 1:55). 이것은 모든 바른 신앙인의 올바른 자세이기 때문이다.

    그러나 반틸은 인간 이성이 불신자들에게서 어떻게 부정적으로 사용되며, 소위 신자라고 하나 철저히 성경과 성령님께 복종하는 이들

---

65) 사실 핫지도 과학이 잘못된 방향으로 진행해 가는 일이 있음을 잘 알고 그것을 강하게 지적하기도 한다. 다윈주의에 대한 핫지의 비판에서 이런 점에 잘 드러난다. 핫지에 의하면 다윈은 창조자를 믿지만(he believes in a Creator), 결국 피조물을 자연에 의한 선택의 과정에 맡긴 것이 되므로 결국은 신을 제거하고야 마는 무신론에 이른다는 논의를 한다. 다윈주의 이론은 결국 실질적으로 무신론적(virtually atheistical)이고, 따라서 다윈주의는 무신론(atheism)이라는 것이다. What is Darwinism?, (New York: Scribners,1874), 177, reprinted in Princeton Theology, ed,, Mark A. Moll, 152. 그럼에도 불구하고 핫지는 이성의 바른 사용과 바른 과학에 대해서는 여전히 낙관적이다.

에게서 이성이 어떻게 작용하는지를 너무나도 잘 알고 있었다. 그래서 그는 바르트나 부룬너 같은 이들의 사유에 어떻게 합리주의와 비합리주의가 같이 작용하고 있는지를 곳곳에서 애를 쓰며 지적하는 것이다. 반틸은 심지어 중생한 신자들도 때때로 성경에 충실하지 않고 성령님께 온전히 복종하지 않을 때 그들의 존재 전체가, 따라서 그들이 이성이 얼마나 역기능적으로 작용할 수 있는지를 잘 알며 그 점을 지적하려고 애쓴다. 중생한 신자들도 그리스도의 성령 안에서 변화된 그들이 진정한 모습에 맞지 않게 오히려 그들의 옛 자아에 따라 생각하고 활동할 때가 있음을 지적하는 것이다. 중생한 신자들의 이성이 중생한 그들의 기능에 맞지 않게 작용할 때가 있음을 지적하는 것이다. 따라서 그는 이성이 계시를 판단할 수 있다는 식의 핫지의 말을 그대로 따를 수 없었다. 그는 이성의 불순종을 너무 잘 알고 있었던 것이다.

그러나 이들의 차이는 근본적 사상의 차이가 아니라는 점이 우리가 유념해야 할 요점이다. 사실 그들은 같은 사상을 변화된 상황 속에서 말하고 있다고 보아야 한다. 그들은 나름대로 성경에 충실한 입장을 제시하는 것이라고 생각했다. 자신들이 칼빈과 전통적 칼빈주의에 충실한 이해를 제시하고 있다고 생각하고 그렇게 표현한 것이다. 이를 부인하거나 의심해서는 안 된다. 그런데 어떻게 전혀 다른 말이 나타날 수 있을까? 대립하는 듯이 보이는 말이 나타나는 이유는 그들이 처해 있는 상황의 차이에서 나타나는 것이라고 할 수 있다. 핫지는 기독교적 상식이 일반화되어서 모든 사람이 성경의 하나님을 가장 정상적이라고 생각하는 일반적 분위기 속에 있으므로 성경의 하나님과 성경의 가르침에서 벗어나는 것은 비이성적인 것이라고 말하는 그런 분위기에서 신학적 작업을 했던 것이다. 그러므로 그의 입장에서는 성경의 가르침에 따르는 것이 합리적이라고 말하는 것은 자연스러운 그런 상황 속에서 이성이 계시를 판단해서 계시의 의미에 충실하도록 해야 한다고 말하는 것이다.

V. 결론

그러면 우리는 이성과 계시에 대한 핫지의 입장에 대해 어떤 결론을 내릴 수 있는가? 우리는 그를 성경적 성령론적 합리주의자라고 할 수 있을 것이다. 그러나 이런 입장은 반틸과 같이 우리가 성경과 성령님에 충실하지 않을 때 이성이 제대로 기능하지 않는다는 것과 하나님과 인간에게서의 합리성의 차이를 생각해야 한다는 주장에 의해 보완될 필요가 있다고 여겨진다. 성경적, 성령론적 합리주의자들이 빠지기 쉬운 함정은 그것이 성경과 성령님을 따르는 것이므로 하나님과 인간에게서의 합리성을 일의적(一意的)인 것으로 간주하기 쉽다는 것이다. 핫지를 따라서 우리가 하나님과 성령님을 따를 때 합리적이라고 해도, 우리의 합리성은 항상 하나님의 합리성에서 파생하는 부차적인 합리성이며, 유비적이라는 점까지를 지적할 수 있을 때 우리는 좀 더 바른 방향으로 나아갈 수 있을 것이다. 그러나 핫지가 강조하는 바 성경과 성령님을 따른 이들이 이성의 사용을 버리는 것이 아니라는 점은 항상 기억해야 할 것이다.

이런 입장을 요약하자면, 그리스도인인 우리는 합리주의자일 수 없다. 그러나 우리들은 항상 하나님의 합리적 사상을 따라 생각해야 하는 자들이다. 하나님의 합리적 사상을 따르는 것에서 핫지는 "하나님의 합리성을 따르는"의 합리적이라는 면에 좀 더 강조점을 둔다면, 반틸은 "하나님의 합리성을 따르는"이라는 말에 강조점을 두고 있다고 보아야 할 것이다. 그러므로 그 둘의 차이는 성령님 안에서 오직 성경에만 의존하는 같은 개혁신학을 어떤 신학적, 철학적 분위기 속에서 말하는가의 차이로 여겨져야 한다.

04
찰스 핫지의 칭의론

강웅산 교수
(총신대학교 신학대학원, 조직신학)

I. 들어가는 말
II. 신학적 구조 및 특징
III. 칭의의 기독론적 근거
IV. 그리스도와의 연합
V. 칭의의 개념
VI. 칭의와 그리스도인의 삶
VII. 나가는 말: 21세기 한국 교회를 생각하며

찰스 핫지의 칭의론

I. 들어가는 말

문헌상 찰스 핫지(Charles Hodge, 1797-1878)의 칭의론은 몇 편의 대표적인 저서를 통해 정리할 수 있다. 1841년 미국 주일학교 연합회의 요청으로 『삶의 길』(The Way of Life: A Handbook of Christian Belief and Practice)이라는 성경, 죄, 칭의, 믿음, 성례, 신앙생활 등을 다루는 일종의 초보적인 조직신학 저서를 출간하였다. 젊은 지성인들이 흔히 갖는 신앙상의 질문들을 답하기 위한 목적과 거룩한 삶을 지도하기 위한 목적의 저서이다. 이 책에서 핫지는 제 5장에서 칭의를 제 6장에서 믿음을 다루었다. 불과 50페이지 정도의 분량을 통해 핫지는 칭의에 대한 기초적이지만 핵심적인 내용으로 설명하고 있다. 여기에서 이미 방법론적인 특징이 나타나는데 핫지는 칭의 개념을 언약 신학적 또는 구속사적인 틀(framework) 안에서 설명하려는 시도를 하고 있다.

칭의론에 대한 핫지의 사상은 아무래도 그의 『조직신학』(Systematic Theology) 제 3권에 최종적으로 집약되어 있다고 말할 수 있겠다. 1872-73년에 집필한 그의 『조직신학』은 이미 1864년 로마서 주석 최종판을 출간한 이후의 작품이기 때문에 41년의 『삶의 길』보다는 훨씬 성숙된 모습을 보이고 있다. 구성상 쉽게 눈에 띄는 특징은, 칭의론에서 빠뜨릴 수 없는 주제들(법정적 칭의 개념, 그리스도의 의의 개념과 전가의 의미, 믿음과 칭의의 관계 등) 외에도, 개혁주의 신앙고백들이 어떻게 칭의를 정의하는지 열거할 뿐 아니라, 잘못된 칭의교리(로마 가톨릭, 알미니안 등)에 대한 매우 예리한 반응과 반박을 하고 있다. 이 점은 오늘날 우리가 다시 핫지를 다루며 깊이 새겨야 할 매우 중요한 이유가 된다. 굳이 특징을 하나 더 지적한다면(결코 우연한 것이 아닌 것으로 추후 연구가 필요한 것인데) 핫지는 조나단 에드워즈(Jonathan Edwards, 1703-1758)의 칭의론을 비교적 비중 있게 다루고 있으며 여러 곳에서 유사한 강조를 하고 있다.[1] 그 외에도 핫지의 칭의론 사상은 그의 로마서 주석과 고린도전후서 주석을 참고할 수 있다.

　　본 논문은 찰스 핫지가 어떻게 칭의론을 설명하는지, 즉 방법론적 관점에서, 칭의의 개념을 언약신학 구도를 따라 설명하고 있음을 보이고자 한다. 그 특징으로 핫지는 율법에 대하여 칭의가 어떤 의미를 갖는지 설명하는 것을 지적할 것이고, 그것은 곧 그가 어떻게 행위언약과 은혜언약의 대립(antithetical) 구도에서 "오직 믿음"(sola fide)을 방어하는지를 살펴볼 것이다. 핫지의 이러한 방법은 그리스도가 언약신

---

[1] 개혁주의 여러 신학자들 중에서 핫지는 조나단 에드워즈(Jonathan Edwards)를 길게 인용하며 다루고 있다. 사실 핫지는 자신의 칭의론을 전개해 나가는 과정 여러 곳에서 표현과 내용에 있어서 에드워즈의 영향을 받은 흔적을 보이고 있다. 이렇게 말하는 것이 큰 무리가 아닌 것이, 에드워즈도 핫지가 지대한 영향을 받았던 프란시스 투레틴(Francis Turretin)에 깊이 심취되었다. 그런 점에서 핫지가 하고 있는 개혁신학은 칼빈(John Calvin)에서 투레틴과 에드워즈를 거쳐 핫지에게 이어지고 있으며, 그 전통은 핫지 이후에도 루이스 벌코프(Louis Berkhof)와 박형룡에게까지 연장된다고 할 수 있겠다. 여담으로, 에드워즈가 프린스턴의 3대 총장이었기 때문에 핫지는 에드워즈를 총장이라는 직함을 붙여 부르고 있는 것이 흥미롭다.

학 구도에서 율법을 완성하신 것이 어떻게 우리의 칭의가 되는지를 말하는 것으로 기독론에 근거하여 칭의를 이해하는 특징이라고 하겠다. 이것은 그리스도와의 연합의 전제하에 개인의 칭의(ordo salutis)를 그리스도가 완성하신 구원(historia salutis)를 통해 이해하는 방법론이 되겠다.

II. 신학적 구조 및 특징

칭의론을 기술하는 방법론에 있어서 핫지는 의도적으로 "가장 안전한 방법은 성경의 가르침을 꼼꼼하게 따르는 것이며 성경에 나와 있는 대로 보여주는 것"이라고 강조하고 있다. 여기에서 그가 말하는 "가장 안전한 방법"이란 "성경의 언어를 가장 명백한 의미에서 해석하는 것"으로 어떤 해석학적 방법론을 염두에 두고 있음을 암시하고 있다. 핫지가 말하고자 하는 의도를 이어지는 문맥을 통해 읽을 수 있는데, "이 주제에 있어서 성경의 영감된 저자들이 말하고자 하는 것을 최선을 다해 충실하게 대변하는 것"이라고 하였다.[2] 즉 핫지는 칭의론을 성경의 각 저자의 강조와 특성이 반영되는 방법론에 의해 정립해야 한다고 생각하였다. 방법론의 관점에서, 우리가 신학을 할 때, 성경이 취하고 있는 방법론을 따라야 할 것을 핫지는 이미 말한 것이다. 이 말은 오늘날 용어로 조직신학이 성경신학과 밀접한 관계에서 진행되어야 한다는 말이다. 그래서 그의 『조직신학』 제 3권에서 다루어지는 칭의론은 언약신학의 틀 속에서 설명되고 있는 특징을 보이고 있다.

---

2) Charles Hodge, *The Way of Life* (Philadelphia: American Sunday-School Union, 1906), 136.

핫지의 칭의론은 그의 언약신학 구도를 이해함으로써 이해할 수 있다. 핫지의 칭의론을 살펴보면 칭의의 의미를 율법을 기준으로 설명하고 있는 특징을 쉽게 발견하게 된다. 이것이 핫지만의 고유 특성은 아니다. 단지 핫지가 율법에 대비(對比)하여 칭의 개념을 설명하였다는 것은 율법이 갖는 구속사적 기능/역할을 전제하였다는 말이며, 이 때 율법의 구속사적 기능은 언약신학 구도에 의해 정의되는 것이다. 좀 더 구체적으로, 핫지에게 있어서, 칭의는 믿음에 의한 것이지 순종(행위)에 의한 것이 아닌 이유가 언약신학 구도에 있다. 즉 오직 믿음으로 칭의된다는 것은 은혜언약이 우리에게 작용하고 있다는 말이며, 역으로 율법의 행위로 칭의될 수 없는 것은 행위언약이 더 이상 우리에게 작용하고 있지 않기 때문이다. 언약신학적 측면에서, 핫지는 행위언약과 은혜언약을 명백하게 반립적(antithetical) 구도에서 이해하고 있으며 이 대립 구도가 그의 칭의론/구원론에 있어서 해석학적(hermeneutical) 원리로 작용하고 있음을 분명히 하는 것이 그의 칭의론을 이해하는 바른 접근이 된다.

언약신학이란 개혁주의 성경해석학의 기본 원리이다. 17세기 정통주의(reformed orthodoxy) 신학의 관점에서 볼 때, 칼빈을 언약신학자로 봐야 되는지에 대한 기술적인 논쟁이 있긴 하지만, 분명한 것은 언약 사상은 그의 신학을 움직이는 핵심적인 원리라는 점이다.[3] 개혁주의 신학 전통은 언약신학을 계승하고 있고, 그런 점에서 핫지도 예외가 아니다. 유럽의 대표적인 정통주의(reformed orthodoxy) 신학자 중의 하나인 프란시스 투레틴(Francis Turretin)의 영향을 크게 받은 핫지는 자신의 전통인 언약신학에 매우 충실한 면을 보인다. 그것은 칭의를 설명하는데 있어서 역시 행위언약과 은혜언약의 반립적(antithetical) 구도가 해석학적 원리로 작용하는 것으로 나타나고 있다. 먼저 언약신학의 "대립적" 구도가 무슨 뜻인지 들어보자.

> 비록 언약이라는 단어가 창세기에 사용되지도 않고, 어디에도 명백하게 나타나지는 않지만, 구원의 계획이 새 언약에 지속적으로 설명될 때, "새"라는 말이 단순히 시내산에서 만들어진 것과 대조적으로 쓰이는 것이 아니라 모든 법적 언약 체계에 대하여 새 것이라는 의미로써, 성경이 명백하게 보여주는 것은 아담과 맺은 관계는 진정으로 대표적 계약을 체결한 것이라는 점이다. 이제 성경은 영생을 얻는 일에 관한 한 오직 두 가지 방법만을 말한다. 하나는 완전한 순종을 요구하는 방법이고 다른 것은 믿음을 요구하는 것이다. 후자의 것을 언약이라고 부른다면, 전자도 같은 것으로 불려져야 할 것이다.[4]

여기에서 핫지가 언약신학을 말하는 몇 가지 중요한 특징이 있다. 그는 새 언약과 옛 언약의 대조를 말하면서, 아담과 체결된 행위언약과 그리스도를 통한 은혜언약을 말하고 있다. 물론 아담과의 언약을 언약이라고 불러야 할 것이냐의 질문은 성경신학적으로 정당한 질문이다. 그러나 핫지는 전체 언약신학 구도에서 아담과 체결되었던

---

3) 언약신학을 연구하는 학자들은 칼빈을 전형적인 언약신학자로 포함시키지는 않는다. 그것은 언약신학이 하나의 완성된 신학체계로 등장한 것은 17세기에 들어가서이기 때문이다. 즉 정통주의 (reformed orthodoxy) 신학의 독특성이 바로 구속언약, 행위언약, 은혜언약의 구조를 말하는 언약신학이다. 그렇다고 해서 칼빈에게 언약 개념이 없다는 말은 아니다. 17세기의 완성된 형태의 언약신학 구조는 아니지만, 칼빈의 신학은 이미 언약신학의 틀 속에서 개진되고 있다. 피터 릴백(Peter Lillback)은 바로 이 점을 부각시키며, 비록 칼빈이 17세기 기준의 언약신학자는 아니지만, 이미 그의 신학 속에는 17세기 정통주의가 말하는 언약신학 구조가 들어 있음을 보여주고 있다. Peter A. Lillback, *The Binding of God: Calvin's Role in the Development of Covenant Theology* (Grand Rapids: Baker Academic, 2001).

4) Hodge, *Systematic Theology*, 2:117. 이탤릭 강조는 저자의 것임. 앞으로 ST로 책명을 표기할 것임.

것은 그리스도를 통해 대체회복(recapitulate)되는5) 새 언약과 반립적(antithetical) 관계에 있기 때문에 언약이라고 부르는데 아무 이상이 없다는 논리이다. 이때 특별히 대립각은 구원의 두 개의 다른 방법으로 압축된다. 핫지가 말하는 성경에서 "영생을 얻는 일에 관한한 오직 두 가지 방법"은 상호 보완적인 성질이 아니라, 믿음과 행위는 같이 섞일 수 없는 상호 배타적인 두 개의 다른 언약체제를 함축적으로 대표하는 것이 된다.

두 언약의 대립 구도는, 핫지에게 있어서, 언약의 대표적 머리를 통해서 확인된다. 첫 번째 언약, 즉 행위언약의 구도를 따를 때, 아담을 온 인류의 "머리" 또는 "대표"로 보고 있으며, 그 언약적 대표성의 의미는 아담의 원죄의 전가로 나타났다. 또 다른 대표, 머리가 그리스도이다. 핫지에게서 아담과 그리스도의 평행적 대조는 정확하게 행위언약과 은혜언약의 신학적 구분을 집약하는 것이 된다. "아담이 그 후손에 대해 머리이며 대표인 것처럼, 그리스도도 그의 백성들에 대해 머리이며 대표이다. 하나님이 아담과 더불어 언약에 들어가신 것처럼, 마찬가지로 그리스도와 더불어 언약에 들어가셨다. 이것이 로마서 5장12-21절에서 타락과 구원 둘 다에 있어서 하나님이 인간을 어떻게 다루시나를 보여주는 핵심적인 사상이다."6) 마치 행위언약에서 아담의 완벽한 순종이 종말론적(eschatological) 축복을 획득(merit)할 수 있었던 것처럼, 은혜언약에서는 그리스도의 공로(merit)만이 우리의 구원의 유일한 근거가 되신다.

---

5) recapitulatio 개념은 일찍이 이레네우스(Irenaeus)에게서 발견할 수 있는데 아담과 그리스도의 언약의 머리됨을 대비하는 개념이다. 즉 그리스도의 성육신 사건이 아담이 지녔던 모든 대표성의 의미를 대신하며, 그리스도가 하신 일은 아담이 저지른 모든 것을 되돌이킨다는 의미이다. cf. Irenaeus의 *Against Heresies*.

6) Hodge, ST, 2:360.

그런 의미에서 완벽한 순종은 원래 아담과 맺었던 언약의 조건이었다. 그가 자신의 원래 모습을 유지했더라면, 약속된 축복을 벌었을(merit) 것이다. …같은 의미에서 그리스도의 사역이 구속언약(covenant of redemption)의 조건이다. 공로적(meritorious) 근거만이 아버지가 성자에게 공의 가운데 했던 약속을 성취하기 위한 기초가 되는 것이다.[7]

공로 개념에 기초해 아담과 그리스도의 대조를 이루는 것은 핫지가 개혁주의 언약신학에 기여하는 점이다. 핫지의 사고에는, 행위언약에서는 아담이 공로적(meritorious) 대표였던 반면에, 은혜언약에서는 그리스도가 공로적(meritorious) 대표인 것이다. 즉 두 아담에 대하여 공로의 개념을 설명하는 것이 행위언약과 은혜언약의 명백한 대립 구도의 분석에 의한 기여라고 하겠다.

이때 아담과 그리스도로 집약되는 두 언약은 핫지에게 있어서 법적 개념으로 대비되는 특징을 보인다. 위에서 새 언약이 새 언약이 되는 이유로 "모든 법적 언약 체계에 대하여 새 것"이기 때문이라고 한 것도 그리스도의 언약이야말로 아담과의 언약의 모든 요구(법)를 대신하기 때문이었다. 그리스도의 공로가, 핫지에게 있어서, 행위언약(covenant of works)의 죽음과 저주라는 엄청난 법적 효력을 제거할 수 있는 것은 그리스도의 공로가 구속언약(covenant of redemption)의 조건이기 때문이기도 하다. 그런 의미에서 그리스도를 통한 새 언약이 은혜언약(covenant of grace)이 되는 것이다. 그리스도는 이 은혜언약을 완성시키기 위해 "대표적 희생"이 되셨다. 이제 새 언약, 은혜언약에서 그리스도에 대한 믿음이 조건으로 요구되는 것은 오직 믿음으로 옛 언약의

---

7) Ibid., 2:364-65.

법적 요구를 만족시킬 수 있는 그리스도의 공로를 소유하게 되기 때문이다. "나는 너의 하나님이 되고 너희는 나의 백성이 되리라"가 이제 은혜언약에서 성취되었고, 믿음으로 그리스도와 연합함으로써 그 언약의 특권을 누리게 되는 것이다.

언약신학의 구도를 이해하는 것은 성경의 구속역사를 해석하는 매우 중요한 원리가 된다. 타락 이후, 핫지가 볼 때, 구약의 역사는 은혜언약의 역사(heilsgeschichte)이다. "구원의 계획은 언제나 하나였고 같았다는 것을 우리는 안다. 즉 같은 약속, 같은 구주, 같은 조건, 같은 구원이었다."[8] 핫지가 주장하는 것은, 구약 성도들도 우리가 새 언약에서 받을 약속된 종말론적 축복을 그들도 누렸으며, 이것은 타락 이후 같은 하나의 언약(은혜언약)이 작용하고 있기 때문이다. 그래서 모세언약이, 그리스도를 통한 구속사의 관점에서, 은혜언약 안에서 작용하는 것이다.[9] 핫지는 율법이 요구하는 순종 때문에 모세 율법을 행위언약으로 보지 않았다. 오히려 모세언약을 통해 더 강조되는 것은 순종으로는 더 이상 행위언약을 만족시킬 수 없음을 역설적으로 부각시킨 것이다. 핫지는 구속사의 진행을 아담과 그리스도로 대조되는 행위언약과 은혜언약의 명백한 반립적(antithetical) 해석학적 원리에 입각하여 이해하는 전형적인 개혁주의 특징을 보이고 있으며 이 원리에 입각하여 칭의론을 설명하고 있다.

그렇기 때문에 핫지가 로마서 3장과 4장에서 주석하듯이 칭의가 행위에 의한 것이 될 수 없는 것은 은혜언약이 "유대인"이나 "이방인" 모두 동일하게 적용되기 때문이다(롬 3:22,30). 이것은 더 이상 어느

---

8) Ibid., 2:367-68.
9) Ibid., 2:375.

누구도 행위언약으로는 칭의될 수 없다는 것을 확실시 하는 것이다. 핫지는 성경에 창세기 3:15 이후 칭의의 방법으로 항상 믿음에 의한 칭의만을 명시하고 있으며, 그래서 로마서 4장에서 바울이 아브라함의 칭의가 행위가 아닌 믿음에 의한 칭의로 설명하였음을 지적하였다. 이것은 앞서 살펴본 바와 같이 율법을 구속사적 기능 안에서, 즉 언약신학의 구도 안에서 이해하였음을 반영한 것이다.10)

또한 율법의 행위를 배제하는 칭의(딛 3:5; 딤후 1:9; 엡 2:9)는, 핫지가 볼 때, 인간이 아직 죄인 되었을 때 칭의되는 것은 로마서 4:5과 조화를 이룬다. 칭의되지 않은, 즉 그리스도 안에 있지 않은 자에게서 어떤 의도 있을 수 없는 것이며, 더더욱 스스로의 행위(율법에 대한 순종)로 의롭게 여겨질 수 없다. "단지 그리스도와 연합하였을 때만 우리는 하나님을 향해 열매를 맺을 수 있다."11) 즉 크리스천이 보이는 모든 선한 것은 칭의의 결과이지 칭의를 위한 선재조건이 될 수 없다는 것이 핫지의 분명한 입장이다.

III. 칭의의 기독론적 근거

핫지의 칭의론이 율법에 대한 강한 대비를 보이며 설명되는 것

---

10) 핫지는 로마서 4장을 주석하며 행위에 의한 칭의와 믿음에 의한 칭의는 서로 합해질 수 없는 것이라고 선을 그었다. "우리가 깬 율법에 대한 순종으로 칭의되는 것을 말한다는 것은 법에 어긋나는 것이다. 정죄하는 것은 칭의할 수 없다." 즉 언약신학의 구도에서 믿음과 행위는 같이 갈 수 없기 때문에 율법은 더 이상 행위의 칭의가 아님을 상대적으로 부각시키면서 믿음의 칭의를 강조하고 있다. Hodge, *Commentary on the Epistle to the Romans* (Grand Rapids: Eerdmans, 1886; reprint, 1968), 125.
11) Hodge, *Way of Life*, 150.

은 율법에 대한 기독론적 이해를 전제하는 것이다. 핫지는 그의 칭의론에서 어떻게 율법의 기독론적(또는 구속사적) 이해가 칭의에 근거하는지 자세히 설명하고 있다.

핫지는 죄인이 자력이 아닌 그리스도의 의를 통해 칭의된다는 사실을 근본적으로 성부와 성자 사이의 구속언약(covenant of redemption)에서부터 기인하는 것으로 보았다.12) 이것은 앞서 지적한 대로, 핫지의 신학이 언약신학의 구조를 따르고 있다는 증거이며 결국 그의 칭의론이 기독론과 밀접한 관계에서 진행되는 근거이기도 하다. "그리스도가 어떤 조건에 의해 특정한 일을 하기 위해 이 세상에 오셨다는 것은 성경에서 볼 때 명백하다." 그 조건이라는 것이 구속언약에 담겨있는 조건으로 소위 그리스도가 담당해야 하는 대속의 죽음이었고 우리의 칭의와 관계가 있다. "이 거래(transaction)는 대속(vicarious substitution)의 의미를 담고 있는 것이 그 특징이다. 그 말은 그리스도가 하실 일이 그의 백성의 칭의와 성화와 구원의 근거가 된다는 뜻이다."13)

구속언약의 조건으로 그리스도가 담당해야 했던 그 특정한 일은 인성을 입으시는 일이었음을 핫지는 지적하였다. 인성을 입으심으로 그리스도가 우리를 대신하여 율법 하에서 "한 일이 처음부터 끝까

---

12) Hodge, *ST*, 2:359-362. 핫지는 구속언약에 근거해 그리스도가 감당해야 할 일이 무엇이고 그 결과로 무슨 약속이 보장되었는지 말하고 있다. 조건으로 1) 인성을 입으시고, 2) 율법 하에 놓여 모든 율법의 요구를 충족하셔야 되며, 3) 우리를 대신하여 저주가 되시고 죄를 짊어지시는 것이 그리스도가 감당해야 할 일(work)이 되며, 그 조건을 완수하는 것에 대한 약속으로 성부는 1) 그리스도가 입을 죄 없는 완벽한 육체를 마련하실 것과, 2) 무한히 성령을 부으셔서 인성을 입으신 중에 은혜와 능력을 채우실 것, 3) 사탄을 싸워 물리치는 과정에서 늘 우편에서 지지하실 것, 4) 죽음에서 일으키고 하늘 보좌 우편으로 들어 높이실 것, 5) 그가 원하는 자들에게 성령을 보내시어 새롭게 하실 것, 6) 성부에 의해 그리스도에게 주어진 모든 자들이 성부에게로 올 것, 7) 온 열방에서 무수히 많은 자들이 구원을 누리게 될 것, 8) 그리스도와 구속된 교회를 통해 하나님의 온전하심이 증거될 것 등을 이루시는 것으로 핫지는 제시하고 있다.

13) Hodge, *ST*, 3:158.

지 우리의 구원의 근거가 된다."14)

　　　신자들이 율법으로부터 자유로워지는 것은 "율법을 조항이나 형벌에서 폐지함으로써 되는 것이 아니다. 또는 그 요구를 낮추는 것도 아니요, 사람의 능력에 맞게 조정하는 것도 아니다."15) 단지 언약 구도에 따라 그리스도는 대속적 순종과 고난을 통해서 율법을 충족시키셨다. 어떻게 그리스도의 대속이 우리를 위한 의가 될 수 있는지 핫지는 다음과 같이 요약하였다. 첫째, 우리 모두는 완전한 순종을 요구하는 율법 하에 있었으며 둘째, 모두는 율법을 지키지 못해 율법이 정한 죄책 하에 놓이게 되었으며 셋째, 그리스도가 대신 그 율법 하에 놓여 그 요구를 만족시킴으로써 우리를 구원하실 수 있기 때문이다.16)

　　　그래서 핫지가 볼 때, 율법 하에 정죄된 인간의 의로는 율법을 충족시킬 수 없다. 핫지는 빌립보서 3:4-9에서 두 종류의 의를 지적하는데, 하나는 인간의 의, 그러나 칭의의 근거가 되기는 부적합한 것이고, 다른 하나가 하나님께로 난 의이다. 이것은 내가 아닌 타자(他者)의 의로 내 것이 되기 위해서는 오직 믿음으로 받을 수 있는 것이다. 즉 바울이 말하는 믿음으로 우리에게 전가된다는 의이다.17) "우리 자신 안에는 아무런 의가 없지만, 그리스도 안에서 우리는 우리의 의를 갖는다."18) 타자, 즉 그리스도의 의가 믿음으로 내 것이 되기까지는 그리스도와의 연합 사상이 전제되고 있는 것을 볼 수 있다(이 점은 아래서 다루게 될 것이다). 이것은 요한 칼빈(John Calvin, 1509-1564)의 그리스도와의 연합 사상과 일치한다.

---

14) Ibid.
15) *Way of Life*, 155.
16) Ibid., 174.
17) Ibid., 176.

그리스도가 우리를 대신해 율법을 만족시켰다는 말은, 핫지에게, 우리를 위해 율법이 요구하는 "저주"가 되셨고(갈 3:13), "죄"가 되시었다(고후 5:21)는 말이다. 즉 성경에서 말하는 속죄-예를 들어 속죄의 제사-는 대리(vicarious)의 방법을 통한 화해이다(레 1:4, 8:14, 16:21,22; 사 53:6, 11, 12; 벧전 2:24; 히 9:28; 요일 3:5). "속죄의 제사"(sin offering)가 되었다고 할 때, 유대인들은 구약적 전통에서 대속적 희생의 의미를 잘 이해했다. 짐승의 제사를 통해 죄책(penalty)이 면해지고 다시 신정통치 안으로 회복되는, 즉 언약관계의 회복이 있는 것처럼, 그리스도가 "속죄의 제사"가 되심으로 우리의 저주와 죄가 사하여졌다.19) "로마서 3:25에 따르면 하나님은 우리의 죄를 대속하기 위해 그리스도를 내어주심으로써 죄인을 칭의하심에 있어서 정당하게 하셨다."20)

여기에서 핵심 개념인 대리, 대속(substitution)이란 그리스도가 당한 모든 고난을 성도가 당한 것으로 간주한다는 의미이다. 핫지는 "성도"를 "그리스도 안에 속한 자들"로 보았다.21) 그렇다면 율법을 만족시킨 그리스도의 대속적 사역의 효과는 그리스도와의 연합을 전제로 가능해진다는 것이 핫지의 신학 구도적 이해이다. "성도들이 그리스도와 단단하게 연합되어 있기 때문에 그리스도가 그들을 위해 한 것들은 성도들이 한 것으로 선포되는 것이다."22) 핫지에게 이 연합은

---

18) Ibid., 177.
19) 핫지는 율법의 요구를 충족하기 위하여 그리스도의 대속적 사역을 설명하기는 하였지만, 핫지는 대체로 1841년까지만 해도 율법의 부정적 측면-율법의 정죄와 심판-만을 언급하고 있다. 그리스도의 대속적, 대리적, 제사장적 죽으심-즉 죄를 대신 지심-은 물론 우리가 율법을 범한 데 대한 값의 지불이다. 그러나 율법의 충족을 위해서는 율법의 긍정적 요구 또한 만족시켜야 한다. 이 점은 30년 후의 『조직신학』에 가서야 구체적으로 설명된다.
20) Hodge, ST, 3:155.
21) Hodge, Way of Life, 166.
22) Ibid.

그리스도와 아담의 언약적 대비를 전제하는 개념이다. "마치 아담과 우리의 연합이 우리의 죽음을 낳았다면, 그리스도와의 연합은 우리의 부활을 보장하였다." 23) 이것은 전형적인 언약신학에서 나오는 말이다. 핫지가 볼 때, 그리스도가 대리자로 율법을 만족시킨 것은 신약 전체에 명백히 드러나고 있는 연합 사상으로 설명되야 하는 것이다.

IV. 그리스도와의 연합

핫지에게 있어서 칭의가 단순히 죄 용서로만 압축될 수 없는 것은 그리스도와의 연합의 관점에서 칭의를 이해할 때 더욱 그러하다. 즉 연합을 통해서 율법이 갖고 있는 언약적 효과를 누리게 된다. 이것은 핫지가 볼 때, 그리스도의 제사장적 특성을 통해 설명될 수 있다. 핫지는 성경이 그리스도가 오시기 전부터 이미 그의 제사장적 임무를 말하고 있다고 이해하였다(시 110:4; 슥 6:13; 히 5:1). 24) 양성의 연합, 즉 그리스도가 참 인간과 참 하나님이 되심은 제사장적 임무를 위해 필수적인 것이었다. 그런 의미에서 그리스도만이 참 제사장이 될 수 있었으며, 참 제사장이신 그리스도를 통해 모든 율법이 충족되고 하나님의 의가 세워짐으로써 신자들에게는 새 소망이 되었다고 핫지는 설명하고 있다. 25)

핫지는 연합의 결과로, "그의 죽음이 우리의 죽음이며," "우리가 그와 함께 장사되었고," "그와 함께 부활하였고," "그와 함께 지금

---

23) Ibid., 167.
24) Ibid., 171.
25) Ibid., 173.

하늘보좌에 앉아 있다"고 설명한다. 연합으로 인해, "(인간의 표현을 따르자면) 그가 누구냐가 바로 우리가 된다"(we are what he is). "그가 한 것이 우리가 한 것이며," "그의 의가 우리의 의이며," "그의 생명이 우리의 생명이며," "그의 높임이 우리의 높임"인 것이다.[26] 칼빈의 칭의론이 철저하게 그리스도와의 연합을 통해 이해되는 것처럼, 핫지도 그리스도와의 연합 속에서 칭의를 찾고 있는 특징을 보이고 있다.[27]

그러나 칼빈과 비교할 때, 조나단 에드워즈와 비교해도 마찬가지이지만, 그리스도와의 연합의 의미를 핫지는 율법 충족의 관점에 더 많은 초점을 두며 연결짓는 모습을 보게 된다. 칼빈과 에드워즈의 경우, 그리스도와의 연합은 구원의 모든 것을 설명할 수 있는 근거 또는 배경(context)이었다. 즉 그리스도와의 연합 속에서 그리스도가 완성한 구원을 누린다는 개념이다. 그래서 칭의를 설명하면서도 칼빈과 에드워즈는 그리스도와의 연합에서 성화를 뗄 수 없는 관계로 같이 설명하고 있다. 반면에 상대적으로 핫지에게 있어서 이 점이 충분히 강조되지 않고 있다. 그는 연합을 율법을 충족시키는데 우선적인 관점으로 맞추고 있다. 그리스도가 율법을 충족시킬 때, 연합을 통해서 우리도 그리스도와 함께 율법을 충족시킨 것이 핫지의 연합 개념에서 부각되는 사상이다. 그런 점에서 연합 속에서 그리스도의 것(구원의 완성)을 우

---

[26] 즉 칭의가 믿음으로 되는 것인 이유는, 핫지는 말하기를, 믿음으로 그리스도와 연합함으로써 그리스도의 것이 우리의 것으로 여겨지기 때문이다. Ibid., 176. cf. 칼빈은 『기독교강요』, 4.17.2에서 mirifica commutatio 즉 놀라운 교통을 말했다. "이것은 그리스도가 그의 측량할 수 없는 사랑을 통해 우리와 나눈 놀라운 교통(mirifica commutatio)이다. 즉 우리와 더불어 인자가 되심으로, 그는 우리를 그와 더불어 하나님의 아들들이 되게 하셨다. 이 땅에 내려 오심으로써 우리를 위해 하늘로 올라갈 길을 예비하셨다. 우리의 멸함을 취하시고, 그는 우리에게 당신의 불멸을 주셨다. 우리의 연약함을 받으시고, 우리를 당신의 능력으로 강하게 하셨다. 우리의 가난을 받으시고, 그는 우리에게 당신의 부를 주셨다. 우리 무거운 죄를 지시고, 그는 우리를 당신의 의로 덧입히셨다."

[27] Hodge, ST, 3:127.

리의 것(구원의 적용)으로 누리는 것을 강조한 칼빈-에드워즈와 비교할 때 다소 차이점을 느낀다.

핫지의 연합의 개념은 로마서 5:12-21을 통해서 아담과 그리스도가 어떻게 언약의 대표가 되는지를 통해 설명되고 있다. 먼저 이 연합을 통해서 오해하지 말아야 할 것은 아담이나 그리스도의 경우 모두 "신비적 동일"(mysterious identity)을 의미하는 것이 아님을 못 박고 있다. 이 연합을 통해 한 사람의 도덕적 특성이 다른 사람/후손에게 전달될 수 없으며, "직접적으로"(personally), "고유적으로"(inherently) 다른 사람의 것이 될 수 없다는 강조이다. 즉 "아담의 죄가 우리가 마음 아파해야 할 이유가 아니며, 그리스도의 의가 그 의가 전가된 이들에게 스스로의 안위로 삼을 근거가 아니다."28) 핫지가 강하게 강조하는 것은 아담과 그 후손, 그리고 그리스도와 그의 백성들 사이에, 연합을 통해서 형성되는 것은 각기 정죄와 칭의의 법정적 근거를 마련한다는 것이다. 연합을 통해서 아담의 죄가 후손의 정죄의 근거가 되고, 연합을 통해서 그리스도의 의가 그의 백성들의 칭의의 근거가 된다. 이 때 아담의 죄가, 그리스도의 의가, 연합으로 인해 주입(infusion)되는 것이 아님을 핫지는 분명히 하고 있음 또한 중요하다.29)

핫지는 개혁주의 전통이 어떻게 연합의 개념 속에서 법정적 개념을 유지하고 있는지 여러 학자들을 인용하고 있다. 프란시스 투레틴(Francis Turretin, 1623-1687)에게서 전가(imputation)란 우리의 것이 아닌 것이 우리 것이 되는 것으로 연합이 전가의 근거가 됨을 지적하였다. 이

---

28) Hodge, *Romans*, 178.
29) 핫지는 투레틴 외에도 터크니(Tuckney), 오웬(Owen), 냅(Knapp), 자카리(Zachariae), 브레크쉬나이더(Bretschneider) 등을 인용하며 연합을 통해서 전가가 가능한 법정적 근거가 됨을 설명하고 있다. Ibid., 179-180.

때 연합은 신비적 동일이 아니라 자연적(natural) 의미에서, 그리고 법정적(forensic) 의미에서 대표와 그에 속한 자들 사이에 연합을 의미한다. "전가란 법정적 용어로, 의가 물리적으로 주입되는 것이 아니라 법정적으로 상대적으로 이해되어야 한다." 로마 가톨릭이 말했던 주입(infusion)을 부정하며 법정적 전가의 개념을 강조하고 있다. 즉 전가는 도덕적 성품을 바꾸는 것이 아니기 때문에, 같은 사람이 동시에 의롭게 여겨질 수도 있고, 불의하게 여겨질 수도 있다. "왜냐하면 고유적 속성을 기준으로 하면 그는 죄인이며 불의한 자라고 불릴 것이고, 그리스도에 대해 외적 법정적 관계를 기준하면 그는 그리스도 안에서 의롭다고 불려진다."[30]

존 오웬(John Owen, 1616-1683)도 마찬가지로, 핫지에 따르면, 이 연합은 언약적(federal) 연합이며, 자연적 연합이다. 즉 언약관계로 인해 법정적 근거가 마련된 것이다. "이 전가(의의 전가)는 다른 사람의 의를 칭의될 사람에게 전도(transmission), 투여(transfusion)하여 그로 인해 완벽하게 내적으로 의롭게 되는 것을 말하는 것이 아니다."[31] 오웬은 우리가 아담의 죄로 인해 정죄되는 것이 우리 고유의 죄가 아닌 전가된 죄로 인한 것처럼, 그리스도의 의로 우리가 칭의되는 것 역시 우리 고유의 의가 아닌 전가된 의에 의한 것이라는 평행 구조로 설명하였다. 아울러 로마 가톨릭의 교리인 의의 "전도" 또는 "투여" 개념은 부인하고 있음을 기억할 필요가 있다.

핫지가 개혁주의 전통 및 종교개혁의 칭의 교리를 공유하는 신

---

30) 여기에서 핫지는 투레틴을 근거로 주장을 펴고 있다. Cf. Francis Turretin, *Institutes of Elenctic Theology*, 9.9.10. 재인용 Hodge, *Romans*, 179. Cf. 이것은 루터(Martin Luther)가 말한 *simul iustus et peccator*와 같은 선상에 있는 말이다.
31) Owen, *Justification*, 242, 재인용 Hodge, *Romans*, 179.

학자들을 빌어 강조하는 것은 전가는 법정적 개념이며, 이 법정적 전가는 언약 구도에 의한 대표적 성격을 갖는 연합 개념을 통해 가능하다. 그러므로 핫지가 거듭 주의를 요구하는 것은 이 연합-아담과 후손, 그리스도와 성도를 "신비적 동일"로 보아서는 안 된다는 점이다. 이것은 한 사람의 도덕성이 다른 사람에게 전이(transfer)되는 것을 의미하며, 그것이 바로 로마 가톨릭의 주장을 따르는 것이 된다는 경고이다. "전가란 절대 도덕성을 변화시키는 뜻이 아니라 단지 하나님과 그의 법에 대한 인간의 관계를 말하는 것이다. 죄의 전가는 사람을 죄인으로 간주하고 그에 맞게 다루는 것이고, 의의 전가는 사람을 의인으로 간주하고 그에 맞게 다루는 것이다." 32) 핫지에게 전가의 개념은 어떤 철학적 사변을 통해 도출된 것이 아니라 성경적 용어이며 성경적 개념이다. 그래서 로마서 4장에서 여러 차례 '전가'의 의미가 사용되었음을 지적하였다.

연합의 의미를 "신비적 동일"로 이해해서는 안 되는 것은 슐라이어마허(Schleiermacher, 1768-1834)가 말한 것처럼 인류의 총체적 생명(generic life)이 아담 안에 있었다거나 신자의 총체적 생명이 그리스도 안에 있었음이 아니기 때문이다. 그렇게 된다면 각자가 아담 안에서 그리스도 안에서 실제로 자기의 죄를 범하고 실제로 자기의 십자가를 지게 되는 것으로 전혀 성경과 맞지 않는 것이 된다. 33) 이것은 나아가 성경의 속죄(atonement)와 칭의(justification)를 부인하는 결과를 초래한다고 핫지는 보았다. 그리스도가 우리의 죄를 지셨다는 것은 우리의 죄책(punishment)을 대신 지신 것이지 그분이 우리의 죄성을 지신 것은 아

---

32) Ibid., 181.

니라는 점에서 다르다. 여기에서, 핫지가 볼 때, 법적 대속(legal substitution)의 의미가 유지될 때 칭의가 유지된다. 그리스도가 대신 지신 것은 법에 대하여 의를 만족시키신 것이다. 형벌의 모양이 똑같지 않은 것이 그리스도의 대속을 부인할 이유가 되지는 않는다. 그리스도의 죽으심은 법의 요구를 충족시킴으로써 당신에게 연합된 자들을 위해 의를 이루신 것이고 이 의가 연합 안에서 법정적으로 전가되는 것이다.

V. 칭의의 개념

칭의의 법정적 개념

핫지는 칭의 개념을 설명하기 위해서 먼저 성경에 나타나는 "칭의"의 의미를 지적한다. "누군가에게 의를 돌리거나 누구를 의롭다고 부르는 것이 성경에서 말하는 '칭의'라는 단어의 뜻이다." 즉 누구를 의롭다고 부르거나 의롭게 여기는 것이다. 그 예로 핫지는 출애굽기 23:7, 신명기 25:1, 이사야 5:23, 로마서 3:20, 8:33, 34 등을 지적한다.[34] 여기에서 핫지가 성경을 통해 부각하고자 하는 것은 성경의

---

33) 핫지는 하나됨(identity)의 의미가 실재론(realism)이 말하는 것처럼 숫자나 본질에서 하나가 된다든지, 사고나 의지에서 동일한 것을 말하는 것이 아니라고 못 박으며 실재론적 이해가 원죄의 전가의 교리를 정당하게 설명하고 있지 못하다고 반박하였다. *ST*, 2:216-227. 이것은 당시 19세기 후반 쉐드(W. G. T. Shedd), 베어드(Samuel J. Baird), 손웰(James H. Thornwell) 등을 통해 주장되었던 실재론적 이해를 배경하고 있다. 더 나아가 랜디스(Robert W. Landis), 데브니(Robert L. Dabney)의 다소 불가지론적 입장에 대한 반박이라고도 할 수 있다. 원죄의 전가에 대한 입장의 차이를 이해하기 위해 George P. Hutchinson, *The Problem of Origina Sin in American Presbyterian Theology* (Phillipsburg, NJ: P & R, 1972)를 참조할 것.

칭의 용법은 어떤 대상을 의롭다고 부르거나 여김으로써 그 대상을 의롭게 만드는 것이 아니라는 것이다. 이 점은 하나님에 대해서도(눅 7:29), 그리스도에 대해서도(딤전3:16) 마찬가지이며, 죄인에 대해서는 더더욱 그러하다. 인간이 하나님을 의롭다고 부른다고 해서 의롭지 않던 하나님이 의로워진다거나, 더 의로워지는 것이 아니다. 단지 그의 의를 선포하는 것일 뿐이다. 그런 의미에서 핫지가 볼 때, "칭의한다는 것은 결코 누구를 거룩하게 만든다는 뜻이 아니다. 악한 자를 의롭다고 칭하는 것은 죄다. 그러나 악한 자를 거룩하게 만드는 것은 결코 죄가 아니다." 즉 악한 자를 성화하는 것은 죄가 아니다. 단지 "어떤 사람에게 의를 전가하거나 돌리는 것이, 성경의 언어로, 칭의한다는 뜻"이라고 핫지는 설명하였다.

핫지에 따르면, 신약에 나타나는 "의롭다"(δίκαιος)는 양면적 의미를 갖고 있다. 하나는 '의롭다'가 도덕적 성품을 의미하는 경우이다. 즉 누가복음 7:29처럼 하나님을 가리켜 의롭다고 하는 경우이다. 다른 경우는 관계적 의미로, 어떤 대상을 기준으로 의가 만족되는 경우이다. 마태복음 27:24에서 "이 사람의 피에 대하여 나는 무죄하니"를 그 예로 들 수 있다. 우리와 관련이 있는 즉 하나님이 죄인을 의롭다고 칭하시는 경우는 전자의 경우가 될 수 없다. 그렇게 된다면 하나님의 공의가 성립하지 못한다. 고로 죄인에 대한 칭의는 후자의 경우이어야 한다는 것이 핫지의 설명이다. 그 결과로 "더 이상 그의 죄를 묻지 않으신다" 또는 "정의가 요구하는 의가 만족되었다"는 뜻이다.35) 그래서 로마서 4:5에서 "죄인을 의로 여기다"는 말이 성립될 수

---

34) Hodge, *Way of Life*, 138.
35) *ST*, 119-120.

있다고 핫지는 말하는 것이다.

　　이상에서 보는 것처럼, 핫지가 말하는 칭의의 개념은 법정적 개념이다. 바꾸어 말하면, 성경에 나타나는 칭의의 개념은 모두 하나님을 의롭다고 부르는 것을 포함한 법정적 개념이라는 주장이다. 그리고 우리의 관심인 죄인에 대한 칭의에 대해서 핫지는, 이미 앞서 지적한대로, 법적 관점에서 말하고 있다. 칭의란, 법의 관점에서 볼 때, 법을 어긴 죄에 대한 용서뿐만 아니라 법을 만족시킴으로 얻을 수 있는 의인됨의 신분을 선포하는 것이라고 핫지는 정의한다. 여기에서 핫지가 중요하게 강조하는 것은 이 선포의 칭의가 법정적 칭의라는 것이다. 즉 칭의란 "법에 근거하여 죄인을 의롭다고 선언하는 하나님의 동작"인 것이다.[36] 그래서 핫지가 강조하는 칭의는 단순히 용서한다거나 내적으로 의롭게, 또는 선하게, 만드는 것이 아니라 의롭다고 선언할 뿐이다. 신명기 25:1, 욥기 32:2, 시편 51:4, 잠언 17:15, 마태복음 11:19, 누가복음 7:29, 10:29, 갈라디아서 2:16, 5:4에서 쓰이는 칭의의 용어들이 모두 법정적 개념, 즉 선언적 개념임을 핫지는 분명히 하고 있다.

　　법정적 칭의와 관련하여 핫지가 지적하는 특징들을 정리할 필요가 있다. 칭의는 동작/행동(action)이지 성화와 같은 지속되는 과정(process)이 아니다. 즉 "죄인을 향한 은혜의 동작"이다. 이 칭의는 그 자체가 중생이나 성화에서처럼 내적인 변화나 효과를 유발하는 유효한 힘이 아니다. 즉 주권자의 유효한 선포가 아니라, 단지 신분적 회복을 말하는 재판장의 법적 선포일 뿐이다.[37] 다른 한 편, 칭의의 법정적 개념은 정죄(condemnation)의 반대 개념으로 설명된다. 핫지는 정죄란 유죄로 선언하는 것임에 비해, 칭의란 죄가 없다고 선

---

36) Ibid., 119.

언하는 것이라고 말했다.38) 로마서 8:1, 33, 34을 근거로, 핫지는 그리스도 안에 있는 자들에게는 정죄가 없는 것을 법정적 개념으로 밝히고 있다. 정죄란 한 사람을 죄인으로 만드는 것이 아니라 죄인이라고 부르는 것처럼, 대칭적으로 그리스도 안에 있는 자를 더 이상 죄인이라고 부를 수 없고 이제 의인이라고 부르는 것이 칭의의 법정적 의미인 것이다.

칭의는 죄 용서만이 아님

종교개혁 이후 종종 칭의의 개념을 죄 용서만으로 압축하려는 성향이 있어왔는데, 알미니안이 그 대표적인 예라고 할 수 있다. 이런 위험에 대해 핫지는 여러 차례 칭의를 죄 용서만으로 정의하는 것에 대해 경고하였다.39) 오늘날 복음주의자들이 복음을 죄 용서만으로 단순화시키고 있는 성향을 감안할 때, 핫지의 경고는 지금도 분명히 유효하다.

칭의가 단순히 죄 용서만이 아닌 것은 핫지가 어떻게 칭의의 긍정적 의미를 설명하는지를 봄으로써 알 수 있다. 즉 죄 용서의 부정적 의미와 함께 의인의 신분이 누릴 긍정적 의미이다. 핫지에 따르면, 첫째, 칭의는 화평(평화)을 보장한다. 죄인이 하나님 앞에서 화평을 갖는 것은 복음의 핵심 사상이다. 이것은 단순히 죄 용서를 받았다는 데서

---

37) 주권자의 유효한 선포의 예로 하나님의 창조의 사역을 들 수 있다. 창조는 하나님이 선포한 대로 유효한 결과를 낳은 것이 창조이다. 그러나 하나님이 인간을 칭의하시는 것은 죄인을 의인으로 유효하게 바꾸는 일이 아니라는 말이다. Ibid., 117-118.
38) Ibid., 121.
39) 칭의의 정의로 죄 용서만을 말하는 것은 알미니안 신학이다. 이 점에 대해서 투레틴이 이미 매우 신랄하게 비판하며 칭의의 효과는 죄 용서와 영생의 권리라고 말하였다. Elenctic Theology, 11.4.1-13.

오는 화평이 아니라, 하나님의 정의가 만족되었다는 데서 오는 평화이다. 핫지가 이해하는 칭의 속에는 부정적 측면과 함께 긍정적 의미가 양립한다. 둘째, 칭의는 하나님과 화해를 보장한다. 화해가 없는 죄 용서가 있을 수 있다. 그러나 화해 없는 죄 용서는 관계 회복을 기대할 수 없다. 죄인이 다시 하나님의 자녀로 회복되는 것은 단순히 죄 용서를 통한 것 이상의 것으로써 칭의가 가져다주는 긍정적 결과 때문이다. 셋째, 칭의는 영생을 보장한다. 다시 강조하지만, 죄 용서는 칭의의 부정적 결과일 뿐이다. 죄가 사해졌다고 그것이 영생을 보장하는 것은 아니라는 것이 개혁주의 칭의가 알미니안화되고 있는 복음주의와 다른 점이다.[40] 핫지는 "영생은 완벽한 순종을 요구하는 긍정적 조건에 달려 있다"고 강조하였다.[41] 영생을 소유하기 위해서는 율법을 충족시켜야 하는 것이며, 핫지를 포함한 개혁주의에서는, 칭의는 이미 긍정적 의미를 포함하고 있다. 이 때 칭의의 긍정적 의미는 개혁주의 안에서 종종 양자의 개념과 중첩되기도 한다. "그리스도에 대한 믿음으로 우리는 하나님의 아들들이 되며 …이 양자 됨은 상속권을 포함하며, 이 상속권은 영생에 대한 권리를 포함한다."[42]

법정적 개념인 칭의는 전적으로 그리스도와의 연합을 통해 그 특권(죄 용서와 영생소유)을 누리게 된다. 그리스도와의 연합이 전제되어

---

[40] 여기에서 핫지는 좀 더 구체적이며 자세하게 설명을 해주었으면 하는 아쉬움을 남긴다. 그에 비해, 핫지가 큰 비중을 두고 인용하였던 에드워즈의 칭의론을 보면, 어떻게 그리스도의 의가 우리에게 죄 용서 이상의 것으로 영생의 근거가 되는 의를 이루었는지를 잘 설명해주었다. 에드워즈에 따르면, 그리스도가 율법의 형벌로 감당하는 속죄는 죄 용서의 근거가 되는 반면, 율법의 요구를 만족시킨 그의 의가 우리에게 전가됨으로써 영생의 근거가 된다고 말하고 있다. Jonathan Edwards, "Justification by Faith Alone" in The Works of Jonathan Edwards (Edinburgh: Banner of Truth, reprint 1992), 1:636.
[41] Hodge, ST, 3:129.
[42] Ibid.

야 하는 것은 그리스도의 의가 아닌 어떠한 거룩도 우리에게 평화를 줄 수 없기 때문이다. "심지어 완벽한 거룩도 죄책을 제거하지는 못한다."43) 회개가 범죄를 속하지 못하며, 정의를 만족시키지 못한다는 논리이다. 거룩이 죄인의 양심에 화평을 가져다주지 못한다는 점에서 핫지는 칭의는 성화나 죄 용서, 의의 주입(infusion)이 아닌 법정적 선언인 것임을 분명히 하였다.

이제 핫지가 칭의의 이중적 효과-죄 사함과 의인 됨-를 어떻게 그리스도의 의(righteousness)에서 찾는지 살펴보자.

그리스도의 의의 개념과 칭의 개념

핫지가 칭의를 죄의 용서와 영생의 선물로 정의하는 것은 칼빈의 칭의 개념에서 진일보한 투레틴-에드워즈 전통을 따르는 것이라고 할 수 있다. 이렇게 말하는 것이 칼빈과 투레틴-에드워즈를 대립 구도로 놓는 것은 아니다. 오히려 같은 전통 선상의 이해를 전제하나 아직 칼빈에게서는 충분히 강조되지 못한 부분에 대해 투레틴-에드워즈가 보강하고 있으며, 핫지는 이 전통을 계승하고 있다고 평가할 수 있다.

에드워즈가 그의 칭의론에서 하였던 것처럼, 핫지는 그리스도의 의의 개념을 일단 능동적-수동적 순종의 구도로 받아들였다. 여기에서 핫지가 능동적-수동적 순종으로 일단 보는 것은 율법충족의 의미에 무게를 두기 때문이다. 로마서 5:12-21을 근거로 핫지는 우리가 그리스도 안에서 율법을 충족시키므로 의가 되었다고 말했다. 그러나 여기에서 핫지가 에드워즈로부터 직접적인 영향을 받았다는 이유를

---

43) Ibid.

보게 된다. 핫지는, 에드워즈가 그랬듯이, 그리스도의 순종을 더 이상 "능동적-수동적"으로 구분하는 대신, 사실상 하나의 순종에 대한 다른 국면일 뿐이라고 이해하였다. "그리스도가 고난에까지 순종하셨다." 그러므로 "이런 구분은 성경에서 마치 그리스도의 순종이 갖는 목적이 하나 있고 그의 고난이 갖는 다른 구별되는 목적이 따로 있는 것같이 그렇게 제시되고 있지 않다."44) 핫지는 에드워즈처럼 그리스도의 순종과 고난은 우리를 대신하신 둘이 아닌 하나의 순종이며 하나의 의로써 우리의 칭의에 대한 하나의 근거로 보았다.45)

핫지가 그리스도의 순종을 능동적-수동적 이분법으로 보지 않은 것은 그리스도의 의를 구속사적 관점에서 보기 때문이며, 이것은 그리스도가 하신 구속사적 사역을 총체적으로 볼 수 있는 유익이 있다. 그리스도의 죽음을 수동적 순종으로 말함으로써 마치 그리스도가 마지못해 죽음을 당한 것처럼 오해할 수 있다. 그러나 그리스도의 죽음은 매우 능동적이며 적극적인 순종이었으며, 순종의 절정에 해당되는 표현이었다는 점에서, 핫지는 에드워즈의 해석과 표현을 따르면서 능동적-수동적 구분이 갖고 있는 스콜라스틱(scholastic) 한계를 극복하였다. 순종의 관점에서 그리스도의 의를 이해하였던 에드워즈의 방법이 핫지에게서도 발견된다.46) 에드워즈를 길게 인용하며, 핫지는 그리스도의 의가 전가되었다는 말은, 넓게 보면, 그리스도의 대속과 순종이 모두 전가되었다는 뜻이고, 좁게 보면, 그리스도의 순종이 전가된 것으로 보았다. "그리스도의 완전한 순종이 우리의 것으로 간주됨으로써 우리 자신이 마치 그것을[순종] 행한 것처럼 그에 해당되는 혜택

---

44) Ibid., 3:143.
45) 이 점에 대해서 칼빈은 아직 에드워즈나 핫지처럼 충분한 설명을 발전시키지 못하고 있다.

을 받을 것이다."[47]

　　그리스도의 대속(satisfaction)은 부정적/소극적 의(negative right-eousness)로써 죄 용서(칭의의 부정적 효과)를 위한 근거가 되었고, 그리스도의 순종은 긍정적/적극적 의(positive righteousness)로써 의인의 신분(칭의의 긍정적 효과)을 보장하는 근거가 되었다. 그리스도의 대속과 함께 순종이 필요한 것은 핫지가 에드워즈에게서만 발견한 것은 아니다. 핫지의 그리스도의 의의 전가 이론은 안셈(Anselm), 칼빈, 투레틴, 에드워즈로 이어지는 오랜 개혁주의 전통 위에 서 있다. 그러나 "종교개혁 당시의 초기 고백문들은 이런 구분을 하고 있지 않았다."[48] "그의 부정적 의는 속죄의 고난을 뜻하는 것으로 고난을 통해 그리스도가 정의 요구를 만족시킨 것이고, 능동적 의는 삶과 행위의 기준인 율법에 대한 그리스도의 순종을 의미한다."[49] 여기에서 핵심적인 사상은 그리스도는 죄인을 대신하여 율법의 모든 요구를 충족시킨 대리자(vicarious substitute)라는 점이다. 율법은 법을 어긴 것에 대해 형벌을 가하는 것만

---

46) 에드워즈는 그리스도의 의를 하나의 순종으로 이해해야 한다고 하였다. 순종의 의미 속에는 그리스도의 적극적이며 자발적인 행동으로 율법을 완성하는, 즉 성부와의 구속언약을 성취하는 의미가 있음과 연결지었다. 그러나 하나의 순종을 통해서 확보한 그리스도의 의는 우리에게 두 가지 의미를 갖는 것이 사실이다. 하나는 속죄의 근거되는 것이고 다른 하나는 선물의 근거가 되는 것이다. 그리스도의 순종은 부정적 의미에서 율법이 명한 형벌을 대신 받으심으로써 의가 되었고, 동시에 율법이 요구하는 긍정적 사항을 다 충족하심으로써 또한 의를 이루셨다. 그리스도의 고난이 속죄를 그리스도의 순종이 영생의 상급을 확보하신 것이다. 에드워즈는 이 둘을 하나의 순종 속에서 이해할 것을 주장하면서, 동시에 의의 양면적 의미가 우리의 칭의의 죄 사함과 영생의 특권의 의미를 결정하는 것이라고 설명하였다.
47) Edwards, "Justification," 1:639.
48) 핫지는 종교개혁 당시 가장 먼저 그리스도의 의의 개념을 속죄(부정적/소극적 의)와 순종(긍정적/적극적 의)으로 구분한 전통이 루터란의 "Formula of Concord" (1576)이라고 본다. "God on account of the total obedience which Christ accomplished (praestitit) for our sake before his heavenly Father, both in *acting and in suffering*, in *life* and in *death*, many remit our sins to us, regard us as good and righteous, and give us eternal salvation." Hase, *Libri Symbolici*, third edition, Leipzig, 1846, 685, 재인용, Hodge, ST, 3:149.
49) W. G. T. Shedd, *History of Christian Doctrine*, (New York, 1863), 2:341. 재인용, Hodge, *ST*, 3:149.

으로 충족되는 것이 아니라, 아직도 긍정적 측면에서 법이 요구하는 조항들을 다 지켜야만 마침내 법이 충족되었다고 할 수 있다. 그 점을 핫지는 간과하지 않았다. 그리스도는 인간의 불순종으로 인한 형벌을 감당하셨을 뿐 아니라, 완벽하게 율법의 요구에 순종하셨기 때문에 우리를 위한 의(righteousness)가 되시는 것이다.

비록 핫지가 능동적-수동적 구도를 따르기는 하여도, 위에서 언급하였듯이, 그 구도 자체를 스콜라스틱하게 따르지는 않았다. "성경은 그런 구분을 명확히 하고 있지 않다." 오히려 중요한 것은, 에드워즈와 마찬가지로, "우리의 구원을 위해서 그리스도가 이룬 것은 의 또는 순종이다"라고 하면서 '의'와 '순종'을 같은 맥락에서 이해해야 할 것을 주장하였다(롬 5:18-19). "구분이 필요해지는 것은 단지 신자가 칭의되는데 필요한 그리스도의 의로써 순종이 일부가 된다는 점이 부인될 때이다."50) 즉 오늘날처럼 그리스도의 죄사함—우리에게는 죄 용서—만이 강조되고 그리스도의 순종—우리에게는 의로운 자로서 보여야 될 모습—이 간과되기 때문에 부득불 구분해서 설명하는 것이 필요한 것일 뿐이다.

VI. 칭의와 그리스도인의 삶

그리스도의 구속 사역을 통해 완성된 의가 전가되어 어떻게 우리가 믿음으로 의롭다고 칭의되느냐의 문제는 핫지에게 있어서 매우 중요한 문제이다. 이것이 종교개혁의 핵심인 것을 핫지는 매우 잘 알

---

50) Hodge, *ST*, 3:150.

고 있었다. 특별히 "믿음으로" 칭의된다는 의미를 희석시키려는 시도가 예나 지금이나 교회를 위협하고 있음을 너무도 잘 알고 있는 핫지는 다분히 변증적인 논조로 "오직 믿음으로"(sola fide)의 의미를 방어해 주고 있다.

믿음의 의미

핫지는 믿음을 정의함에 있어서 일체의 공로 개념을 배제하고 있다. 그에게서 믿음이란 그리스도와 연합(unite)하는 것, 그리스도를 받는(receive) 것, 그리스도 안에 머무는(rest upon) 동작 외에 아무런 행위 개념이 없다. 그래서 신약성경에서는 "믿음 때문에"(διὰ πίστιν)라는 용법은 없고, 대신 믿음으로 말미암아, 믿음으로, (διὰ πίστεως, ἐπὶ πίστει) 등만의 표현이 가능함을 핫지는 지적하고 있다.[51] 믿음은 "하나님을 믿는 믿음도 아니며, 성경을 믿는 믿음도 아니며, 어떤 특정한 신적 약속을 믿는 믿음도 아니라… 오직 하나의 구체적인 약속, 즉 그리스도를 통한 구원의 약속을 믿는 믿음이다."[52] 여기에서 핫지가 의도적으로 강조하는 것은 믿음의 정확한 대상은 오직 그리스도뿐이라는 점이다. 종교적 체험도 감성도 믿음의 대상이거나 믿음을 대신하지 못한다. 그래서 핫지에게 있어서 믿음으로 칭의된다고 할 때, 믿음 때문에 칭의되는 것이 아니라 오직 그리스도 때문에, 즉 그리스도의 의만이 칭의의 근거가 됨을 분명히 하고 있다. 알미니안처럼 믿음 속에 순종의 의미를 포함시킬 때, 그것은 "복음을 수치스럽게 하는 것이며, 복음을

---

51) Ibid., 3:169.
52) Ibid.

율법보다 덜 거룩한 것이 되게 한다. 왜냐하면 율법은 완벽한 순종을 요구하는 데 비해 복음은 불완전한 순종으로 만족해야 되기 때문이다."53) 칭의가 오직 믿음에 의한 것이기 때문에 칭의는 하나님의 은혜 (sola gratia)라는 것이 핫지가 이해하는 이신칭의의 의미이다.

핫지가 오직 믿음에 의한 칭의를 말한 것은 알미니안들이 부추기는 복음적 순종(evangelical obedience) 또는 진지한 순종(sincere obedience)도54) 믿음에 포함시켜서는 안 되기 때문이다. 종종 신앙생활에서 순종을 강조한 나머지 믿음 속에 순종이 포함되어 있는 것처럼 가르치는 것은 종교개혁 원리를 벗어난 명백한 알미니안 내지는 로마 가톨릭 구원관이다.

핫지는 알미니안들이 칭의의 진정한 근거를 "믿음과 그 열매, 또는 믿음과 복음적 순종"에 둠으로써 결국 그리스도의 의의 전가만이 칭의의 궁극적 근거임을 부정한다고 지적하였다.55) 여기에서 핫지가 볼 때, 알미니안들의 근본적인 문제는 칭의의 복음은 은혜언약에 속한 것이지 행위언약의 것이 아니라는 구분을 유지하지 못한 데 있었다. 그래서 핫지에 따르면 알미니안이 주장하는 칭의의 조건은 결국 복음을 희석시키게 된다.

---

53) Ibid.
54) 복음적 순종, 또는 진지한 순종이란 알미니안 신학에서 믿음에 혼존되어 있는 순종을 말하는데, 이것은 오늘날도 많은 설교자들에 의해서도 강조되고 있다. "믿음으로"(by faith)의 삶을 산다는 것을 알미니안들은 인간이 완벽하게 '믿음으로'의 삶을 지켜내지 못하기 때문에 단지 인간이 최선을 다할 때 진지한 순종을 하나님이 믿음으로 인정하신다고 본다. 이런 논리는 그리스도의 의가 이미 우리의 죄사함만이 아니라 의의 순종이 되었음을 인정하지 못하는 결과를 낳는다. 즉 '믿음으로'를 통해서 그리스도의 의가 죄사함의 근거가 되는 것은 수용하지만 그리스도가 이미 순종을 통해 의를 이루셨다는 부분에 대해서는 아직도 나의 최선을 다한 의에 의존하는 구도가 된다. 마치 인간의 연약함을 잘 아시는 하나님의 긍휼하심이 부각되어 그 자체가 은혜인 것처럼 들릴 수 있으나 그것은 그리스도의 의만이 나의 칭의에 근거가 된다는 복음의 핵심을 부인하는 것이다.
55) Hodge, ST, 3:192.

아담과 맺은 행위언약에서는 완전 순종이 하나님이 받으실 그리고 영생의 조건이었다. 복음 하에서는 그리스도로 인해 불완전한 복음적 순종이 칭의의 근거, 즉 그것 때문에 (propter quam) 하나님이 우리에게 죄를 사하시며 영생의 상급을 주시는 것이 된다.[56]

알미니안의 주장에 따르면 아담과 우리의 다른점은 아담에게는 완벽한 순종이 요구되었던 반면, 우리는 하나님이 그리스도 때문에 불완전한 순종도 받으신다는 것이다. 불완전한 순종, 즉 복음적 순종 (evangelical obedience)은 칭의가 믿음만이 (sola fide) 아니라, 믿음과 함께 불충분하더라도 최선을 다한 순종이 있어야 한다는 것이다.
알미니안은 행위와 믿음의 명백한 구분을 무너뜨리고 소위 "복음적 순종"을 칭의의 조건으로 삼았다.

알미니안에 따르면 칭의에서 우리가 배제하는 행위는 복음의 행위와는 구별되는 율법의 행위라고 본다. 아담과 맺은 언약에서 하나님은 완벽한 순종을 생명의 조건으로 요구하셨다. 복음에서 하나님은 그리스도 때문에 인간과 새 언약에 들어가셨고, 복음적 순종을 조건으로 구원을 약속하셨다. 이것이 여러 모양으로 표현되고 있다. 어떤 때는 우리가 믿음 때문에 칭의된다고 한다. 믿음이 아담과의 법이 요구하였던 완벽한 의를 대신한다. 그러나 믿음이 구원을 위해 그리스도만을 영접하거나 머무는 동작을 말하는 것은 아니다. 그것은 마음의 지속적이며 통제된 상태를 의미한다. 그래서 종종 우리는 순종의 믿음 (fides obsequiosa), 즉 순종을 내포하는 믿음으로 칭의된다고 하는 것이다. 다

---

56) Ibid., 3:193.

른 때는 우리가 복음적 순종(evangelical obedience)에 의해 칭의된다고도 한다. 즉 복음이 요구하는 종류와 분량의 순종이며, 타락 이후 인간에게 주어진 충족한 은혜(sufficient grace)의 적절한 사용을 통해 감당할 수 있는 순종에 의해서이다.[57]

알미니안의 문제는 믿음과 복음적 순종을 동일 선상에 놓고 모두 구원의 조건으로 인정한데 있다. 핫지가 볼 때, 이것은 언약신학 구도가 유지되지 않는 데서 기인한 문제이다. 즉 "오직 믿음으로"는 은혜언약의 방편인데, 여기에 같이 섞일 수 없는 행위언약의 방편인 순종을 어떠한 이름으로라도 믿음과 섞으려고 하는 것은 이미 논리적으로 성립될 수 없는 것이다. 믿음의 자리에 다른 것(순종)을 두려는 시도는 그만큼 "오직 그리스도로"의 원리가 삭감되는 것이다. 핫지는 언약 신학적 구도에서 행위(순종)와 은혜(믿음)가 같이 갈 수 없음을 분명히 하였다.

갈라디아서 3:10과 로마서 3:20을 근거로 핫지는, 알미니안을 논박하며, 칭의에서 행위를 배제시킬 때, 모든 종류의 행위를 다 포함하는 것으로 말했다. 아무도 "율법의 행위로는" 칭의될 수 없는 것은 유대인이건 이방인이건 차등이 없다. 그것은 위에서 이미 언급한 대로, 율법의 요구는 행위언약이 요구하였던 "완벽한 순종"이었고, 완벽한 순종이 아닌 복음적 순종은 율법도 충족시키지 못하는 것이다. 그렇다면 핫지가 볼 때, 복음적 순종은 행위언약 은혜언약 어느 것에도 조건관계에 있지 못하다. 핫지가 믿기는 바울에게서 이신칭의의 핵심 사상은 행위와 믿음 사이의 절대적 대립(absolute antithesis)에 있다. 즉 믿

---

[57] Ibid., 3:136-37.

음으로 칭의되는 새 언약의 관점에서 복음적 순종을 믿음과 같이 강조하는 것은 분명히 새 언약이 아니며 그렇다고 옛 언약에 속하는 것도 아니다. 모든 종류의 행위-복음적 순종을 포함하여-는 믿음과 대립적 구도에 있는 것으로 강조하는 것이 핫지가 이해하는 바울이다. "우리는 행위가 아니라 예수 그리스도를 믿는 믿음으로 칭의된다. 이것은 다른 행위를 배제하는 또 다른 행위가 아니다. 복음적 순종 대신 법적 순종을 배제하는 것이 아니며, 은혜에 의한 행위 대신 자연적 행위를 배제하는 것이 아니며, 종교적인 것 대신 도덕적인 것을 말하는 것이 아니라, 믿음이 아닌 모든 종류의 행위를 말하는 것이다. 은혜와 행위는 적대(antithetical)관계이다." [58] 율법이 의의 근거로 요구하는 것은 어느 것도 아닌 순종뿐이다. "만약 성경이 우리가 믿음으로 의롭다고 여겨진다면, 그것은 순종에 의한 근거가 아니라는 말이다." [59]

여기에서 우리는 핫지로부터 매우 중요한 결론을 도출하게 된다. 핫지에 따르면, 유대인들의 잘못은 자신들의 구원과 관련하여 결국 행위언약과 은혜언약의 관계를 바로 알지 못한 데 있었다. 이제는 은혜언약이 행위언약을 대신하고 있음을 모른 채, 그들은 행위언약을 완성하신 그리스도를 배척했던 것이다.

> 유대인들은 언약으로서의 율법, 즉 구원의 조건으로서의 율법이 아직 유효하며, 구원받기 위해서는 자신의 개별적 순종을 통해 율법의 요구를 만족시켜야만 하는 것으로 생각했으나, 그리스도가 이미 율법을 완성하셨다. 그가 언약으로서의 율법을 폐기하셔서 사람들이 믿음으

---

58) Ibid., 3:138.
59) Hodge, *Way of Life*, 147.

로 칭의되게 하셨다. 그러나 그리스도는 율법을 단순히 한쪽으로 제쳐
놓음으로써가 아니라, 그 모든 요구를 만족시킴으로써 *율법의 종료를
가져왔다.* 그는 단순한 용서를 통해서가 아니라 우리를 위해 스스로
저주가 되심으로(갈 3:13), 율법의 저주로부터 우리를 자유케 하셨다.
그는 율법 밑에 스스로 놓이심으로(갈 4:4-5) 그리고 모든 의를 완성하심
으로 우리를 율법으로부터 구원하셨다.60)

    여기에서 핫지가 그리스도가 율법을 완성하셨다고 하는 의미를
우리는 매우 귀담아 들을 필요가 있다. 그것은 아직도 우리 주변에는
그리스도의 지속적 중보의 역할 속에 그리스도가 우리를 위해 지금도
율법을 완성시키고 있으며 고로 지속적으로 그리스도의 의가 전가되
어야 할 필요가 남아 있다고 말하는 무리들이 있기 때문이다. 분명히
핫지는 그리스도가 율법의 "모든 요구를 만족시킴으로써 율법의 종료
를 가져왔다"고 하였으며, 이것만이 종교개혁의 교리이다. 핫지는 율
법의 완성의 의미 속에 율법의 저주(율법의 부정적 요구)와 율법의 의의 완
성(율법의 긍정적 요구)을 포함시켰다.61) 율법은 종료되었고 율법을 완벽
하게 만족시킴으로써 그리스도가 획득한 의가 전가되는, 성경이 말하
는 유일한 방법은 믿음 밖에 없다는 것이 핫지의 분명한 입장이다.

---

60) Hodge, *ST*, 3:156. 참고. "유대인들은 언약으로서의 율법이, 즉 구원의 조건으로 요구되었던 율법이 아직도 유효한 것으로 전제하며, 구원받기 위해서는 개별적 순종으로 율법의 요구를 만족시켜야 한다고 생각하고 있으나, 그리스도가 율법의 종료를 이루셨다. 그는 언약으로서의 율법을 폐기하심으로써 사람들이 믿음으로 칭의되게 하셨다." Ibid.
61) 이것은 앞서 말한 것처럼, 안셀무스 이후 칼빈, 투레틴, 에드워즈, 핫지 등으로 이어지는 개혁주의 그리스도의 의의 전가 교리이다. 그리스도의 계속적 의의 전가(continuous imputation of Christ's righteousness)를 말하는 것은 로마 가톨릭 교리로 회귀하려는 에큐메니칼 신학을 하는 자들의 매우 의도성이 있는 시도로 우리는 이에 대해 경각심을 가져야 할 것이다.

칭의와 성화의 관계

핫지는 칭의와 성화의 관계를 매우 정교하게 구분하고 있다. 고린도전서 1:30에서 그리스도는 하나님께로 와서 우리에게 지혜와 의(δικαιοσύνη)와 성화(ἁγιασμὸς)와 구원이 되신다고 한 것을 지적하며, 성화와 의를 정확하게 구분해야 할 것을 강조했다. 성화(ἁγιασμὸς)를 한글 개역성경과 NIV 성경은 "거룩"으로 번역하였고, KJV과 NASB은 "성화"로 번역하고 있다. 중요한 것은 성화가 말하는 중심 개념은 '거룩'으로 거룩과 의는 구분되는 것이고 바울은 이 구분을 중요하게 여기고 있음을 지적하고 있다. 반면, '의'는 정의의 요구를 충족시켰다는 의미에서 거룩과 구별된다. 핫지에게 있어서, 칭의와 성화의 분명한 구분이 유지되면서, 동시에 우리의 구원(칭의와 성화)은 그리스도 안에서 이루어진다는 강조가 유지되고 있다. "그리스도가 우리에게 내적인 영적 삶의 근원이신 동시에, 그리스도는 우리의 칭의를 견고히 하는 그 의를 주시는 분이시다."[62] 칼빈, 에드워즈 등과 마찬가지로 핫지도 칭의와 성화 모두를 그리스도 안(ἐν Χριστῷ)에서 누리는 것으로 이해하였다.

핫지는 또한, 구원서정(ordo salutis)에 있어서 흔히 생기는 칭의와 성화 사이의 오해를 명확하게 막고 있다. "칭의는 성화에 대해 직접적인 원인이나 근거가 될 수 없다."[63] 많은 경우에 인과론적으로 칭의가 성화의 원인으로 오해하는 경우가 있다. 칭의와 성화의 관계를 스

---

62) Hodge, ST, 3:157. 이것은 칼빈의 칭의론에 가장 특징적인 강조이다. 즉 그리스도 안에서 칭의와 성화는 이중은혜(duplex gratia)로서 서로 뗄 수 없는 관계에서 설명되어야 할 것으로 말하고 있다. 참조, 『기독교강요』, 3.11.1.

63) Hodge, ST, 3:157.

콜라스틱하게 둘만의 인과관계로 따질 때, 칭의와 성화의 그리스도 안에서 누리는 의미는 약화된다. 그러나 이 말이 칭의와 성화의 구분을 흐리는 것은 아니다. 그런 이유에서 핫지는 초점을 우선 '의'에 둘 것을 강조한다. 논리적/신학적으로 구분할 때, "의의 선물이 성화의 선물에 선행한다." 고린도전서 1:30에서 의와 성화의 구별이 바로 그것이다. 핫지에 따르면, 그리스도 안에서 그의 의가 우리에게 주어짐으로써 우리가 의롭게 여겨지는 것과 그리스도 안에서 우리가 거룩하게 되는 것은 유기적 관계에 있으면서도 분명히 구별되어야 한다.64) "우리가 용납되고, 칭의되고, 구원되는 것은, 우리에 근거하는 것이 아니라(not for what we are), 그리스도가 우리를 위해서 대신 해 주신 것에 근거한다."65) 핫지는 우리가 거룩하기 때문에 칭의되는 것이 아니라고 한다. 단지 그리스도 안에 있기 때문에 우리가 거룩해진다. 그러나 그것이 칭의의 근거가 아니라, 그리스도의 의만이 칭의의 근거임을 강조하며 핫지는 칭의와 성화를 구분하고 있다. 이 점은 앞에서 지적하였던 복음적 순종이 칭의의 조건이 될 수 없음을 다시 한 번 확인시켜준다. 어느 순간이라도 우리의 의나 행위가 칭의의 근거가 될 수 없다. 핫지가 강조하는 칭의의 믿음의 교리로 볼 때, 선한 행위는 그리스도에 대한 '오직 믿음'으로 칭의된 결과요 열매이지 그것이 먼저 칭의에 작용할 수 없는 것이다.66)

---

64) 칼빈 이후 개혁주의 전통이 지나치게 스콜라스틱한 방법을 취함에 따라 칭의와 성화와의 관계를 시간적인 선후의 관계로 생각하는 병폐가 생기게 되었고 고정된 구원서정을 주장하게 되면서, 그리스도 안에서 누리는 구원의 역동성은 상대적으로 약화되었다. 그렇다고 해서, 핫지가 칼빈도 마찬가지로, 칭의와 성화의 관계를 흐리는 것은 절대 아니다.

65) Hodge, *ST*, 3:157.

칭의와 성화의 명확한 구분은 대칭적으로 그리스도가 우리를 대신해서 죄가 되었다고 할 때도 마찬가지이다(고후 5:21). 그리스도 자신이 도덕적 의미에서 죄인이 된 것이 아니라, "우리의 죄를 대신 지신 것"이다. 이것이 우리의 죄가 그리스도에게 전가되었다는 의미이다. "우리의 죄가 율법이 요구에 따라 그가 당하시는 수난의 법정적 근거이다." 이것은 그리스도의 의가 우리의 칭의를 위한 법정적 근거가 되는 것과 같은 구도라고 핫지는 설명하고 있다. 의의 전가나 죄의 전가 모두 법정적 개념이다. "죄의 전가가 그리스도를 도덕적으로 부패하게 만드는 것이 아니라면, 의의 전가도 우리를 거룩하게 또는 도덕적으로 선하게 만드는 것이 아니다."[67] 법정적 칭의의 개념을 확고히 함으로써 핫지는 칭의와 성화를 명확히 구분하고 있다.

칭의의 자유

핫지에게 있어서, 더 이상 율법을 지키는 것이 칭의의 조건이 될 수 없는 것은 그리스도인이 율법으로부터 자유하기 때문이다. "사람이 한 번 율법을 어기면, 율법에 의한 칭의는 더 이상 존재하지 않는다. 그는 율법이 요구하는 조건을 준수하지 못했고, 율법은 오직 그를 정죄할 수밖에 없다. 그 상황에서 그를 의롭다고 하는 것은 그가 법을 결코 범하지 않았었다고 말하는 것이 된다."[68] 그러나 현실은 인간은 이미 범법하였고, 고로 정죄 하에 있기 때문에 율법이 칭의의 방편이

---

66) Ibid., 3:173.
67) Ibid., 3:157.
68) Hodge, *Way of Life*, 143.

되지 못하는 것은, 이미 여러 차례 지적하였듯이, 핫지에게는 매우 분명한 사실이다. 핫지는 이 점에 대해서 구약성경도 이미 지적하고 있다고 말한다. "바울은 행위가 없는(행위에 근거하지 않은) 칭의의 방법이 율법과 선지자들에 의해 증거되었다고 말했다. 즉 이것은 구약성경 전체에 의해 증거되고 있다." [69] 즉 핫지는 로마서 3:10-12을 근거로 구약은 모든 인간이 다 죄인임을 널리 증거하고 있으며, 그렇기 때문에 "구약은 율법을 지키려는 행위로 칭의될 수 없다는 증명으로 가득하다"고 주장하였다. [70] 핫지가 이렇게 말하는 것은 언약신학의 구도에서 볼 때, 이미 구속사의 진행이 이를 증거하고 있다는 것을 인식하기 때문이다. 이것은 핫지의 칭의론(ordo salutis) 이해가 구속사적(historia salutis) 이해에 근거하고 있음을 보이는 증거로서, 오늘날 우리가 조직신학에서 구원론을 구속사와 밀접한 관계에서 다루려는 시도에 앞서는 것으로 좋은 모범이 된다.

    핫지에게 있어서 율법이 더 이상 칭의의 방편이 되지 못하는 것은 우리를 대신하여 그리스도가 율법을 완성하셨기 때문임을 이미 확인하였다. 그러므로 그 말은, 그리스도 안에 있는 신자는 이제 율법으로 자유하다는 뜻이다. 이 때 이 자유함은 칭의의 경우에만 해당되는 것이 아니라, 신자의 삶 전체, 즉 성화의 삶에서도 율법으로부터 자유하다고 말함으로써 핫지는 개혁주의 신학의 특성을 분명히 해주고 있다. "그[바울]는 칭의에 있어서만 율법으로부터의 자유만이 아니라, 성화에 있어서도 율법으로부터 자유함을 주장했다." [71] 핫지에게 있어서, 성화를 이룸이 율법을 이룸에 있는 것이 아니다. 율법으로부터의 자유

---

69) Ibid., 146.
70) Ibid., 145.
71) Ibid., 151.

가 전제되는 가운데 성화의 삶 자체가 이해되고 있다. "지금 우리는 율법으로부터 해방되어 새 영으로 하나님을 섬기게 되었다." 그러나 이 자유함이, 핫지는 경고하기를, 반율법주의(antinomianism)가 아니다. 즉 '새 영' 새로운 피조물이 되었다는 것은 영적 나태함(느슨함)이 아님을 강조한다. "율법의 저주가 제거되고 하나님과 화해되어서야 그 가슴에 거룩한 감화가 일고 삶 속에 거룩의 열매가 나타난다."72) 핫지가 이해하는 개혁주의 경건은 율법에서 자유하기 때문에, 즉 하나님과의 화해에 대한 확신이 가슴에 가득찰 때, 거룩에 대한 추구는 극대화된다는 것이다.

그러므로 핫지가 말하는 자유는 칭의를 통해 우리가 하나님과 바른 관계에 놓이는 데서 찾아야 한다. 여기에서 관계란 "진리와 조화하는 관계, 우리의 내적 체험과 조화하는 관계, 우리 마음의 소원과 조화하는 관계"이다.73) 칭의의 결과로 우리가 평화를 누리는 관계를 말한다. 자신의 잘못된 동기를 버리고 하나님의 자비의 보좌만을 바라보며 오직 감사로 하나님께 나아갈 수 있는 것이다. 즉 이 때 칭의된 자가 누리는 평화는 "단순한 용서의 확신에서 오는 평화가 아니라 하나님을 기쁘게 하는 의에 근거한 용서이기 때문에 오는 평화이다." 즉 핫지의 강조가 죄사함에만 있는 것이 아니라 하나님 앞에서 의인 됨을 간과하고 있지 않으며, 이 특징은 칼빈이나 에드워즈의 칭의론과 일치하는 강조이다.

그러므로 핫지는 말하기를, "하나님은 더 이상 무서운 주인이 아니라, 친절한 아버지이다. 순종은 더 이상 상을 받기 위해서 하는 것

---

72) Ibid., 154.
73) Ibid., 183.

이 아니라, 부자(夫子)간의 사랑에 대한 기쁨의 표현이다."74) 칭의로 인해 하나님에 대한 관계의 의미가 달라졌다. "더 이상 칭의되기 위해서 일할 의무는 없어도, 감사와 사랑의 표현으로 모든 것을 하게 되었다." 이 때 부자간의 관계 속에서 이해되어야 하는 순종(흔히 말하는 율법의 제 3의 기능)을 도덕적 감화의 결과로 이해해서는 안 된다고 핫지는 경고한다. 즉 그리스도의 대속의 죽음이 모범이 되심으로써 도덕적 감화로 거룩의 삶을 유발하는 것이 아니라는 말이다. 이제 칭의받은 자들의 반응은 무서운 주인에 대한 감화가 아니라, 우리를 그리스도와 더불어 후사가 되게 하신 것에 대한 감사의 반응이다.75) 우리가 후사라 함은 칭의를 통해 그리스도가 사신(purchase) 것들을 함께 누리게 되었다는 뜻이다. 즉 "우리는 단순히 용서만 받은 것이 아니라 그리스도와의 연합 속에서 성령을 받는다. 이것이 그리스도에게 오고 그만을 신뢰하는 모든 이에게 주어지는 최고의 선물이다."76) 핫지는 성령을 구원론적 의미에서 최고의 선물로 말하고 있다. 우리가 칭의를 통해서 죄에 대해서만 용서받은 것이 아니라 그리스도에게 주신 성령이 동시에 우리의 것이 된다는 아버지의 사랑의 배려가 포함되어 있다. 성령을 구원의 최고의 선물로 이해하는 것은 개혁주의 구원론의 가장 특징적인 설명이다. 핫지의 이같은 이해는 구속사적 진행 또는 계획과 부합하는 것이라는 점에서 독특하다. 그래서 핫지는 칭의를 "구원을 위한 복음적 방법"이라고 불렀다.

---

74) Ibid., 185.
75) 이 점은 칼빈이 말하는 율법의 제 3의 용법과 일치한다. 칼빈은 신자의 경우 율법이 하나님의 뜻을 배우게 해주고, 순종의 삶을 일깨우는 역할을 한다고 말했다. cf. 『기독교강요』, 2.7.12.
76) Hodge, *Way of Life*, 186.

복음의 탁월성과 구원의 확장

핫지는 하나님의 영광이 창조와 구속에 있어서 가장 큰 목적이라고 말하면서, 칭의의 교리가 바로 하나님의 영광을 드러내고 있다고 보았다.[77] 죄인을 칭의함에 있어서, 핫지는 말하기를, "사도 바울은 구원의 계획이 하나님의 과분한 선하심에서 기인하는 것으로써 우리가 받아들여진다는 것은 절대 우리의 가치에 근거를 둔 일이 아니다"며 하나님의 구원사역은 하나님의 이런 신적 특성을 높이 드러내도록 진행되고 있다고 강조하였다.[78] 즉 값없이 거져 주시는 믿음에 의한 칭의는 하나님의 무한한 사랑을 드러내는 복음의 핵심으로, 인간은 칭의를 위해 전적으로 하나님의 은혜에 의존할 때 하나님의 영광은 극대화가 되는 것이다.

하나님의 영광이 구원을 통해 극대화되는 것은 그 구원이 열방을 향해 확산되어 나아갈 때 더욱 그러한 것을 핫지는 보고 있었다. 이 점은 특히 칭의가 율법의 행위가 아니라 믿음으로 된다는 점에서 이방을 위한 가능성이 더욱 열려 있다고 하겠는데, 핫지는 바로 그런 이유에서 하나님의 구원의 계획이 이스라엘에만 머물러 있는 것이 아니라 이방으로 뻗어나가는 것이 더욱 하나님의 영광을 크게 드러내는 일이라고 생각하였다(롬3:29-30).[79] "칭의는 옹색하거나, 한 민족만의 것이거나, 한 분파만의 교리가 아니라, 지구만큼이나 넓다."[80] 즉 하나

---

77) Ibid., 178. 이 사상은 에드워즈의 신학에서 가장 핵심적인 사상과 일치한다. 그는 "창조의 목적"(The End for which God Created the World)에서 창조의 목적은 하나님의 영광에 있으며, 구원이 하나님의 영광을 드러내는 데 최대의 사건이라고 밝히고 있다. 존 파이퍼(John Piper)가 주석한 『하나님의 열심』(God's Passion for His Glory)이라고 번역된 책이 에드워즈의 "창조의 목적"을 주석한 것이다.
78) Hodge, Way of Life, 180.
79) Ibid., 181.

님은 오직 믿음으로 칭의하시는 일을 통해서 "하나님은 모든 것의 하나님이며 모든 자의 아버지이심을 드러내고 있다"고 예찬하고 있다.

VII. 나가는 말: 21세기 한국 교회를 생각하며

한국 장로교 전통에 중요한 초석이 되는 핫지를 통해 우리의 신앙의 정체성이 무엇인지 다시 듣는 것은 매우 고무적인 일이다. 특별히 그 정체성의 중심 부위를 차지하는 칭의의 교리를 그가 어떻게 방어하고 있는지 살펴보는 것은 매우 가치 있는 일이었다. 본 논문은 핫지의 칭의론 분석을 마치며, 21세기 한국 교회가 깊이 새기며 간직해야 할 부분을 다시 정리해 본다.

먼저, 핫지는 칭의의 교리를 지키는 일을 종교개혁을 지키며 계승하는 일로 알았다. 칭의의 교리를 지킨다는 것은 복음을 지키는 것이며, 그리스도의 구원의 완성을 그대로 전하는 것이다. 핫지가 이 점에 대해서 로마 가톨릭이나 알미니안들에 내리는 경고는 오늘날 개혁주의 신학의 독특성을 가능한 한 희석시키고 교파간의 공통분모를 넓히려는 복음주의 정서가 진한 이 때에 여전히 유효한 경고임에 틀림없다. 그런 의미에서 핫지는 "오직 믿음으로"를 지키는 것이 복음을 지키는 일로 알았다.

믿음 안에 순종(복음적 순종 또는 진지한 순종)을 포함시키려는 정서는 결코 우리를 쉽게 해주는 복음이 아님을 명심할 필요가 있다. 그것은 그리스도의 순종(의)을 버리고 인간이 자기 의(순종)를 붙잡으려는 것이

---

80) Ibid.

기 때문에 결코 복음이 될 수 없음을 핫지는 강조하였다.

오늘날 종교개혁의 핵심 교리인 이신칭의의 교리를 지키기 위해서는 핫지가 보여준 것처럼 행위와 믿음과의 반대립(antithetical)관계를 언약신학에 입각하여 정리하는 것이 중요하다. 예나 지금이나-유대인들이나, 로마 가톨릭이나, 알미니안이나, 오늘날 일관성을 상실한 복음주의자들이나-핫지가 볼 때, 공통적인 문제는 행위가 칭의에 기여하는 바가 있을 수 없는 것을 행위언약과 은혜언약의 관계에서 제대로 보지 못하거나, 일관성 있게 보지 못하기 때문이다.

행위를 부추기는 노력은 오늘날 여러 가지 모양으로 위장하고 교회를 위협하고 있다. 율법을 지키는 것이 언약백성의 증거임을 두둔하며 칭의됨이 아직도 율법을 지키느냐 못 지키느냐의 견인(per-se-ver-ance)에 의존하고 있는 구도를 말한다. 물론 우리의 힘으로 율법을 지킴으로써 견인할 수 있느냐에 대해서는 그들도 그다지 낙관적이지 못하다. 그래서 지금 율법을 지키지 못하는 부분에 대해서는 그리스도가 대신 그 율법을 지켜주신다는, 즉 현재적 시점에서 그리스도의 의가 지속적으로 필요하게 되며, 전가되어야 한다는 이론을 말하는 자들이 교회를 위협하고 있다. 이같은 논리는 로마 가톨릭의 미사(mass)가 그리스도의 희생을 반복적으로 거행하는 것처럼, 그리스도의 구속사역이 이미 율법을 완성하여 더 이상 우리가 율법을 충족시키기 위해 해야 할 일이 없다는 구속사역의 단회성(once and for all)을 부인하는 것이다.

핫지가 칭의를 방어하며 "오직 믿음으로"의 원리를 철저히 지켰다는 말이 개혁주의 신앙생활에서 잘못할 수 있는 반율법주의(antinomianism)를 낳는 것이 아니다. 칼빈을 비롯 개혁주의 전통은 칭의와 성화를 명확히 구분한다. 그러나 칭의된 자에게 성화가 있어야 되는 것은 유기적으로 없어서는 안 되는 것으로 이해한다. 그것은 먼저 그리스도와의 연합을 전제로 칭의와 성화를 이해하기 때문이다. 이것이 칼빈의 구원론의 핵심 사상이고, 핫지에게도 명백히 유지되고 있다. 그런 의미에서 흔히 칭의는 있는데 성화가 없다는 말은 성립될 수 없다. 칭의는 있는데 성화가 없는 것은 개혁주의가 아닌 반율법주의이다. 아마도 그것은 칭의교리 자체를 잘못 가르쳤기 때문이다. 한국 장로교의 뿌리인 핫지와 칼빈을 바로만 읽더라도 그런 문제는 해결될 수 있을 것이다.

    핫지의 칭의론을 통해 크게 고무되는 것 중의 하나는 믿음에 의한 칭의의 교리를 바로 알 때 하나님의 영광을 극대화하게 되며 복음 전파에 대한 열정이 더 커질 수 있다는 점이다. 인간이 자력으로 구원을 얻거나 기여하는 것이 아니라 믿음으로 된다는 것은 전적으로 거저 주시는 은혜(free grace)만이 강조되기 때문에 하나님의 영광은 더욱 크게 드러난다. 또 구원이 율법을 지킴에 있지 않고 믿음에 있기 때문에 이 소식은 모든 백성을 향하여 구원의 길이 열려 있음을 알리는 기쁜 소식이다. 믿음으로 칭의된다는 것만으로 전도자의 동기는 충분하다.

    21세기를 맞이한 한국 교회가 할 일은 너무도 많다. 그러나 그 많은 일 가운데 우선적으로 확실히 해야 할 것이 복음을 바로 지키는 일이다. 아무리 시대가 변하고 청중이 변한다 하여도 믿음으로 칭의되는 것에는 변함이 없다. 핫지도 그렇게 느꼈듯이 종교개혁의 과제는 아직 끝나지 않았다. 21세기를 맞은 한국 교회는 한국 상황 속에서 복음을 위협하는 요소들을 계속해서 찾아내야 하며, 왜 그런 것들이 복음이 아닌지를 밝혀내는 작업을 계속해야 할 것이다. 이 작업은 상아탑 속에서만 진행되는 일이 돼서는 안 된다. 이것은 교회현장에서 일어나는 문제이며, 복음사역을 임명받은 모든 자들이 같이 책임을 나눠야 할 일이다.

교회를 사랑했고, 영적으로 깨어 있었던 19세기 장로교신학을 대표하였던 찰스 핫지가 실천했던 개혁주의 신학을 잘 이어받아 21세기 한국 교회도, 하나님 나라의 관점에서, 충성되게 다음 세대에게 타협되지 않은 복음을 잘 물려줄 수 있게 되기를 소원한다. Soli Deo Gloria!

05

찰스 핫지의 교회론

김 길 성 교수
(총신대학교 신학대학원, 조직신학)

I. 들어가는 글
II. 은혜의 수단으로서 말씀
III. 은혜의 수단으로서 성례
IV. 세 례
V. 주의 만찬
VI. 은혜의 수단으로서 기도
VII. 맺는 글

찰스 핫지의 교회론

I. 들어가는 글

찰스 핫지(Charls Hodge)는 구 프린스턴 신학(Old Princeton Theology)의 대표적 신학자이다. 프린스턴 신학교가 설립된 1812년부터, 프린스턴 신학교의 이사회 재편성으로 동 신학교가 신학교 설립 이래로 표방해 온 역사적 개혁주의, 정통 칼빈주의의 신학을 포기하고, 그 시대의 사상적 흐름이었던 종교 다원주의를 신학교의 나아갈 방향으로 정한 1929년까지 동 신학교에서 주장되고 교수된 신학을, 1929년 이후부터 현재까지 교수되어온 신학과 대조하여 구 프린스턴 신학이라고 부른다.[1]

---

1) 미합중국 장로교회(PCUSA, 일명 북장로교회) 안에 종교다원주의의 영향에 대하여, see William J. Weston, "The Emergence of the Idea of Religious Pluralism within the Presbyterian Church in the U.S.A." (Ann Arbor: U.M.I., 1990) ; see also Charles Quirk, "The 'Auburn' Affirmation : A Critical Narrative of the Document Designed to Safeguard the Unity and Liberty of the Presbyterian Church in the United States of America" (Unpublished Ph. D. dissertation, the University of Iowa 1967 ; Ann Arbor : Xerox University Microfilms, 1974) ; Lefferts A. Loetscher, The Broadening Church (Philadelphia: University of Pennsylvania Press, 1954).

구 프린스턴 신학전통의 대표자들로는, 프린스턴 신학교 설립과 더불어 첫 교수였던 아치발드 알렉산더(Archibald Alexander, 1772-1851)로부터 찰스 핫지, 아치발드 알렉산더 핫지(1823-1886, Archibald Alexander Hodge), 벤자민 워필드(1851-1921, Benjamin B. Warfield), 존 그레샴 메이천(1881-1937, John Gresham Machen) 등이 있다.[2]

찰스 핫지의 『조직신학』은 전 3권으로, 프린스턴 신학교에서 그의 성역 50주년(1822-1872)이 되는 1872년에 출판되었다. 그의 『조직신학』은 지금까지 프린스턴 신학교에서 신학교재로 사용되어왔던 투레틴(Turretin)의 『신학강요』(Institutio Theologiae Elencticae)를 대신하여 교재로 사용되었다.

그의 『조직신학』 제3권은 본문만 880페이지이며, 뒤에 붙은 색인만 따로 81페이지에 달한다. 찰스 핫지의 『조직신학』 전 3권 속에 "교회론"이라는 항목은 따로 존재하지 않고, "구원론"에 해당하는 제3부 전체 20장 중 제20장에 해당하며, 제4부 "종말론" 논의의 바로 앞에 위치한다. 그의 '교회론' 논의가 있는 제3부 20장은 466페이지에서 709페이지까지이며, 전체 244페이지에 달한다. 찰스 핫지의 '교회론' 논의는 교회론 중에서 은혜의 수단(또는 은혜의 방편; the Means of Grace)만을 다루고 있다. 본 논고에서는 찰스 핫지가 남긴 『조직신학』 저술을 중심으로 '교회론' 논의를 검토하고자 한다.

찰스 핫지는 은혜의 수단을 정의하면서, 하나님께서 그의 자녀

---

[2] 구 프린스턴 신학(Old Princeton Theology) 전통에 대해, Ashbel Green, *The Plan of a Theological Seminary Adopted by the General Assembly… 1811* (Philadelphia: Jane Aitken, 1811); M. W. Armstrong, L. A. Loetscher, and C. A. Anderson, eds., *The Prebyterian Enterprise* (Philadelphia: The Westminster Press, 1955); Hugh T. Kerr, ed., *Sons of Prophets: Leaders in Protestantism from Princeton Seminary* (Princeton: Princeton University Press, 1966); Edwin H. Rian, *The Presbyterian Conflict* (Grand Rapids: Wm. B. Eedmans Pub. Co., 1940)을 보라.

들에게 영적인 건덕의 수단으로 삼기를 기뻐하시는 모든 도구들을 의미하는 것이 아니라고 전제하고, 오히려 하나님께서 사람들의 영혼에 은혜의 통상적인 통로, 곧 성령의 초자연적 영향의 통로로 정하신 제도들을 지적하는 것이라고 말한다. 그리하여 핫지는 교회의 표준문서 (웨스트민스터 신도게요 및 대소 요리문답)에 따라 은혜의 수단을 말씀(the Word)과 성례(the Sacraments)와 기도(Prayer)로 구분한다.[3] 핫지는 은혜의 수단 논의를 다시 전체 20장으로 나누고, 이를 다시 묶어서 5개의 큰 주제 아래 구분해놓았다. 이 중 "말씀"의 주제는 20페이지(466-485페이지)이며, "성례"의 주제는 41페이지(485-525페이지)이며, "세례"의 주제는 86페이지(526-611페이지)이며, "주의 만찬"은 82페이지(611-692페이지)이며, "기도"의 주제는 18페이지(692-709페이지)이다.

II. 은혜의 수단으로서 말씀

교회의 공적인 은혜의 수단으로서 말씀의 이해는 찰스 핫지에게 매우 중요하다. 핫지는 은혜의 수단으로서 말씀에 대하여 다음 네 가지를 제시한다.[4] 1) "하나님의 말씀은 여기에서 이해하는 대로 성경이다." 2) 신구약성경 66권은 하나님의 말씀인데, 이들이 선지자들과 그의 기관 또는 대변인들에 의해 기록되었기 때문이며, 이들이 참되다든지 의무적이라고 선포하는 것은 무엇이든지, 참되며 의무적인 것으

---

3) Charles Hodge, *Systematic Theology*, III (1872; New York: Charles Scribner's Sons, 1909), 466; 또한 웨스트민스터 대요리문답 문154문과 소요리문답 문88. 찰스 핫지와는 달리 루이스 벌콥은 개혁주의 은혜의 수단으로 말씀과 성례 두 가지만을 제시한다. See Louis Berkhof, *Systematic Theology* (Grand Rapids: Eerdmans, 1976), 604-8.
4) Ibid., 466-468.

로 하나님께서 선포하신다는 의미에서 하나님의 말씀이다. 3) 하나님의 말씀은 성인의 경우에 필수불가결한 구원의 수단이다. 4) 하나님의 말씀은 구원에 필수적일 뿐 아니라, 그 목적의 성취에 신적인 효능이 있다고 말한다. 또한 핫지는 성경의 교리가 교회와 세상의 경험에 의해 충분히 확인된다고 말하고, 은혜의 수단으로서 말씀에 대한 역사의 증언으로 세 가지를 지적하고 있다. 첫째, 어떠한 성화의 증거나 성령의 구원하는 영향의 어떠한 제시도 하나님의 말씀이 알려지지 않는 곳에서는 발견되지 않으며, 둘째, 진정한 기독교는 성경이 알려지고 그 진리가 사람들 사이에 확산되는 정도에 비례하여 꽃피우게 된다고 말하며, 셋째, 젊은이들이 성경의 사실들에 가르침을 받고, 성경의 진리들로 교훈을 받은 정도에 비례하여 진정한 종교가 어떤 공동체에서 우세하게 된다고 말한다.5) 이상에서 알 수 있듯이 핫지에게 은혜의 수단으로서 말씀은 우선 기록된 하나님의 말씀, 신구약성경 66권을 말한다. 이러한 관점은 후에 화란 개혁신학의 대표자들과는 다른 입장이기 때문에 유의할 필요가 있다.6)

이어서 핫지는 말씀의 능력이 무엇에게 돌려지는지 묻고, 다음의 세 가지를 제시한다. 1) 모든 진리는 인간의 마음에 적응을 가지며 그 본성과 조화로운 인상을 만들어내는 경향이 있으며, 2) 올바른 도덕적 감정을 자극하고, 올바른 도덕적 행위로 인도하는 것이 그 자체 모든 도덕적 진리의 경향임이 고려되어야 하며, 3) 성경의 진리들과 그 속에 있는 도덕적 능력의 원천은 가능한 한 가장 높은 질서에 속한

---

5) Ibid., 468-470.
6) 헤르만 훅스마는 은혜의 수단으로서 하나님의 말씀은 선포되는 말씀이라고 가르친다. See Herman Hoeksema, *Reformed Dogmatics* (Grand Rapids: Reformed Free Publishing Association, 1976), 635-37.

다고 말한다.7) 그러나 핫지는 이상과 같은 주장을 하고 있음에도 불구하고 독자들의 오해를 막기 위해, 말씀의 모든 능력이 그것이 담고 있는 진리들의 본성에 놓여 있다고 말하는 것은 펠라기우스주의자들과 합리론자들이 주장하는 교리라고 비난하고 있다.8) 오히려 핫지는 사람의 마음이 타락 이후로 성경의 진리들의 변혁하고 구원하는 능력을 받아들이는 상태에 있지 못하다고 말하고, 하나님의 말씀이 효과적인 구원의 수단이 되기 위하여 하나님의 말씀이 반드시 성령의 초자연적 능력으로 말미암아 수반되어야 한다고 지적한다.9) 이것은 핫지가 은혜의 공적인 수단으로서 하나님의 말씀이 곧 성경이라고 말하면서도, 동시에 그가 말씀을 통하여(Per Verbum), 말씀과 더불어(Cum Vervo) 역사하시는 성령의 역사를 도외시하거나 무시하고 있지 않다는 증거이기도 하다.

또한 핫지는 은혜의 수단으로 말씀의 직분(Office)에 대하여 말하면서, 빛이 시각장애인들에게 시력을 회복시킬 수는 없지만 시력의 사용에는 필수적인 것처럼, 말씀도 인간 영혼 속에 모든 거룩한 역사에 필수적이라고 말한다. 다시 말하면, 시력의 사용에는 세 요소가 필요한데, 곧 대상과 빛과 정상 상태의 건강한 눈이 필요하다. 이와 같이 말씀과 성령과 우리의 영혼과의 관계를 설명하고 있다. 특히 핫지는 불신자에게 하나님의 말씀을 전하는 사역(the ministry)의 중요성을 지적하고 있다. 때를 얻든지 못 얻든지, 사람이 듣든지 아니 듣든지 말씀을 전해야 할 것을 말한다. 동시에 중생한 영혼도 그 앞에 진리가 없으면 암흑 속에 놓이게 된다고 말하고, 하나님의 말씀은 모든 거룩한 생각

---

7) Ibid., 470-471.
8) Ibid., 470.
9) Ibid., 472-473.

과 감정과 목적과 행위를 불러내는 수단이 된다고 말한다.[10]

핫지는 성화의 역사에 있어서 하나님의 말씀의 효능과 관련하여 루터교회의 교리와 비교하여 설명하고 있다. 핫지는 루터교회의 교리를 다음과 같이 제시한다. 1) 고유하고 일정하며 하나님의 말씀으로서 그 본성으로부터 그것에 속하는 말씀의 능력은 초자연적이고 신적이다. 2) 그 효능은 때로 그것에 동반하는 성령의 어떤 영향에 기인하지 않고, 오직 그 자체의 고유한 덕에만 기인한다. 3) 그 다양한 효능은 다른 시기보다 한 시기에 더 능력을 가지는 말씀에 기인하지 않으며, 성령의 크고 작은 영향에도 수반되지 않고, 그것을 받아들이는 다른 방식에 기인하다. 4) 말씀을 통하여, 말씀 속에 역사하시는 것 외에 성령은 사람들의 마음에 구원적으로 결코 역사하지 않는다고 말한다.[11] 그리고 루터교 신학자 할라츠(Hallaz)를 예로 들면서, "하나님의 말씀은 성령이 없이는 생각될 수 없다. 성령이 말씀으로부터 분리될 수 있다면 그것은 하나님의 말씀이 아니고 사람의 말이다"라고 한 그의 말을 인용하고 있다.[12]

이러한 루터교회의 견해에 대한 비판으로 핫지는 다음의 몇 가지를 제시하고 있다. 1) 이 독특한 이론은 성경의 지지를 받지 못한다. 2) 이 교리는 성령께서 말씀을 수반하여 때로는 더 많이, 때로는 더 적게 결과를 내는 것으로 제시하는 성경의 한결같은 표현과 모순된다. 3) 이 이론은 성령과의 모든 교제와 인격적 자원 행위자로서 그분에의 모든 의존으로부터 우리를 단절시킨다. 4) 루터교인들은 보이는 낱말이나 들리는 소리에 신적 능력을 돌리지 않고, 이들 전통적인 표지들

---

10) Ibid., 476-478.
11) Ibid., 479-480.
12) Hollaz, *Examen*, III. ii. 1, 4, edit. Holmiae et Lipsiae; 1741, p. 987; Ibid., 480.

이 마음에 전달하는 수단인 진리에 신적 능력을 돌린다. 5) 문제된 이론은 어떤 사람은 구원받고 어떤 사람은 구원 받지 못하는 이유가 단지 어떤 이는 말씀의 초자연적 능력에 저항하고 다른 이는 저항하지 않기 때문이라고 가정하는 점에 있어서 성경에 위반된다. 6) 이 교리는 개인적인 것 뿐만 아니라 집단적으로 신자들의 경험에 모순된다. 7) 영광스럽고 사랑스런 루터 자신도 교회사에서 가장 위대하고 매력적인 인물 중 한 명임에 틀림없으나 충동적이었고 양 극단으로 몰리곤 했다고 지적한다.13)

핫지에 따르면, 루터교회의 말씀에 대한 가르침은, 말씀이 고유한, 신적인, 일정한 능력을 가지고 있으며, 그것이 행사하는 사람들의 주관적 상태에 따라서 각기 다른 효과를 산출하며, 성령은 그들 위에나 그것 위에 다른 시기보다는 이번 기회에 더 일하시지 않으신다는 것이다. 루터교회는 과도하게 "말씀을 통하여"(Per Verbum) 역사하시는 성령의 역사를 말하며, 성령을 하나님의 말씀 속에 가두고 있는 입장을 취하며, "말씀과 더불어"(Cum Verbo) 역사하시는 성령의 주권적 역사에 대하여 소홀한 점이 있다.

III. 은혜의 수단으로서 성례

핫지는 먼저 '성례' 라는 낱말의 용례에 대하여 검토한다. 1) 고전적 용례에서 나전어 "sacramentum"(사크라멘툼)은 일반적으로 "거룩한 것"을 뜻하며, 특히 재판에서 대립하는 쌍방이 맡긴 돈을 사크라멘

---

13) Ibid., 482-485.

툼이라고 부르는데, 이것은 지는 경우에 그 돈이 거룩한 목적에 사용되기 때문이라고 지적한다.[14] 2) 이 낱말의 교회론적 용례는 여러 가지 상황에 의해 영향을 받았다고 증거고, 그 어원과 의미로부터 거룩한 것 또는 구별된 것에 적용되며, 성스러운 의미 또는 숨겨진 의미를 가진 것에도 적용된다. 또한 이 의미로 모든 종교 의식과 예식에 적용되고, 헬라어 "뮈스테리온"과 연결된다. 3) 이 낱말의 신학적 용례는 교회의 표준문서가 지적한 대로, "성례는 그리스도께서 세우신 거룩한 예식인데 그리스도와 그 새 언약의 유익을 깨닫는 표로서 표시하여 인쳐 신자들에게 적용하는 것이다."[15]

성례의 수와 관계하여, 핫지는 세례(Baptism)와 주의 만찬(the Lord's Supper)만이 기독교 시대에 유일한 성례이며 모든 개신교도에 의해 주장된 견해라고 말한다.[16] 이에 비해 로마교회는 세례와 주의 만찬 외에, 견신례(Confirmation), 고해례(Penance), 혼배례(Matrimony), 종유례(Extreme Unction), 임직례(Orders) 등을 추가로 합하여 7성례를 주장한다.[17] 또한 성례의 효능에 대한 개혁교회의 교리는 1) 성례는 그리스도의 구속의 은덕을 자기 백성에게 전달하기 위해 그리스도께서 제정하시고 사용하신 실제적 은혜의 수단이며, 2) 성례의 능력의 근원과 관련하여 그 덕이 성례 속에 있지 않다는 것이며, 3) 성인의 경우, 믿음으로 그것들을 받는 자에게만 은혜의 수단으로서 효과적이라는 사실이다(웨스트민스터 신도게요 제27장 3절 참조).[18] 특히 은혜의 수단으로서 말씀과 성례와의 관계에 대하여 핫지의 지적은 유익하다. 1) 말씀과 성례 모두 이것들

---

14) Ibid., 485.
15) 웨스트민스터 소요리문답, 문 92.
16) Charles Hodge, *Systematic Theology*, III, 492.
17) Ibid., 492-97.
18) Ibid., 499-500.

이 마음에 가져오는 진리에 기인한 어떤 도덕적 능력을 가지고 있으며, 2) 어느 것도 그 자체로는 구원하거나 성화하는 초자연적 능력을 가지고 있지 않으며, 3) 온갖 초자연적 효능은 성령의 협력이거나 수반하는 성령의 영향이며, 4) 둘 다 믿음으로 이것들을 받는 자들에게 하나님이 정하신 성령의 통로요 수단이다.[19]

이에 비하여 성례의 효능에 관한 루터교회의 교리를 핫지는 두 가지로 요약한다. 1) 이들 성례의 사용에서 비롯된 성화하거나 구원하는 어떤 실질적 혜택을 위해 믿음의 절대적 필요성을 말하고 있다는 점이다. 이 점은 개혁교회의 입장과 동일하다. 2) 성례의 효능이 성례 자체의 고유한 덕이나 능력에 기인하다고 주장하는 점에서 로마교회에 가깝고, 개혁교회의 교리와는 상이하다.[20] 그러나 개혁교회 교리와의 차이에도 불구하고, 루터교회는 성례의 효능을 체험하기 위해 수혜자에게 산 믿음의 필요성을 부인하는 로마교회의 교리를 반대한다. 또한 성례를 그리스도인 신앙고백의 표지로만 삼는 교리에도 반대하며, 성례를 진리의 단순한 알레고리 또는 진리의 의미 있는 표출로 간주하는 교리에도 반대한다. 거기에 더해 성례를 초상화나 기념비처럼 단순히 기념하는 것으로 간주하는 교리에도 반대하며, 성례에 고유한 효능을 부인하고 이들의 성화하는 영향을 동행하시는 성령의 능력으로 돌리는 교리에도 반대한다고 핫지는 부연하고 있다.[21]

그리고 핫지는 성례의 효능에 관한 로마교회의 교리에 대해서 다음과 같이 지적한다. 로마교회는 성례가 표현하는 은혜를 담고 있다고 가르치며, 성례가 의식을 통해서 (외부의 사역에서 "exopere opeato")은혜

---

[19] Ibid., 502.
[20] Ibid., 502-7.
[21] Ibid., 507-8.

를 전달한다고 가르친다. 그리고 모든 성례에 공통된 어떤 효능이 있다고 가르친다. 시행자 편에서 성례의 효능의 조건은 첫째, 자신이 권위를 가진다는 뜻이요(이것은 세례에의 적용에만 제한된다) 둘째, 자신은 교회가 행하기로 의도한 것을 하고 있다는 의향을 가지며, 수혜자와 관련하여 자신은 아무런 장애도 적대시하지 않는다. 성례는 유효적인 것으로 선포된다.[22]

핫지는 성례의 시행자에 대하여, 교회가 고백하고 있는 웨스트민스터 신도게요의 가르침을 따라 "복음 안에서 우리 주 그리스도에 의해 제정된 오직 두 성례가 있으니, 즉 세례와 주의 만찬이다. 그 중에 어느 것도 합법적으로 임직된 말씀의 교역자 이외의 어떤 사람에 의해서는 거행될 수 없다"고 지적한다.[23] 개혁교회는 교훈의 필요성을 가지고 있으며 성례의 사용을 의무와 연계한다. 그러나 성례가 구원의 필수적 수단이라고 여기지 않는다. 이에 비해 루터교회와 로마교회는 성례가 나타내는 은혜가 성례의 사용 외에 다른 것으로는 수용되지 않는다는 의미에서, 성례는 구원의 필수적 수단이라고 주장한다. 세례 없이는 중생도 죄의 용서도 없고, 주의 만찬 없이는 우리의 영적인 영양과 은혜 속에서 성장을 위해 그리스도의 몸과 피를 받는 것도 없으며, 특히 로마교회에 따르면, 성직자의 화해선언 없이는 세례 후 죄의 용서도 없고, 정경적 임직례 없이는 임직의 은혜도 없으며, 종부례 없이는 죽음에 대한 특별한 준비도 없다고 주장한다.[24] 로마교회에 따르면 7성례 모두가 구원에 필수적이지는 않으나, 전달하기로 의도

---

22) Ibid., 08; 특히 트렌트 회의에서 가르친 로마교회의 "*ex opere operato*" 교리에 대하여, Ibid., 509-511까지 참조하라.
23) 웨스트민스터 신도게요, 제27장 4절; 대한예수교장로회총회, 『대한예수교장로회총회 헌법』, 개정판 (서울: 대한예수교장로회총회, 2002), 333.
24) Charles Hodge, *Systematic Theology*, III, 517.

된 은혜 또는 은사의 수용에 각 성례는 필수적이라고 말한다.[25]

성례의 유효성과 관련하여 성례는 성경에 주어진 규정과 일치해야 한다고 핫지는 제시한다. 동원된 요소는 그리스도께서 제정하신 것과 일치해야 하고, 이들 요소들이 주어지고 수용되는 형식 또는 방식도 그리스도의 지시하심과 일치해야 한다. 또한 성례식도 그리스도께서 명령하신 것을 하고 있다는 의도를 가지고 시행해야 한다. 그리하여 세례가 물로 씻는 것이라면 물은 세례의 시행에 동원된 요소여야 한다는 것이 필수적이다. 그리고 아버지와 아들과 성령의 이름으로 물로 씻는 것이라면, 이들 말씀이나 그 형식이 사용되지 않으면 안 된다. 성례식은 삼위 하나님에 대한 믿음으로 시행되고 또한 받아야 한다. 형식이나 내용에 있어서 동일한 예식이라도 이교도에 의해 이교도에게 시행된 것은, 전혀 다른 의미를 덧붙이는 것이기 때문에 기독교 예식으로 간주될 수 없다고 핫지는 지적한다. 또한 핫지는 이단에 의해 시행된 세례에 대해서도 그것이 복음의 본질적 교리의 부인뿐만 아니라 신앙의 표준에서 벗어난 것이기 때문에 마땅히 기독교 예식이 될 수 없다고 말한다.[26]

IV. 세 례

핫지는 웨스트민스터 소요리문답이 가르치는 내용을 세례의 정의로 삼는다. "세례는 물을 가지고 성부와 성자와 성령의 이름으로 씻

---

25) Ibid., 519.
26) Ibid., 523.

는 성례인데 우리가 그리스도에게 접합됨과 은약(은혜언약)의 모든 유익에 참여함과 주님의 사람이 되기로 약조함을 표시하여 인치는 것이다."27) 위에서 보듯이 세례는 물을 가지고 씻는 것이기 때문에, 정결의 의미를 가지고 있다. 그리고 이것은 침례나 부음, 그리고 뿌림으로 행할 수 있는 것처럼 보인다. "세례를 주라"는 명령은 단순히 물을 가지고 씻으라는 명령이다. 그것은 특별하게 침례나 부음이나 뿌림을 명한 것이 아니다. 정결케 하는 매개로서 물을 적용하는 유형(mode)은 본질적이지 않은 것이다.28)

세례를 뜻하는 "밥토"의 고전적 사용에 대하여, 담그는 것, 담가서 염색하는 것, 그것이 되어진 유형과 상관없이 염색하는 것, 금으로 도금하는 것, 적시는 것, 두드리는 것, 물들이는 것을 의미한다. 다른 낱말인 "밥티조"의 고전적 사용에 대해서도, 물 속에 잠그는 것, 물로 덮이게 하는 것, 철저하게 적시는 것, 붓는 것, 덮어 씌우는 것 등의 의미가 있다고 제시한다.29) 신약성경에서의 용례로, "밥테인" 4회, "밥티조" 80회, "밥티스마" 약 20회, "밥티스모스" 4회 등을 예로 들고, 이들을 정리하면, 물 속에 잠금을 지지하는 것(마 3:16; 행 8:38, 39), 물 속에 잠금의 개념이 전혀 배제된 것(마 3:11; 막 1:8; 요 1:33; 행 1:5, 11:16; 고전 12:13, 10:1,2; 막 7:4), 그 자체로는 결정적이지 않으나 부음을 지지하는 것(행 2:41, 4:4) 등으로 구분할 수 있다.30) 그러므로 신약성경에서 세례가 반드시 물 속에 잠그는 것(침례)을 의미하는 사례는 없다고 핫지는 지적하고 있다.31)

---

27) 웨스트민스터 소요리문답, 문94.
28) Charles Hodge, *Systematic Theology*, III, 526.
29) Ibid., 527.
30) Ibid., 531.

핫지는 세례에 합당한 자가 누구인가 질문하고, 웨스트민스터 소요리문답을 인용하여, "세례는 불신자들이 그리스도를 믿고 고백하며 그에게 복종하는 데까지 이르러야 베풀 것이요, 또 입교한 자의 자녀에게 베푸는 것이다"라고 제시한다.32) 성인의 경우에 세례를 받는 것은 지적이요 자원하는 행위이기 때문에, 그 성격상 그리스도를 믿는 믿음의 고백과 그분께 충성의 약속을 포함하고 있다고 말한다.33) 성인세례를 위한 자격으로는 적어도 복음의 근본적 교리들의 지식을 전제하는 믿음과, 그리스도와 그의 구원의 복음에 대한 신앙의 고백이 요구되고, 세상과 육과 마귀에 대한 포기와 죄에서 돌이킴과 하나님께로 돌이킴을 포함한다고 지적한다.34)

이어서 유아세례에 대한 논의를 전개하면서, 핫지는 먼저 성경에서 "교회"라는 낱말이 매우 다양하게 사용되고 있다고 말한다. 1) 택자들의 총수(엡 5:25)로, 2) 한 장소나 지역, 또는 전 세계에 거주하는 일정 수의 신자들, 3) 한 장소에서 신자들의 모임으로 예루살렘교회, 에베소교회, 고린도교회 등, 4) 교리와 권징의 공통된 표준문서로 묶여진 일정 수의 신자들, 5) 전 세계에 걸쳐 진정한 종교를 고백하는 모든 사람들 등으로 폭넓게 사용되고 있음을 말하고, 이와 관련하여 핫지는 유아세례에 대하여 다음의 몇 가지를 지적하고 있다. 첫째, 가견교회는 신적기관이며 둘째, 가견교회는 전적으로 중생자만으로 이루어지 않으며 셋째, 이스라엘 공동체는 교회였으며(행 7:38) 넷째, 새 시대의 교회는 옛 시대의 교회와 동일하며(롬 11:16, 17) 다섯째, 그리스도

---

31) Ibid., 536.
32) 웨스트민스터 소요리문답, 문95.
33) Charles Hodge, *Systematic Theology*, III, 541.
34) Ibid., 541-42.

의 초림 이전 교회의 입문조건은 기독교회의 입문에 동일하게 요구되고 여섯째, 유아(영아)는 옛 시대에 교회의 회원(이들은 난 지 팔 일 만에 할례를 받았고, 이들도 은혜언약에 포함되었다)이었으며 일곱째, 신약성경에서 신자들의 어린이들을 교회 회원에서 제외시키는 것을 정당화하는 것은 아무 것도 없고 여덟째, 어린이는 은덕을 받을 필요가 있고, 또 받을 수 있다고 말한다.35)

이상에서 알 수 있듯이 핫지는 교회에서 유아세례의 필요성과 정당성을 성경의 언약 사상과 연결하여 설명하고 있다. 핫지는 다시 누구의 어린이들이 세례에 합당한가 하고 질문하고, 이에 대한 대답으로, "가견교회 회원들의 어린이들"이 세례에 합당하다고 말한다.36) 이 경우에도 핫지는 "믿는 부모들의 자녀들"이 세례에 합당하다고 하는 입장과 다른 입장을 가진 개신교 주장을 예외규정으로 소개한다. 이 주장은 두 가지 원리에서 출발하고 있다. 첫째, 부모와 그들의 자녀들, 천 대까지 그들의 자녀들의 자녀들에게 약속이 미친다고 하는 점이다. 둘째는, 영적 양자의 원리이다. 고아 또는 자녀들을 기독교식으로 양육하기를 원치 않거나 양육하기에 부적절한 부모의 경우, 종교교육의 책임을 기꺼이 받아들인 자격 있는 사람들에 의해 양자가 될 수 있다는 것이다(창 17:12).37) 고아나 위탁된 자녀나 부모가 아닌 다른 사람의 손에 자라나는 어린이의 경우에라도 위탁을 받은 사람이 기독교 가정이거나 기독교 기관인 경우에 교회에서 유아세례를 받을 수 있는 길이 얼마든지 있다는 것을 말해주고 있다. 웨스트민스터 신도게요에 따르면, "실제로 그리스도에게 신앙과 순종을 고백하는 사람들만이

---

35) Ibid., 547-557.
36) Ibid., 558.
37) Ibid., 561.

아니라, 신자인 양친이나 일친의 유아들도 세례를 받을 것이다"라고 제시하고 있다.[38]

세례의 효능에 관하여 핫지는 다음과 같이 제시다. 1) 하나님께서 정하신 규례이며, 2) 그 효능이 시행하는 사람 또는 사람들에게 있지 않고, 함께하시는 성령의 영향에 달려 있으며, 3) 그 효능이 시행의 시간에 매어 있지 않고, 이것들이 표시하는 영적 은덕의 독점적 통로가 아니며, 우리들은 오직 믿음으로 받는다. 4) 어른들의 경우, 산 믿음이 구원하는 또는 성화하는 영향의 필수 조건이다.[39]

개혁교회는 세례가 하나의 의무라고 가르친다. 이것은 그리스도의 명령으로부터 그러하고, 사도들의 행위로부터 그러하고, 온 시대, 전 세계에서 기독교회의 한결같은 시행으로부터 그러하고, 수많은 특권으로부터 그러하다고 핫지는 말한다.[40] 또한 개혁교회는 세례가 하나의 "은혜의 수단"이라고 가르친다. 이 경우에 세례는 표지요, 인호요, 또한 은혜의 수단이다.[41] 이는 세례가 나타내는 축복들이 전달되고, 세례가 인친 것의 약속들이 보증되고 성취되기 때문이다.

V. 주의 만찬

주의 만찬의 성례를 언급하고 있는 성경구절은 다음과 같다. 마태복음 26:26-28, 마가복음 14:22-24, 누가복음 22:19, 20, 고린도전서

---

38) 웨스트민스터 신도게요 제28장 4절.
39) Charles Hodge, *Systematic Theology*, III, 579.
40) Ibid., 586-87.
41) Ibid., 588.

10:15-17, 11:23-29 등이다. 이 구절들은 우리들에게 다음의 중요한 내용을 가르치고 있다고 핫지는 지적한다. 첫째, 주의 만찬이 영원히 지켜야 할 신적 제도요 둘째, 예식에 사용될 물질적 요소는 떡과 포도즙이다. 셋째, 예식의 중요한 부분은 요소들의 성별과, 떡을 떼고 잔을 붓는 것과, 수찬자들이 떡과 잔을 나누고 받는 것이다. 넷째, 성찬의 내용은 그리스도의 죽음을 기념하는 것이며, 그리스도의 몸과 피에 우리가 참여함을 표시하고, 발효하며, 공언하며, 신자들이 그리스도와 연합함을 또한 신자들끼리 서로 연합함을 표시하고, 발효하며, 공언하고, 그리스도의 피로 승인된 새 언약을 우리가 받아들인 것을 나타내고 인치는 것이다. 다섯째, 유익한 교통의 조건으로는, 1) 그리스도의 몸을 분변하는 지식과, 그분을 받아먹는 믿음과, 그리스도와 그의 백성에 대한 사랑이다.[42]

핫지는 초대교회 당시 주의 만찬에 주어진 다양한 이름들을 소개한다. "유카리스티아," "율로기아(고전 10:16)," "프라스포라," "수시아," "뮈스테리온," "수낙시스," "사크라멘툼," "미사" 등이다. 그중에 "미사"는 종교개혁 이후에 로마교회에서 행해지는 성찬을 지시하는 것으로 보편적으로 사용되었다고 지적한다.[43]

주의 만찬에 사용되는 요소들에 대해서 핫지는 떡과 포도즙이 주의 만찬의 거행에 사용되는 요소들이라고 말한다. 주의 만찬은 원래 유대인의 유월절과 관련하여 제정되었고, 유대인의 유월절에는 누룩 없는 떡이 사용되었으나, 초대교회의 사도들은 가까이 있는 어떤 종류의 떡이라도 사용했음이 분명하다고 지적하고, 떡의 형태나 종류

---

42) Ibid., 612.
43) Ibid., 614.

가 의미가 있는 것이 아니라고 말한다. 떡의 형태나 종류에 대한 논쟁으로 11세기 헬라교회와 라틴교회 사이의 논쟁을 소개하고 있다. 당시 헬라교회는 누룩 없는 떡의 사용을 유대주의 잔재로 정죄한 반면에, 라틴교회는 그리스도께서 친히 사용하시고 예식을 정하신 유일한 종류로 생각하여, 각각의 교회는 자신들의 고대 전통을 지금까지도 지키고 있다고 말한다. 이에 비해 개혁교회는 이것을 문제로 여기지 않는다고 분명히 지적하고 있다.[44] 또한 핫지는 떡과 포도즙을 전혀 구하지 못하는 경우에 대해서도 일부 개혁주의 학자들의 견해를 소개하고 있다. 이들은 주장하기를, 자연에서 그것들에 가장 가까운 다른 음식물을 대신에 사용할 수도 있다고 말하면서, 동시에 주님의 명령과 사도들의 시행이 가능한 한 엄격하게 지켜져야 한다는 조언도 동시에 소개하고 있다.[45]

포도즙의 경우, 성찬에 사용되는 포도즙은 "포도 주스"(the juice of the grape)로 이해되어야 한다고 핫지는 지적하고 있다.[46] 초대교회에서는 절제에 대한 열심 때문에 성찬 상에서 포도주를 아예 제외하고 물을 대신 사용하기도 했다. 대부분의 교회에서 주의 만찬에 사용되는 포도즙은 물에 섞어서 사용하는데, 이런 관습이 생긴 이유는 유대인의 유월절에 사용되는 포도주는 물에 섞어서 사용되기 때문이라고 말한다.

성찬의 시행은 먼저 기도로 시작하는데, 그의 죽음을 기념하게 될 아들을 선물로 주신 하나님께 감사하고, 참석하고 있는 엄숙한 예배를 위해 수찬자들의 마음을 준비하도록 하는 것이며, 성찬의 요소들

---

44) Ibid., 615.
45) Ibid., 616.
46) Ibid.

을 구별하는 것이다. 그리고 떡을 떼고 잔을 나누며, 성찬의 요소들을 나누며 받는 것이다. 주의 만찬을 위한 자격으로는, 이 성례가 신자에게 의도되며, 주의 상에 나오는 자들은 이로 말미암아 그의 제자된 것을 고백하는 자들이어야 한다고 강조한다.[47]

핫지는 주의 만찬에 그리스도께서 임재하시는 의미에 대하여, 부정적 언어로 다음의 몇 가지를 제시한다. 첫째, 장소적, 신체적이 아니며, 물질이나 형상이 아니라고 하는 것 둘째, 감각에 대한 것이 아니라고 하는 것 셋째, 이 성례에 독특한 것이 아니라고 하는 것 넷째, 이것들은 말씀을 통하여 받는 것 외에 다르게 주의 만찬에서 그리스도의 몸과 피를 받는다는 것을 부인할 뿐만 아니라, 구약성도들에게 허락되거나 전달되지 않은 것을 신자들이 성찬에서 받는다는 것을 부인한다.[48] 그러므로, 주의 만찬에서 그리스도의 임재가 있다는 사실은 장소적이 아니라 영적이며, 감각에 대한 것이 아니라 마음과 믿음에 대한 것이며, 근접함의 임재가 아니라 효력 있는 임재이다. 만일 임재가 약속 안에 있다면, 그리스도의 몸이 임재하며, 그가 그 약속을 포용하고 충용하는 때는 언제든지, 또한 어느 곳이나 신자들에게 베풀어지고 수용된다.[49]

핫지는 성찬에서 "먹고 마시는 것"이 요한복음 6:51-58에서 사용된 것처럼, 믿음으로 그리스도를 영적 충용하는 것으로 비유적으로 이해되어야 한다고 말하고, 성례로서 주의 만찬의 효력에 대해서, 주의 만찬에서 우리는 우리의 영적 양식과 은혜 안에서 성장에 이르는 그리스도와 그의 구속의 혜택을 받는다고 말하고, 이와 같이 그리스도

---

47) Ibid., 623.
48) Ibid., 639-40.
49) Ibid., 643.

와 자기 백성 사이에 연합은 지속되고, 그리스도는 믿음과 성령의 내주로 말미암아 자신에게 연합된 모두에게 자신의 생명을 주는 영향을 끊임없이 나누어 주신다고 말한다.[50] 그러므로 핫지는 개혁교회의 표준문서들에 따라서, 그리스도는 이 성례에서 자기 백성에게 실제로 임재하시되, 육체로가 아니라 영적으로 또한 장소적 근접함이 아니라 효과적인 작용의 의미로 임재하신다고 말하고, 신자들은 그를 받되, 입으로 아니하고, 믿음으로 받는다고 말한다.[51]

VI. 은혜의 수단으로서의 기도

"기도는 영혼이 하나님으로 더불어 가지는 담화이다"라고 핫지는 정의한다.[52] 기도가 없는 사람은 철저하게 비종교적이고, 활동이 없는 생명은 있을 수 없으며, 활동하지 않는 몸이 죽은 것같이 하나님을 향하여 활동하지 않는 영혼은 죽은 것이요, 하나님이 안 계신 것처럼 살아가는 영혼은 영적으로 죽은 것이라고 말한다. 핫지는 기도의 교리적 배경으로 다음의 몇 가지를 제시한다. 하나님의 인격성과 하나님의 내재성, 하나님의 주권성, 하나님의 자애성, 하나님의 무한성이다.[53] 그러므로 운명론자는 변함없이 기도할 수 없다.[54]

기도는 그 대상께 신적 속성을 마땅히 돌려드려야 하기 때문에 오직 하나님께만 기도할 수 있다. 구약성경에 기록된 기도들은 한결

---

50) Ibid., 647.
51) Ibid., 650.
52) Ibid., 692.
53) Ibid., 692-696.

같이 하나님께로 향하고 있다. 구약성경에는 신격 안에 위격의 구분이 불완전하게 계시되었기 때문에 한 분 신적 실유(존재)께만 기도들이 돌려졌다. 그리고 신약성경에서 기도는 삼위일체 하나님께 돌려진 경우가 있으며, 또한 각 위격인 성부와 성자께, 성령께 각각 돌려진 경우도 있다.55) 또한 핫지는 낱말의 성경적 의미에 따라 기도가 하나님과의 모든 담화, 곧 찬양과 감사와 신앙고백과 도고의 형태를 포함하고, 또한 하나님께 드리는 모든 직접적인 간구뿐만 아니라, 하나님께 영광을 돌려 드리는 모든 것을 포함한다고 말한다.56)

핫지는 하나님은 영이시고, 또한 마음을 감찰하시는 분이시기 때문에, 하나님께 드려지는 기도는 합당한 요건이 있다고 한다. 합당한 기도의 요건으로 핫지는 다음 몇 가지를 제시한다. 첫째, 진실한 마음이요, 둘째, 경건한 마음이요, 셋째, 겸손이요, 넷째, 간절한 마음이요, 다섯째, 복종하는 마음이요, 여섯째, 믿음이요, 일곱째, 그리스도인들의 기도는 그리스도의 이름으로 드려져야 한다고 제시한다.57) 특히, 합당한 기도의 요건인 믿음에 대하여, 1) 하나님이 계신 것을 믿어야 하고, 2) 하나님께서 우리의 기도를 들으시고 응답하실 수 있다는 것을 믿어야 하며, 3) 하나님께서 우리의 기도를 응답하실 준비가 되어 있다는 것을 믿어야 하고, 4) 하나님께서는 확실히 우리의 기도를 응답하시되, 자기의 기쁘신 계획을 따라 우리에게 가장 좋은 것으로 응답하실 것이라는 사실을 믿어야 한다.58) 하나님과 함께 살아가고 동행하는 사람은 항상 기도하고, 또한 쉬지 말고 기도해야 한다. 하나님

---

54) Ibid., 699.
55) Ibid., 700.
56) Ibid., 701.
57) Ibid., 701-5.

과 일정한 담화를 가지는 것은 우리의 의무이자 높은 특권이다.

핫지는 기도에도 여러 가지 형태가 있음을 말하고, 기도에는 은밀한 기도(Secret Prayer, 개인기도)와, 공동체 기도(Social Prayer)와, 공식기도(Public Prayer)로 구분하였다.59) 이 중에 공동체 기도는 가정기도와 공동예배를 위한 사람들의 모임에서 드리는 기도이다. 그리고 교회의 공예배는 예배와 교훈을 위해 계획된다고 말하고, 예배는 기도와 찬양을 포함하고, 교훈은 성경봉독과 설교를 포함한다. 이 경우에도 이들 요소들이 적절하게 조절되어야 한다고 하며 핫지는 공식기도에 대하여 다음과 같이 제시한다. 첫째, 집례하는 목사가 참으로 경건한 정신을 가져 기도로 발언되는 생각들과 기원들이 그 자신의 마음속에서 운행되어야 한다. 둘째, 그의 마음과 기억에는 성경의 사상과 언어가 많이 쌓여 있어야 한다. 성경적 언어를 많이 또는 적당히 사용하는 기도보다 더 덕을 세우는 기도는 없다. 셋째, 기도는 질서정연하여 기도의 모든 부분들과 제목들이 적당한 비례로 포괄되어야 한다. 이것은 기도 내용의 산만과 불규칙, 혹은 반복을 방지할 것이다. 넷째, 기도는 시기에 적응하여야 한다. 주일의 통상한 예배이거나 성례를 거행하는 예배이거나 감사절 혹은 금식기의 특별예배이거나 각기 시기에 적절 하도록 기도할 것이다. 여섯째, 기도는 짧은 편이 좋다.60)

이상에서 알 수 있듯이, 은혜의 수단으로서 기도는 1) 우리를 모든 좋은 것의 원천이신 하나님께로 접근시키고, 2) 사람의 영혼에 생명을 주시고 성화케 하시는 성령의 영향을 전달하는 목적으로 정하신 수단이며, 3) 하나님과의 교통과 하나님과의 담화는 모든 은혜로운

---

58) Ibid., 703-4.
59) Ibid., 705.
60) Ibid., 707-8.

애정과 경건과 사랑과 감사와 복종과 믿음과 기쁨과 예배를 행사하게 하시며, 4) 영혼이 하나님께 가까이 나아갈 때 하나님께서 영혼에 가까이 하시어 하나님의 영광이 드러나고, 하나님의 사랑을 멀리 비추시고, 모든 이해를 뛰어넘는 평강을 나누어 주신다(요 14:23).[61] 5) 최고 권력자이신 하나님께서 기도로 말미암아 일어나 활동하신다. 세상 위에도 계시고 동시에 안에도 계신 최고 권력자이신 하나님께서 그들의 본성에 거스르지 않고 모든 피조물과 함께 협력하시고 통치하신다. 스코틀랜드의 메리 여왕은 한 무리의 군대보다도 존 낙스의 기도를 더 두려워했다. 핫지는 시편 46:11 말씀으로 자신의 논의를 끝마치고 있다. "만군의 여호와께서 우리와 함께하시니 야곱의 하나님은 우리의 피난처시로다(셀라)."[62]

VII. 결 론

지금까지 필자는 찰스 핫지의 『조직신학』 제 3권에 나타난 "은혜의 수단"을 중심으로 그의 교회론 논의를 검토하였다. 찰스 핫지가 그의 『조직신학』 전 3권 외에 따로 교회론을 기술하지 못한 이유는 알 수 없으나, 『조직신학』에서 교회론과 관계된 중요한 주제들인 교회의 본질, 교회의 속성, 교회의 표지, 교회의 직원, 교회의 회의들, 교회의 권세, 교회의 임무, 교회의 일치, 교회와 국가, 교회와 하나님의 나라, 교회의 사회적 책임 등의 논의가 빠져 있다는 사실은 지금의 우리로서

---

61) Ibid., 708.
62) Ibid., 709.

는 모두 설명할 수 없고 오직 남아 있는 것에 의존할 뿐이다.

　　찰스 핫지의 수많은 저술과 활동에서 나타난 그의 교회론 전반에 대한 논의는 또 다른 과제에 속한다. 지금까지의 논의를 통해 필자는 찰스 핫지의 교회론과 관련하여 다음의 몇 가지를 지적할 수 있다.

1. 핫지는 구 프린스턴 신학전통에 충실한 신학자였다. 이것은 그가 자주 인용하는 미합중국장로교회(PCUSA)의 표준문서인 웨스트민스터 신도게요와 대소 요리문답을 통해서도 알 수 있다.
2. 핫지는 그의 교회론 논의에서 은혜의 수단만을 다루고, 그밖에 교회론과 관련된 중요한 주제들의 논의를 생략하고 있다.
3. 핫지는 벌콥과는 달리 은혜의 수단으로 말씀과 성례와 기도를 제시한다.
4. 핫지는 은혜의 수단으로서 말씀의 내용에 대하여 기록된 신구약성경을 제시한다. 동시에 핫지는 하나님의 말씀이 효과적인 구원의 수단이 되기 위해서, 말씀을 통하여, 말씀과 더불어 역사하시는 성령의 초자연적인 역사가 수반되어야 한다고 말한다.
5. 핫지는 그리스도께서 제정하시고 사용하신 세례와 성찬의 두 가지만을 성례로 인정한다.
6. 핫지는 이교도와 이단에 의해 시행된 세례를 기독교 예식으로 인정하지 않는다.
7. 핫지는 세례의 유형이나 형식이 중요하지 않다고 하고, 유아세례를 성경의 언약 사상과 연결하여 설명한다.

8. 핫지는 주의 만찬에서 그리스도의 임재는, 실제로 임재하시되 영적으로 임재하시며, 신자들은 믿음으로 그리스도와 그의 구속의 혜택을 받는다고 가르친다.
9. 핫지는 기도가 하나님으로 더불어 영혼이 가지는 담화라는 사실을 제시하고, 은밀한 기도, 공동체 기도, 공식기도를 가르치고 있다.

찰스 핫지보다 꼭 100년 후에 출생하고, 평양 신학교와 총신대학교 신학대학원에서 평생을 바친 박형룡 박사(1897-1978)는 3.1운동이 있은 그 이듬해 1920년에 평양 숭실 전문학교를 졸업하고, 중국 남경에 있는 금릉 대학에 입학하여 1923년 이 학교를 졸업하고, 1923년 9월부터 1926년 5월까지 미국 프린스턴 신학교에 유학하여 신학사(Th. B.)와 신학석사(Th. M.) 학위를 받았다. 다시 1926년부터 이듬해 1927년 동안 미국 켄터키 주 남침례교 신학교에서 박사 과정을 수료하고, 한국에 돌아와 평양 산정현 교회에서 전도사, 동사 목사로 봉사하며, 1930년 평양 신학교 임시교수가 되고, 이듬해 평양 신학교 정교수가 되었으며, 1933년에는 그동안 준비한 논문으로, 남침례교 신학교에서 박사 학위(Ph. D.)를 받았다. 박형룡 박사는 이후 1938년까지 평양 신학교 교수로, 일제 하 만주 신학교에서 교수한 것을 제외하고는, 1972년 은퇴하기까지 거의 평생을 총신대학교 신학대학원에서 교수했다.

박형룡 박사가 프린스턴 신학교에 유학한 1923년은, 미합중국 장로교회가 소위 근본주의 대 현대주의 논쟁에 휘말려있던 시기로, 1910년에 채택된 「근본교리 5개조」가 1916년과 1923년 두 차례에 걸쳐 확인 절차를 거치고, 미합중국 장로교회에서 목사 안수를 받거나,

목회를 희망하는 타 교단의 목사에게 최소한의 신앙고백으로 자리 잡게 되었다.63)

또한 박형룡 박사가 미국에 유학한 이 해(1923년)는 워필드 박사가 교단 내 점증하는 자유주의 세력에 대항하여 한 세대의 임무를 마치고 소천(1886-1921년 사이 35년 동안 교수)한 지 2년 후로, 구 프린스턴 신학 전통의 마지막 주자 메이천 박사가 『헬라어 첫걸음』(1921), 『바울종교의 기원』(1921)에 이어 『기독교와 자유주의』(1923)를 출간하고, 당시 근본주의자 대 현대주의자 논쟁에서 보수연합세력의 지도자로 부상한 해이기도 하다.

미합중국 장로교회 안에서 근본주의자 대 현대주의자(또는 자유주의자) 논쟁이 격돌하던 바로 이 시기에, 박형룡 박사는 프린스턴 신학교에서 신학사와 신학석사를 마쳤다. 후에, 그가 한국에 돌아와서 평양신학교에서 교수하는 동안 그의 제자의 한 사람인 박윤선이 1934년 미국 유학을 결심했을 때, 자신이 졸업한 프린스턴 신학교로 추천하지 아니하고, 당시 프린스턴 신학교의 신학적 좌경화를 지적하고 메이천 박사를 중심하여 새로 출발한 웨스트민스터 신학교(1929년 설립)로 가도록 권한 것은 총신의 신학의 사상적 배경을 이해할 수 있는 좋은 단서가 될 수 있다.

한국 장로교 신학전통의 양대 산맥으로 일컬어지는 박형룡 박사와 박윤선 박사는 신학적으로, 1812년 프린스턴 신학교의 설립부터

---

63) 미합중국 장로교회가 1910년 채택한 「근본교회 5개조」는 1. 성경의 영감과 무오 2. 그리스도의 동정녀 탄생 3. 그리스도의 대속 4. 그리스도의 몸의 부활 5. 그리스도의 이적. see *G.A. Minutes*, PCUSA, 1910, 272-73; see also Loetscher, *Broadening Church*, 97-99. 또한 소위 「근본주의 대 현대주의 논쟁」에 대해, Loetscher, *Broadening Church* (Philadelphia: University of Pennsylvania Press, 1954); George M. Marsden, *Fundamentalism and American Culture* (New York and Oxford: Oxford University Press, 1980)를 보라.

1929년 이사회가 재편성되어 신학적 좌경화를 이루기 이전까지 프린스턴 신학교에서 주장되고 교수되어온 구 프린스턴 신학전통과 이 전통을 계승한 웨스트민스터 신학교의 신학전통에 선 신학자들이었다. 그러므로 한국의 장로교 신학전통의 사상적 배경을 연구할 때는 반드시 구 프린스턴 신학전통의 맥락에 비추어 연구해야 할 것이 사료된다. 동시에 그 시대를 휩쓸고 있던 현대자유주의 신학 사상과 조류를 배경으로 검토되어야 한다고 생각한다.

이런 점에서, 필자는 찰스 핫지의 교회론에 관한 지금까지의 논의를 통하여, 개혁주의 전통 안에서 찰스 핫지의 신학을 체계적으로 이해하고, 구 프린스턴 전통 안에서 그의 신학의 깊이를 조금이나마 독자들에게 소개할 기회가 주어져서 매우 기쁘게 생각한다. 앞으로도 역사적 개혁주의 전통에 있는 선배들의 글들이 더 많이 알려지고 읽혀져서 그 저술들이 학자들뿐만 아니라 일반 독자들에 의해서도 사랑받는 계기가 되기를 바라는 마음으로 논문을 맺는다.

06
찰스 핫지의 종말론

박응규 교수
(아세아연합신학대학교, 역사신학)

Ⅰ. 들어가는 말
Ⅱ. 찰스 핫지의 시대와 신학적 배경
Ⅲ. 핫지의 후천년설의 형성배경, 구조 그리고 특성
Ⅳ. 핫지의 후천년설에 대한 재고찰
Ⅴ. 나가는 말

찰스 핫지의 종말론

I. 들어가는 말

찰스 핫지(Charles Hodge, 1797-1878)는 구 프린스턴 신학자들 중에 조직신학자로 당대 뿐만 아니라, 현재에도 적지 않은 영향을 미치고 있는 인물이다. 핫지는 "19세기의 가장 탁월한 미국 장로교 신학자"로 인정받고 있을 뿐만 아니라, 미국이 지금까지 배출한 위대한 신학자 중의 한 사람으로 간주되고 있다. 그의 신학적 업적은 16세기의 종교개혁과 17세기에 발전한 개혁신학을 계승하여 소위 "프린스턴 신학"(Princeton Theology)을 형성하는 데에 주도적인 역할을 감당하였다.[1] 프린스턴 신학은 "미국의 개혁주의 정통신학을 가늠하는 신학적 잣대"가 되었으며, 조직신학의 모든 분야에서처럼 종말론에 있어서도

---

1) John W. Stewart, "Introducing Charles Hodge to Postmoderns," in *Charles Hodge Revisited: A Critical Appraisal of His Life and Work*, eds. John W. Stewart and James H. Moorhead (Grand Rapids: Eerdmans, 2002), 11-12, 36-39; Mark A. Noll, *A History of Christianity in the United States and Canada* (Grand Rapids: Eerdmans, 1992), 235-236; Daniel G. Reid, ed., *Dictionary of Christianity in America* (Downers Grove: Inter Varsity Press, 1990), 538.

핫지의 천년왕국에 대한 견해는 그 핵심적인 위치에 있다고 할 수 있다.2)

우리는 흔히 찰스 핫지를 조직신학자로 그리고 그의 신학을 그가 저술한 3권의 『조직신학』(Systematic Theology)과 동일시하지만, 대부분의 당대의 사람들은 그렇지 않았다. 핫지는 당시의 주요한 신학적 주제들에 지대한 관심을 가지고 "논문을 주로 쓰는 사람"과 "변증적인 신학자"로 각인되어 있었다. 또한 핫지가 저술한 『조직신학』을 비롯한 글들 속에는 당시의 문화적이고 교회적 상황에 대한 반영이 뚜렷이 나타나 있지 않았다.3) 그런 면에서 핫지의 종말 사상을 그가 살았던 시대 상황을 고려하면서 재고찰하는 것은 그의 신학 세계를 새롭게 조명해보는 계기가 될 것이다.

또한 구 프린스턴 신학을 해석하는 데에 있어서, 다양한 견해들이 존재하는 것이 사실이다. 특히 어네스트 샌딘(Ernest Sandeen)은 프린스턴 신학과 세대주의와의 연관성을 지나치게 강조하면서 두 신학조류가 결국 근본주의의 기원이 되었다고 주장하였다.4) 그러나 이러한 견해는 두 신학체계 사이의 상이성보다는 현대주의와의 논쟁으로 인하여 맺어진 협력과 제휴의 현상을 과도하게 강조한 측면이 있음을 부인할 수 없다. 그런 면에서 핫지의 종말론, 특히 후천년설에 대한 재고찰은 구 프린스턴의 신학에 대한 바른 이해뿐만 아니라 세대주의와의

---

2) Sydney A. Ahlstrom, *A Religious History of the American People* (New Haven: Yale University Press, 1972), 463.
3) 데이빗 F. 웰스, "찰스 핫지," 데이빗 F. 웰스, ed., 『프린스턴 신학』, 박용규 역 (서울: 도서출판 엠마오, 1992), 69-70.
4) Ernest R. Sandeen, "Toward a Historical Interpretation of the Origins of Fundamentalism," *Church History* 36 (March, 1967): 67; idem, *The Roots of Fundamentalism: British and American Millennialism 1800-1930* (Chicago: University of Chicago Press, 1970).

관계를 규명하는 데에 귀중한 안목을 제공할 것이다.5) 핫지를 비롯한 상당수의 프린스턴 신학자들이 신봉했던 후천년설은 19세기까지도 영향력을 발휘하다가 20세기 초에 이르면서 급격하게 약화되었다. 이러한 변화에 대한 연구는 드문 것이 사실이고, 한국 장로교회에 지대한 영향을 미쳤던 구 프린스턴 신학의 종말론을 찰스 핫지를 중심으로 고찰하는 것은 중요하고도 필수적인 과제가 아닐 수 없다.6)

II. 찰스 핫지의 시대와 신학적 배경

핫지의 시대적 배경

찰스 핫지는 1797년 12월 27일, 필라델피아에서 휴 핫지(Hugh Hodge, 1755-1798)와 메리 브란차드(Mary Blanchard Hunt, 1765-1832) 사이에서 출생하였다.7) 그의 조부 앤드류 핫지(Andrew Hodge)는 스코틀랜드 출신으로 북부 아일랜드에서 거주하다가 18세기 초에 필라델피아로 이주

---

5) Joe L. Coker, "Exploring the Roots of the Dispensationalist/Princetonian 'Alliance' : Charles Hodge and John Nelson Darby on Eschatology and Interpretation of Scripture," *Fides et Historia* 30:1 (Winter/Spring 1998): 41-56; D. G. Hart, "A Reconsideration of Biblical Inerrancy and the Princeton Theology's Alliance with Fundamentalism," *Christian Scholar's Review* 20:4 (1991): 364; Paul Kemeny, "Princeton and the Premillennialsts: The Roots of the *marriage de convenance*," *American Presbyterians* 71:1 (Spring 1993): 19. 구 프린스턴 신학자들의 세대주의에 대한 자세는 "관용적인 불만족"(tolerant dissatisfaction)의 입장이었다고 할 수 있다.
6) 구 프린스턴 신학과 한국 장로교회와의 관계에 대해서는 다음의 논문을 참조하라. 박응규, "구프린스턴 신학과 한국장로교회," 「ACTS 신학과 선교」 8 (2004): 185-204.
7) 찰스 핫지의 삶과 사상에 대한 개관은 다음을 참고하라. Mark A. Noll, ed., *Charles Hodge: The Way of Life* (New York: Paulist Press, 1987), 1-44. Cf. John W. Stewart, "Mediating the Center: Charles Hodge on American Science, Language, Literature, and Politics," in *Studies in Reformed Theology and History* 3:1 (Winter 1995): 1-114.

하였다. 그의 부친 휴 핫지는 1773년에 프린스턴 대학을 졸업한 후, 외과의사로 활동할 뿐만 아니라, 교회의 장로로서 개혁신앙의 유산을 계승하고 미국의 독립을 쟁취하는 데에 매우 열성적이었다. 핫지의 식구들은 필라델피아 제2장로교회에 출석하면서 아쉬벨 그린(Ashbel Green) 목사의 신앙적인 영향을 많이 받았다. 핫지가 태어난 지 7개월도 안되어 그의 부친이 세상을 떠났지만 평생 아버지를 존경하는 마음을 간직하였다. 그의 모친은 어려운 가운데서도 두 아들, 휴 레녹스와 찰스의 교육을 위해 갖은 희생과 헌신을 마다하지 않았다.

이런 가운데 1812년은 미국장로교회 역사나 핫지의 생애에 매우 중요한 일이 일어났다. 바로 이 해에 아쉬벨 그린과 사무엘 밀러(Samuel Miller) 목사가 주동이 되어 장로교 목회자들을 양성하기 위한 신학교육의 염원이 결실을 맺어 프린스턴 신학교가 설립되었으며, 두 아들의 교육을 위해 메리 핫지는 프린스턴으로 이사하였다. 그리고 훗날 핫지의 생애와 사상에 지대한 영향을 미친 프린스턴 신학교의 초대 교수인 아치발드 알렉산더(Archibald Alexander)가 버지니아에서 프린스턴으로 이주하였다. 1812년 가을에, 핫지는 프린스턴 대학에 입학하였고, 1815년 프린스턴에 불어닥친 부흥의 영향으로 핫지를 비롯한 많은 젊은이들이 목회사역에 지대한 관심을 갖게 되었다. 알렉산더와 그린의 강한 영향력과 그의 어머니의 권유로 핫지는 신학을 공부하기로 작정하였다.

이렇게 핫지가(家)의 프린스턴 이주는 장로교 역사에서 매우 중요한 시기에 이루어졌으며, 핫지의 생애와 사역의 중심지가 될 프린스턴 신학교와의 인연은 이렇게 맺어졌다. 뿐만 아니라 핫지가 알렉산더로부터 받은 신학적인 영향과 유대관계는 평생 이어졌으며, "나의 사랑하는 아버지"라고 부를 만큼 깊었으며, 자신의 첫 아들의 이름을 '아치발드 알렉산더 핫지'라고 지을 만큼 가까웠다. 또한 1819년 신학교를 졸업하자마자, 알렉산더의 권유로 모교에서 교수로 재직할 수 있는 기회를 부여받았으며, 그의 평생 사역이 그곳에서 펼쳐지게 되었다.[8]

그러나 핫지의 시대였던 19세기 초반부터 미국은 영적으로 침체되어 있었다. 1730-40년대에 동부 지역에 강한 영향력을 발휘하였던 대각성운동 이후 50년간은 미국 교회의 전반적인 성장이 둔화되고 쇠퇴일로에 있었다. 이 기간에 미국 교회는 위대한 목회자들도 배출하지 못하고 있었다. 조나단 에드워즈(Jonathan Edwards)와 조지 휫필드(George Whitefield) 시대를 특징지었던 부흥의 열기, 회개, 변화 그리고 환희의 장면은 다시 반복되지 않았고 단지 기억 속으로 사라져가고 있었다. 거의 동시에 계몽주의 사상들이 홍수처럼 미국에 밀려 들어왔고, 독립혁명은 미국에 다양한 합리주의가 유입될 수 있도록 통로를 열어주었고, 교리적인 이완과 부도덕한 윤리의식이 방방곡곡으로 번져나가는 계기가 되었다.[9]

불경건과 부도덕이 가시적인 수준으로 성장하고 있었을 뿐만 아니라, 기독교 신앙에서 이탈한 불신의 형태가 다양하게 미국 사회에 팽배하였다. "불신앙의 유령이 자신을 조직화하고, 사회주의를 지지하기 위하여 경제적인 무질서를 이용하고, 공동체를 조성하고, 그리고 파괴적인 아이디어들을 실행하면서 문제의 심각성을 과장하고 있던 기독교 지도자들을 대단히 놀라게 만들었다."[10] 이와 함께 신학적으

---

[8] Mark A. Noll, ed., *Charles Hodge: The Way of Life*, 1-17.
[9] 데이빗 F. 웰스, "찰스 핫지," 71-72. Cf. John W. Stewart, "Mediating the Center: Charles Hodge on American Science, Language, Literature, and Politics," 1-14.

로는 자유주의에서 유니테리안주의로의 변천이 1805년부터 1819년 사이에 발생하였다. 특히 하버드 대학교의 신학적 변질은 앤도버 신학교가 1807년에 설립되는 주요한 동기가 되었다. 점차 정통주의와 기독교 "불(不)신앙"은 이제 전쟁의 반대편에 서서 서로의 지반을 굳혀 가면서 논쟁의 불씨가 점화되었다.

19세기 첫 반세기 동안에, 제 2차 대각성운동의 여파도 상당히 강하였다. 회심을 어떻게 제시하는가? 합법적인 설득의 사용이란 무엇인가? 소위 뜨겁게 은혜를 받은 금좌석이란 무엇인가? 모든 사람이 다 복음을 받아들일 수 있는가? 닥치는 대로 모든 사람들에게 복음을 전해야 하는가? 이러한 질문들은 찰스 피니(Charles Finney)와 그의 "새로운 수단들"(new measures)에 의해 제시된 문제들이었다. 피니가 개발한 해답들은 나다니엘 테일러(Nathaniel Taylor)가 예일에서 설명하였던 방법들과 여러 가지 면에서 유사하였다.[11] 핫지는 현대판 펠라기우스주의에서 회심이란 단순히 인간의 작품이라는 주장을 간파했기에 이러한 문제들에 대해 깊은 관심을 갖지 않을 수 없었다.

이런 상황은 핫지의 신학의 형태와 방향에 깊은 영향을 미쳤다. 프린스턴 신학자들도 유니테리안과의 논쟁에 참여하면서, 신학파와 구학파 신학자들 사이에는 메울 수 없는 깊은 골이 생기게 되었다. 핫지도 테일러와의 논쟁에 연루되었으며, 장로교회와 회중교회 사이의 전선도 형성되었다. 미국 내의 이러한 일련의 상황으로 말미암아 프린스턴 신학자들은 기독교를 전체적이고도 철저하게 변호해야 할 필요성을 절감하였다.

---

10) 데이빗 F. 웰스, "찰스 핫지," 74.
11) Cf. Douglas A. Sweeney, *Nathaniel Taylor, New Haven Theology, and the Legacy of Jonathan Edwards* (New York: Oxford University Press, 2003).

프린스턴 신학자들에게 주어진 과제는 "프란시스 패턴과 워필드가 자신들의 작품을 시작할 때에야 절정에 달하였지만, 그 출발은 핫지에게서 시작되었다. 변증학이 주변의 학문이 아니라 근본적이고 중심적인 관심사로 부상하여 19세기 사람들에게 흥미를 끌었다."[12] 또한 과격한 천년왕국 사상과 임박한 그리스도의 재림에 대한 지나친 기대감에 대해 핫지는 상당히 비판적인 입장을 취했다.[13] 이렇게 핫지의 신학생애의 배경은 쓰라린 신학논쟁과 뒤틀린 교회분열의 상황 속에서 형성되다.

핫지의 신학적 배경

알렉산더와 핫지의 종말론

찰스 핫지가 어린 나이에 부친을 여의는 아픔을 겪었기에, 그에게 아치발드 알렉산더는 학문적인 차원뿐만 아니라, 특별한 의미에서 아버지 같은 인물이었다.[14] 알렉산더와 맺은 인연과 영향력은 핫지의 생애 전체에 걸쳐 지속되었으며, 그 어느 누구보다 그리고 모든 사람들의 영향력을 합친 것보다 더 강하였다.[15] 핫지는 종말론에 있어서도, 알렉산더에게 지대한 영향을 받았다. 알렉산더의 천년왕국 사상에

---

12) 데이빗 F. 웰스, "찰스 핫지," 79.
13) Earl William Kennedy, "From Pessimism to Optimism: Francis Turretin and Charles Hodge on 'The Last Things,'" in *Servant Gladly: Essays in Honor of John W. Beardslee III*, edited by Jack D. Klunder (Grand Rapids: Eerdman, 1988), 111.
14) David B. Calhoun, *Princeton Seminary: Faith &Learning, 1812-1868*, Vol. 1 (Carlisle: The Banner of Truth Trust, 1994), 105; W. Andrew Hoffecker, 『프린스턴신학 사상』, 홍치모 역 (서울: 한국로고스연구원, 1991), 92-93.
15) A. A. Hodge, *The Life of Charles Hodge* (New York: Charles Scribner's Sons, 1880), 18, 47. Hodge always affirmed that he was "moulded more by the character and instructions of Dr. Achibald Alexander, than by all other external influences combined."

있어서 매우 중요한 요소는 그의 '마지막 날의 영광' (the latter day glory) 에 대한 개념이다. "마지막 날의 영광"에 대한 알렉산더의 견해는 주류 후천년설주의자들과는 두 가지 면에서 확연하게 달랐다. 1) 교회의 영광스러운 미래의 상태는 전적으로 영적인 차원에서 다루어지고 있으며, 2) 알렉산더는 이 축복의 기간을 천년왕국과 동일시하기를 원하지 않는다는 것이다.16) 알렉산더는 마지막 날의 영광에 이르게 하는 수단은 바로 첫째도 전도요, 마지막도 전도라는 입장을 표명하였다.

또한 알렉산더의 종말론에 있어서 매우 중요한 요소 중의 하나는 전 세계의 복음으로의 회심이라고 할 수 있으며, 그것을 '마지막 날의 영광'이라고 언급하였다. 그리고 이 마지막 날의 영광을 천년왕국으로 간주하는 경향이 매우 강했고, 영적으로 규정하였다. 사실상 알렉산더의 종말 사상은 "천년왕국이 배제된 후천년설"이라고 규정할 수 있다.17) 프린스턴 신학교를 설립한 초대 신학자들은 "천년왕국의 시기"에 대해 불가지론적 입장을 취했음이 분명하였다. 그리고 프린스턴 신학자들에게서 발견되는 주요한 특징 중의 하나는 그들의 종말론을 형성하는 데에 있어서 가능한 요한계시록의 중요성을 부여하지 않았다는 사실이다.18)

투레틴과 핫지의 종말론

알렉산더의 지대한 신학적 영향에도 불구하고, 핫지의 신학은

---

16) John Wheeler Auxier, "Princetonian Eschatology 1812-1878: The Neglect of the Apocalypse," (M. A. thesis, Trinity Evangelical Divinity School, 1986), 25.
17) John Wheeler Auxier, "Princetonian Eschatology 1812-1878," 29, 37. He has in effect a "nonmillennial" form of Postmillennialism. "He is in effect, a postmillennialist without a millennium."
18) John Wheeler Auxier, "Princetonian Eschatology 1812-1878," 36.

스코틀랜드 철학과 프란시스 투레틴(Francis Turretin, 1623-1687)의 영향을 받았음은 명백한 사실이다. 앤드류 호페커(W. Andrew Hoffecker)는 다음과 같이 주장하고 있다.

> 찰스 핫지는 아치발드 알렉산더가 시작한 전승을 그대로 이어받아 한편으로는 합리주의자들과 사변철학자들 그리고 다른 한편으로는 신비주의자들과 부흥운동가들에 대한 필연적인 양면공격을 부단하게 감행하였다. 강조점은 약간 달랐지만 본질적인 공격의 양상은 동일한 것이었다. 그의 양면공격을 통해 슐라이어마허의 신학이 훨씬 더 강력한 적이었음이 입증되었다. 핫지와 알렉산더의 부흥운동가들에 대해 보인 입장은 동일한 것이었는데 핫지의 입장이 더 강력했다. 핫지의 글 속에는 스코틀랜드 철학과 투레틴[Turretin]의 신학에 좀 더 의존하고 있다는 공식적인 언급이 알렉산더보다 더 많이 발견된다.[19]

핫지의 신학에 지대한 영향을 미친 주요한 인물은 17세기 제네바의 개혁신학자 투레틴이었다. 투레틴은 그의 저서 『변증신학강요』 (Institutes of Elenctic Theology)를 통하여 칼빈 이후의 정통주의 개혁신학을 집대성하였다.[20] 투레틴의 신학적 공헌은 정교한 신학적 진술들로 개혁신학의 진수를 마무리했다는 데에 있다. 칼빈이 신학적 틀을 제공했다면, 투레틴은 그것을 토대로 성경적 근거들과 가장 정교하고 완전한 형태의 논리적이고 연역적 방법들을 통하여 개혁신학적 입장을 탁월하게 발전시켰다. 그의 신학적 관심은 성경적이면서도 완전한 형태

---

19) W. Andrew Hoffecker, 『프린스턴신학 사상』, 141.
20) Elenctics is derived from the Greek word for that which exposes error. Elenctic theology is thus polemic theology, since it is devoted to refutation of errors.

의 개혁신학을 확립함으로 비정통적인 해석을 방지하는 것이었다.[21] 유스토 곤잘레스(Justo L. Gonzalez)는 "투레틴의 『변증신학강요』야말로 칼빈의 『기독교강요』이후 아마도 가장 체계적이고 철저한 개혁신학의 교리적 입장을 훌륭하게 정리한 역저"라고 평가하였다.[22]

라틴어로 기록된 투레틴의 저서는 미국 내의 개혁신학을 신봉하는 여러 신학교에서 교과서로 사용되었으며, 프린스턴 신학교에서도 1872년 핫지의 『조직신학』이 출판되기까지 초기부터 반세기 이상 동안 신학적 영향력을 발휘하였다. 핫지는 그의 조직신학을 구성하고 확립해나가는 데에 투레틴에게 상당히 많이 의존하였고, 어거스틴, 칼빈, 그리고 웨스트민스터 신앙고백을 비롯한 원리들을 인용하고 재해석했지만, 그를 비롯한 구 프린스턴에 미친 투레틴의 영향이 매우 지대했음은 부인할 수 없었을 것이다.[23] 그런데 『변증신학강요』에 반영된 투레틴의 종말론적인 입장은 "다소 염세적인 무천년주의"라고 할 수 있는데,[24] 핫지의 입장은 그렇지 않은 것은 흥미 있는 사실이 아닐 수 없다.

이와 함께 핫지나 프린스턴 신학을 논함에 있어 간과하지 말아야 하는 사실은 스코틀랜드 상식철학, 개혁주의, 고백주의, 종교적 체험, 그리고 성경적 기반주의 중에서, 어느 한 요소도 분리시키지 않은 채, 역동적이며 상호적인 영향을 주면서 발전했다는 사실이다.[25] 이러

---

21) R. J. VanderMolen, "Turretin, Francis." In *Evangelical Dictionary of Theology*, ed. Walter A. Elwell (Grand Rapids: Baker, 1984), 1116.
22) Justo L. Gonzalez, *A History of Christian Thought, Volume III: From the Protestant Reformation to the Twentieth Century* (New York: Abingdon, 1975), 251.
23) Mark A. Noll, *The Princeton Theology*, 29-30.
24) Earl William Kennedy, "From Pessimism to Optimism: Francis Turretin and Charles Hodge on 'The Last Things,'" 104.

한 영향을 받아 구 프린스턴 신학은 핫지를 통해 신학적 골격을 완성하게 되는데, 그 가치와 의미는 상당히 높게 평가되었다.

핫지의 계승자 벤자민 워필드(Benjamin B. Warfield)는 핫지의 신학과 『조직신학』을 비롯한 업적에 대한 경외심 때문에 조직신학 저서를 저술하지 않았으며, 그의 신학작업은 스승의 신학을 변호하고, 보완하며, 그리고 확장하는 것이라고 간주하였다. 왜냐하면 핫지야말로 프린스턴 신학의 입장을 가장 철저하고도 분명하게 진술하고 설명할 뿐만 아니라 변증했다고 믿었기 때문이었다.26) 핫지의 주된 신학적 관심은 "아담의 원죄의 유전설, 원죄, 무능력과 중생의 교리"에 보다 집중되어 있었음을 간과해서는 안 될 것이다.27) 핫지는 구원론적 결론이 인간론의 전제에서 발전한다는 사실을 분명히 인식하고 있었다. 구속관의 결여는 부당한 죄관이 정정되기 전에는 시정될 수 없다는 것이다. 이것이 문제의 뿌리이며 확고한 원리임을 인식하였다.

프린스턴 신학교와 후천년설

프린스턴 신학교가 설립되었던 시기에 미국은 전례 없는 문화적인 위기를 겪고 있었다. 다니엘 워커 호웨(Daniel Walker Howe)에 의하면, "빅토리안 시대(the Victorian Age, 1837-1901)는 미국의 역사에서 아마도 가장 심한 격변의 시기라고 할 수 있다. 그 시대야말로 산업화, 지식의

---

25) Mark A. Noll, The Princeton Theology, 36-38.
26) Stanley W. Bamberg, "Our Image of Warfield Must Go," Journal of the Evangelical Society 34: 2 (June 1991): 237.
27) Earl William Kennedy, "An Historical Analysis of Charles Hodge's Doctrines of Sin and Particular Grace" (Ph. D. diss., Princeton Theological Seminary, 1968), 17.

폭발, 이민과 급격한 인구증가, 도시화, 지리적 확장, 인종간의 관계변화, 그리고 미국 내에서의 무력이 동반된 갈등 등으로 얼룩졌다."[28] 이러한 변화는 교회와 신앙의 양상에도 지대한 영향을 미친 것은 사실이다. 시드니 알스트롬(Sydney Ahlstrom)이 지적하듯이 남북전쟁 이전의 미국은 "민주적 복음주의의 황금시대"로 특징지을 수 있다.[29]

식민지 시대의 후반부에 이르면, 소위 자발주의에 크게 영향을 받는 교회의 형태가 고개를 든다. 이러한 특성은 다양한 자원단체들의 설립에 영향을 미쳤으며, 남북전쟁 이전에 시민사회를 개혁할 수 있는 많은 초교파적 단체들이 결성되었다. 이렇게 복음주의적인 종교인들이 미국 내에 자신들의 가치를 알리고 주입시키기 위해 협력하였다.[30] 이러한 자발주의적인 정신은 인간 개인에 대한 가치와 자질에 대한 긍정적인 평가를 근거로 하고 있으며, 무엇보다도 개인주의의 신장(伸張)과도 밀접한 관련이 있다.

프린스턴 신학교 설립자들인 아쉬빌 그린, 사무엘 밀러, 그리고 아치발드 알렉산더는 이러한 상황을 효과적으로 극복하기 위하여 다음과 같은 설립 목표를 갖고 있었다. "문화적 위기에 대처할 수 있는 알맞은 목회자들을 배출하는 것과 미국을 휩쓸고 있는 반종교적인 물결을 퇴치하는 것, 그리고 일반적으로는 기독교를, 구체적으로는 성경을 학적으로 변호하는 목회자를 배출하는 데 있었다."[31] 복음주의적인 부흥과 새롭게 인식하기 시작한 교단의식의 결과는 자연스럽게 교

---

28) Daniel Walker Howe, "Victorian Culture in America," in *Victorian America*, ed. Howe (Philadelphia: University of Pennsylvania Press, 1976), 3.
29) Sydney Ahlstrom, *A Religious History of the American People*, 385.
30) See Charles I. Foster, *An Errand of Mercy: The Evangelical United Front, 1790-1837* (Chapel Hill: University of North Carolina Press, 1960); Timothy L. Smith, *Revivalism and Social Reform in Mid-Nineteenth-Century America* (Nashville: Abingdon, 1957).

단신학교 설립으로 이어졌다. 대체적으로 1808년까지는 목회자 교육은 대학교의 학부과정과 훌륭한 목회자들에 의한 개인지도에 의해 수행되었다. 이러한 상황 속에서 프린스턴 신학교도 아치발드 알렉산더, 사무엘 밀러, 그리고 찰스 핫지의 세 교수들에 의해 구 칼빈주의(Old Calvinism)를 새로운 시대에 적합하게 적용할 수 있는 소위 "구 프린스턴 신학"을 표방하며 시작되었다.32) 이러한 목적을 가지고 시작된 프린스턴 신학은 일관성과 함께 전국적인 영향력을 발휘하였으며, 프린스턴의 칼빈주의는 1812년부터 한 세기 이상 강력하게 지속되었다.33)

19세기 초반 반세기 동안 미국 지성계에서 가장 주요한 논의는 인간성에 대한 주제였다. 칼빈주의와 낙관적인 개인주의에 대한 신념이 공존하고 있는 복음주의 안에서 이 주제에 대한 토론은 매우 강렬하였다. 인간의 자연적 능력이 과연 선을 행할 수 있느냐는 질문은 1830년대에 신학파 장로교인들을 구학파로부터 분리시키는 주요한 요소였다. 대체적으로 미국의 복음주의자들은 인간이 태어날 때부터 전적으로 부패했다는 칼빈주의적 강조에서 인간성에 대한 낙관적인 견해로 입장이 바뀌고 있었다. 부흥주의자들이 강조하는 복음을 받아들이는 인간의 수용능력과 개인의 도덕성에 대한 높은 기준, 그리고 미국의 전반적인 여론에 호소력을 발휘했던 개인주의에 대한 교리는

---

31) 마크 놀, "프린스턴 신학," 데이빗 F. 웰스, ed., 『프린스턴 신학』, 50.
32) E. Brooks Holifield, "Hodge, the Seminary, and the American Theological Context," in *Charles Hodge Revisited*, 103-128; John Oliver Nelson, "The Rise of the Princeton Theology: A Genetic Study of American Presbyterianism until 1850" (Ph. D. diss., Yale University, 1935), 235-236.
33) 1912년 개교 100주년에 신학교는 미국의 어떤 신학교보다도 많은 1000여 명의 학생이 재학하고 있었다. 알렉산더가 프린스턴에서 교수를 시작하고부터 워필드가 죽을 때까지 6,386명의 학생이 프린스턴에서 교육을 받았다. 그들 중에 몇 사람은 유명한 신학자, 교육가, 그리고 목회자들이 되었다. 1912년까지의 졸업생들 중에는 56명의 장로교 총회장이 포함되었고 5명의 개신교 감독교회 감독이 포함되어 있다. 뿐만 아니라, 미국의 국회에 프린스턴 출신의 목회자들이 진출하면서 강력한 미국 칼빈주의를 표현하여 영향력을 확대하였다. 마크 놀, "프린스턴 신학," 50, 60.

결국 이러한 추세가 자리 잡게 하는 불가피한 요인들이었다.34) 이와 같은 복음주의적이고 주도적인 입장에 대해 보수적이고 신앙고백적인 학자들은 "복음주의의 순박성에 대해 비판하였다."35)

이러한 상황에 대한 핫지를 비롯한 구 프린스턴 신학자들은 신앙고백을 중시하는 자들과 미국 문화에 부합하고자 하는 복음주의자들 사이에서, 그리고 구학파와 신학파 중간에서 중재자 역할을 자처하였다.36) 브루스 쿠클릭(Bruce Kuklick)도 처음에는 프린스턴 신학자들이 예일의 테일러 신학사조에 대항하기 위해 중도적 입장을 유지하다가, 1837년 이후부터는 구학파의 입장을 지지했다고 주장하였다.37) 찰스 핫지를 비롯한 "구 프린스턴 신학자들은 개인 경건과 회심의 경험을 높이 평가하면서도, 기독교 신학의 이성적이고 교리적인 표현을 중시하였다."38)

그렇기 때문에 찰스 존스(Charles Jones)는 남북전쟁 이전의 미국 교회의 신학을 고백주의자들과 경건주의자들로 대조시키면서, 핫지의 신학을 단순히 고백주의자로 간주할 수 없다고 언급하였다. 핫지가 믿음의 객관적인 특성과 이성을 강조했지만, 그의 기독교 신앙에는 경건이 매우 중요한 위치를 차지하고 있음을 망각해서는 안 될 것이다.39) 기독교 신학의 인지적이고 경험적인 측면을 동시에 강조하고,

---

34) George M. Marsden, *The Evangelical Mind and the New School Presbyterian Experience: A Case Study of Thought and Theory in Nineteenth-Century America* (New Haven: Yale University Press, 1970), 235.
35) Walter Conser, *Church and Confession: Conservative Theologians in Germany, England, and America 1815-1866* (Macon: Mercer Press, 1984), 10.
36) A. A. Hodge, *Life of Charles Hodge*, 308-309.
37) Bruce Kuklick, *Churchmen and Philosophers From Jonathan Edwards to John Dewey* (New Haven: Yale University Press, 1985), 78-79.
38) Charles A. Jones, "Charles Hodge, The Keeper of Orthodoxy," 31.

고백적인 정통신앙과 "삶의 방식"으로서의 신앙을 구분하지 않는 믿음의 통전성(totality)을 중시하였다. 구 프린스턴 신학자들은 결코 마음과 가슴을 분리하거나, 생각과 감정을 다른 영역으로 구분하지 않았다. 이러한 특성들은 그들의 설교나 "주일 오후강화"(Sabbath Afternoon lectures), 그리고 다양한 저작물들에서 발견된다.[40] 그럼에도 불구하고, 마크 놀은 핫지의 종교적 체험에 대해 다음과 같이 언급하였다. "진정한 종교는… 극단적인 감정을 경험하는 가운데 일어나는 주관적인 현상이 아니라, 하나님께서 객관적으로 역사(役事)하신 결과이다… 핫지는 감정주의의 함정을 피하기 위하여, 하나님 말씀의 객관적인 진리들과 정제된 칼빈주의 전통을 효과적으로 제시하였다."[41]

    핫지와 구 프린스턴 신학자들이 칼빈주의를 이해하고 정의하는 데에 있어서, 무엇보다도 웨스트민스터 신앙고백을 중시하였고, 당시의 미국 장로교회에서 공식적인 신앙문서로 채택하였다.[42] 웨스트민스터 신앙고백서에 나타난 종말 사상의 초점은 무엇보다도 예수 그리스도와 그의 구속사역에 두고 있다. 그리스도께서 이 땅에 오신 목적은 아담의 타락으로 말미암아 상실된 종말론적 목적을 회복시키는 데에 있다고 간주한다. 중보자 예수 그리스도를 "뱀의 머리를 상하게 한 여자의 후손"으로 언급하고 있다. 웨스트민스터 신앙고백서의 내용은

---

39) Charles A. Jones, "Charles Hodge, The Keeper of Orthodoxy," 12.
40) Mark A. Noll, "Charles Hodge as an Expositor of the Spiritual Life," in *Charles Hodge Revisited*, 181-216; John W. Stewart, "The Tethered Theology: Biblical Criticism, Common Sense Philosophy, and the Princeton Tradition, 1812-1860," (Ph. D. diss., University of Michigan, 1990), 157-158.
41) Mark A. Noll, ed., *Charles Hodge: The Way of Life*, 41.
42) John H. Leith, *Assembly at Westminster: Reformed Theology in the Making* (Richmond: John Knox Press, 1973), 65-74; D. B. Calhoun, "Old Princeton Seminary and the Westminster Standards," *The Westminster Confession into the 21ˢᵗ Century*, Vol. Two, ed. Ligon Duncan (Geanies House: Mentor, 2004), 33-61.

이러한 승리가 미래에 이루어질 종말론적 현상이 아니라, 결정적인 의미에서 이미 이루어진 사건이라고 간주하고 있다.[43]

웨스트민스터 신앙고백의 종말론적 입장을 작성하는 과정에서, 가능하면 분열이나 오해를 불러일으키지 않으려고 대체적으로 포괄적인 용어를 사용했음에도 불구하고, 후천년설적 견해를 표방한 것이 사실이다. 그리고 전천년설을 비판하는 데에 있어서도 상당히 온건하였다.[44] 그러나 우리가 숙지해야 할 것은 17세기에는 무천년설과 후천년설의 구분이 확연하지 않았다는 사실이다. 리처드 개핀(Richard B. Gaffin)은 "20세기의 신학용어라고 할 수 있는 무천년설은, 그 전 세기에는 후천년설이라고 알려졌던 견해를 신봉했던 자들의 입장이었다고 할 수 있다"고 주장하였다.[45]

Ⅲ. 핫지의 후천년설의 형성배경, 구조 그리고 특성

핫지의 후천년설의 형성배경

찰스 핫지는 후천년설을 신봉했던 탁월한 신학자 중의 한 사람으로 알려져 있다. 다니엘 휘트비(Daniel Whitby, 1638-1726)의 저술에 근거

---

43) Derek Thomas, "The Eschatology of the Westminster Confession and Assembly," in *The Westminster Confession into the 21ˢᵗ Century*, Vol. Two, 308-309.
44) Derek Thomas, "The Eschatology of the Westminster Confession and Assembly," 378-379.
45) Richard B. Gaffin, "Theonomy and Eschatology: Reflections on Postmillennialism," in *Theonomy: A Reformed Critique*, eds. William S. Barker &W. Robert Godfrey (Grand Rapids: Academie Books, 1990), 197-224. "A-millennialism, a twentieth century term, was upheld by many in previous centuries, but would have been known as postmillennialism."

한 후천년설은 상당수의 후기 영국과 미국 청교도들이 선호했으며, 대각성운동이 이후 19세기까지도 미국 복음주의자들이 신봉했던 종말론적 견해였다. 핫지뿐만 아니라 당시의 많은 신학자들은 복음의 선포와 효과에 대해 매우 낙관적인 입장을 취하고 있었고, 이러한 특성은 대각성운동의 주역이었던 조나단 에드워즈에게서도 발견할 수 있다.[46]

19세기와 20세기 초반까지 후천년설은 알렉산더, 핫지, 그리고 워필드 등의 구 프린스턴 신학자들에 의해 주장되었고, 당시의 낙관적인 시대적 분위기와도 부합되었다.[47] 마지막 사악한 제도라고 여겨졌던 노예제도가 폐지되고, 세계선교의 확장에 대한 열기가 강해질 뿐만 아니라, 다양한 사회개혁 운동들을 목격하면서 기대하던 황금시대가 곧 이루어질 것이라고 전망하고 있었다.[48] 이러한 문화적 상황 속에서 낙관주의는 일종의 시대정신으로 영향력을 발휘하고 있었고, 청교도들이 신대륙에 품었던 이상(理想)은 여전히 사라지지 않았고, 하나님께서 미국이라는 나라에 부여하신 신적 사명을 통해 이루신다는 확신으로 계승되었다. 핫지를 비롯한 프린스턴의 신학자들도 종말론 형성에 있어서는 이러한 시대나 문화의 영향으로부터 배제될 수는 없었다.[49]

---

46) Iain Murray, *Jonathan Edwards: A New Biography* (Carlisle, Pennsylvania: Banner of Truth Trust, 1987), 297-298; Robert G. Clouse, *The Meaning of the Millennium* (Downers Grove: Inter Varsity Press, 1977), 11.

47) James Moorhead, "The Erosion of Postmillennialism in American Religious Thought, 1865-1925," *Church History* 53 (March 1984): 61-77. 종말론 형성에 있어서, 성경해석학과 시대적 상황의 연관성에 대해서 다음의 논문을 참고하라. Stanley N. Gundry, "Hermeneutics or Zeitgeist as the Determining Factor in the History of Eschatologies?" *Journal of the Evangelical Theological Society* 20 (March 1977): 45-55.

48) George Marsden, *Fundamentalism and American Culture* (New York: Oxford University Press, 1980), 11, 49.

그러나 분명하게 인지해야 할 것은 핫지의 후천년설의 배후에는 문화적 요소뿐만 아니라, 성경적 근거도 분명히 작용했다는 사실이다.

주지하는 바와 같이, 핫지의 『조직신학』이라는 저서가 출간되기까지 프린스턴 신학교의 대표적인 신학저서는 프란시스 투레틴이 저술한 『변증신학강요』였다. 핫지가 프린스턴 신학교에는 새로운 신학이 전혀 창출되지 않았다고 주장했지만, 종말론 분야에서는 예외였다. 프린스턴 신학교에서 거의 40여 년 동안 신학교재로 사용된 『변증신학강요』에서는 결코 후천년설을 옹호하지 않았고, 무천년설의 입장을 지지하였다.50) 투레틴이나 핫지는 개혁신학을 신봉하면서도 다른 신학세계와 문화적 분위기 속에서 서로 다른 종말론적 입장을 추구하였다. 결국 핫지는 투레틴의 종말론적 염세주의로부터 떠나 낙관주의를 선호하였다.

이러한 실례를 핫지가 경험했던 링컨의 암살사건에 대한 그의 견해에서 그 일면을 읽을 수 있다. 노예제 폐지를 위해 갖은 노력을 다했으며, 미국의 역대 대통령 중에서 가장 훌륭하다고 간주되는 아브라함 링컨이 암살된 직후인 1865년 4월 16일에 프린스턴 신학교에서 히브리서 2:10을 본문으로 행한 설교에서 핫지는 고난과 하나님의 섭리에 대해서 언급하였다. 하나님의 구속의 역사는 그의 아들 예수 그리스도의 고난을 통해 이루어졌음을 상기시키면서, 하나님께서 역사를 주관하신다는 사실을 확신한다면, 이러한 상황에서조차 소망의 메시지는 결코 과장된 것이 아니라고 주장하였다. 그리스도의 온전케 하

---

49) Dennis M. Swanson, "Theonomic Postmillennialism: A Continuation of the Princeton Tradition?" *Evangelical Theological Societies Papers* (1994): 9.

50) Earl William Kennedy, "From Pessimism to Optimism: Francis Turretin and Charles Hodge on 'The Last Things,'" 109.

심은 결국 하나님께서 모든 것을 궁극적으로 온전케 하실 것임을 일깨워준다. 결국 창조, 섭리, 그리고 구속은 궁극적인 목적인 하나님의 영광으로 연결된다.[51]

이렇게 국가적인 비극을 맞으면서, 핫지는 위기 속에서 하나님의 섭리에 대한 확신을 통해서 소망의 낙관적인 메시지를 선포했으며, 이러한 신앙의 배후에는 17세기 웨스트민스터 신앙고백이 표방하고 있는 섭리신학을 자신의 시대와 상황에 적용한 것이라고 할 수 있다.[52] 핫지는 자신이 살던 시대의 문제들에 대해서 적지 않은 글들을 남기며 고민했던 인물이었다. 특히 미국의 노예제도나 남북전쟁에 대한 입장을 밝히면서 "그리스도를 통한 문화변혁"의 견지를 확고하게 지지하였다. 하나님의 주권은 인간의 구원뿐만 아니라, 자연세계와 인류의 역사 전반에 미치고 있다고 확신하고 있었으며, 전적으로 타락한 인간본성에 대한 인식과 함께 하나님의 거룩하고 의로운 다스림에 대한 흔들리지 않는 믿음을 소유하고 있었다.[53]

또한 핫지의 종말론적 낙관주의는 복음은 "하나님의 능력"(고전

---

51) David Whitford, "Painting a New Portrait: Charles Hodge and Abraham Lincoln," *The Princeton Seminary Bulletin* 22:1 (2001): 91-93.

52) Mark A. Noll, *America's God: From Jonathan Edwards to Abraham Lincoln* (New York: Oxford University Press, 2002), 433-434; idem, *The Civil War as a Theological Crisis* (Chapel Hill: The University of North Carolina Press, 2006), 82-83.

53) 핫지의 노예제와 남북전쟁에 대한 견해에 대해서 다음의 글을 참고하라. John W. Stewart, "Mediating the Center: Charles Hodge on American Science, Language, Literature, and Politics," 67-110. Cf. William S. Barker, "The Social Views of Charles Hodge (1797-1878): A Study in Nineteenth-Century Calvinism and Conservatism," *Presbyterion* 1 (Spring 1975): 1-22; Richard J. Cowardine, "The Politics of Charles Hodge," in *Charles Hodge Revisited*, 247-297; Allen C. Guelzo, "Charles Hodge's Antislavery Movement," in *Charles Hodge Revisited*, 299-325; George M. Marsden, "Reformed and American," in *Reformed Theology in America: A History of Its Modern Development*, ed. David F. Wells (Grand Rapids: Eerdmans, 1985), 1-12.

1:18)이라는 확신에서부터 비롯되었다. 이 말씀은 그리스도께서 사도들에게 복음을 전파하고, 인간의 지혜가 아닌 십자가의 도를 선포하는 이유가 된다고 주장하였다. 십자가의 교리를 선포하는 것만으로도 효과적인 구원의 근거가 된다는 것이다.54) 그리고 복음은 하나님의 소유(롬 1:16)이며, 하나님으로부터 비롯되었기에 그 능력은 세상의 어떤 세력도 장애가 될 수 없으며, 인간을 죄와 사망으로부터 구원할 수 있다고 확신하였다. 그래서 "복음은 그 자체가 능력이며," "그리고 하나님으로부터 주어졌기에" 구원과 영생으로 우리를 인도하는 하나님의 은혜를 막을 수 없다고 주장하였다.55)

핫지의 복음의 능력에 대한 확신은 이방인들에게 선교해야 하는 당위성으로 이어질 뿐만 아니라, 프린스턴 신학 특히 종말론의 특성을 형성하는 데에 주요한 요인으로 작용하였다. 복음전도와 선교에 대한 열정이 종말론과 함께 연결되면서 프린스턴 신학은 역동성을 내포하게 되었다. 이렇게 해서 "선교적 열정과 후천년설적인 낙관주의는 핫지와 함께 동행하였."56)

핫지의 후천년설의 구조

핫지의 후천년설의 구조는 그의 저서 『조직신학』에서 그 윤곽과 구조를 발견할 수 있다. 기본적인 구조는 다음과 같다. 1) 예수 그

---

54) Charles Hodge, *Commentary on the First Epistle to the Corinthians* (Grand Rapids: Eerdman, 1953), 17.
55) Charles Hodge, *Commentary on the Epistle to the Romans* (Grand Rapids: Eerdman, 1950), 28.
56) Earl William Kennedy, "From Pessimism to Optimism: Francis Turretin and Charles Hodge on 'The Last Things,'" 110. "Missionary enthusiasm and postmillennial optimism go hand in with Hodge."

리스도의 인격적이고 가시적이며 영광스러운 재림이 있을 것이고, 2) 그리스도의 재림 전에 세 사건들이 선행될 것이다. 첫째, 복음의 우주적인 선포/확산, 즉 선택된 자들을 끌어 모으는 기독교회의 사명수행, 둘째, 민족적 차원의 유대인들의 회심 셋째, 적그리스도의 도래이다. 3) 다음의 네 사건들이 그리스도의 재림과 더불어 발생할 것이다. 첫째, 모든 죽은 자들의 부활 둘째, 보편적 심판 셋째, 세상의 종말 넷째, 그리스도 왕국의 완성이 그것이다.[57)]

복음의 우주적 선포/확산

핫지의 후천년설의 근간이 되는 것은 복음의 능력과 확산에 대한 분명한 믿음이다. 그는 이것이야말로 "그리스도의 재림에 앞서 첫 번째로 일어날 위대한 사건"이라고 간주하였다. 그리고 호세아 2:23과 이사야 45:22-23을 인용하면서 "진정한 종교인 기독교 복음이 전 세계에 편만해질 것이며, 여호와는 모든 지역에서 유일하신 참된 하나님으로 인식되고 경배되어질 것이다. 이와 유사한 성경의 내용들이 사도들이 복음을 전하면서 인용하고 적용하였다"고 주장하였다.[58)]

핫지는 그리스도의 재림이 언제일지는 확실하게 알 수 없지만, 복음이 온 세계에 전파되는 것과 밀접하게 관련이 있음을 언급하였다. 그리고 그가 살던 시대의 교회들이 하나님의 섭리와 능력으로 복음을 전 세계적으로 선포할 수 있는 전성기에 존재하고 있다고 믿었다. 그런데 이 복음을 확산시켜가는 유일한 기관은 교회를 통해서라고 주장하였다.[59)] 이러한 성경적 근거들과 종말론적 전망을 소유한

---

57) Charles Hodge, *Systematic Theology*, Vol. 3 (Grand Rapids: Eerdmans, 1995), 792.
58) Hodge, *Systematic Theology* 3: 800.

핫지와 프린스턴 신학교는 19세기 미국의 복음주의적 선교운동에 적극적으로 동참하였으며, 선교학과가 최초로 신학교에 개설되고 졸업생 중에서 선교사로 헌신하는 숫자가 점증하였다.[60]

민족적 차원의 유대인들의 회심

핫지에 의하면, 그리스도의 재림 이전에 일어날 두번째로 위대한 사건은 "하나님의 선택받은 자들의 돌아옴" 이다. 특별히 유대인들의 민족적 차원의 회심에 대한 성경적 근거로는 로마서 11장을 들고 있다. 핫지는 로마서 11:26을 설명하면서, "이스라엘" 이 "모든 유대인" 을 의미한다고 주장한다. 그들이 민족 차원에서 그리스도를 메시야로 받아들이지 않고 하나님으로부터 버림을 받았지만, 그들의 위치는 다시 회복된다고 믿었다. 물론 모든 유대인들 개개인이 다 포함된다는 것을 의미하지는 않았지만, 하나님의 선택의 은총이 유대인이라는 민족 전체에게 적용된다는 것이다.[61] 그렇다고 해서 핫지의 이와 같은 주장이 세대주의자들처럼 이스라엘의 회복이 성지에서 이루어진다는 것을 뜻하지는 않았고, 민족적(racial)인 차원에서 이루어진다고 믿었다.[62]

적그리스도의 도래

예수 그리스도의 재림 전에 일어날 사건 중의 세 번째는 바로

---

59) Hodge, *Systematic Theology* 3: 804-805.
60) Earl William Kennedy, "From Pessimism to Optimism: Francis Turretin and Charles Hodge on 'The Last Things,'" 110.
61) Hodge, *Commentary on the Epistle to the Romans*, 374.
62) Hodge, *Systematic Theology*, 3: 808. "For Hodge, national was understood to be racial." Dennis M. Swanson, "Theonomic Postmillennialism: A Continuation of the Princeton Tradition?" 17.

적그리스도의 도래이다. 당시의 대부분의 개신교도와 마찬가지로, 핫지도 적그리스도를 한 특정 인물로 지목하기보다는 "교황제"라고 확신하였다. 그에게 있어서 교황제도는 비기독교적일 뿐만 아니라, 로마 가톨릭 교회는 그야말로 세속적인 권력으로 얼룩진 배교적 교회였다.[63] 또한 회심치 않은 유대인들이 그리스도의 재림 전에 생길 환난의 주된 원천이 되리라고 간주했다.[64]

핫지의 종말론적 구조를 정리해보면, 오순절 이후부터 그리스도의 재림 시기까지를 천년왕국 시대(The Millennial Age)로 명명하였다. 그런데 이 천년왕국 시대를 교회 시대 혹은 복음의 확산(The Church Age or "Gospel Dispensation")과 거의 동일시했고, 배교와 환난(The Apostasy & Tribulation) 직후에 그리스도의 재림(The Second Advent)이 임하는 것으로 간주하였다. 간단한 도표로 그려본다면 다음과 같다.

오순절 ----------- 천년왕국 시대 ----------- 그리스도의 재림

            교회 시대 혹은   배교와 환난

            복음의 확산

교회 시대에는 복음이 온 세계로 확산되고 편만해지고, 이방인들이 주께로 돌아오며, 민족적 차원의 유대인의 회심이 일어날 것이다. 천년왕국 시대에는 복음의 능력이 더욱 더 확산되고 전 세계가 복음화될 것이며, 전 세계인구의 대다수가 기독교인이 될 것이다. 마지막으로 그리고 재림 전에는 배교한 교회와 세속권력으로 인하여 환난

---

[63] Hodge, *Systematic Theology*, 3: 828.
[64] Hodge, *Systematic Theology*, 3: 836.

이 일어남으로 천년왕국 시대가 끝이 나고 교회가 극심한 환난을 당하지만, 그리스도의 재림으로 말미암아 모든 적(敵)그리스도적이고 비(非)기독교적인 세력들이 파괴될 것이다.[65] 이러한 종말론적 구조를 통하여, 찰스 핫지는 프린스턴 신학의 후천년설적인 견해의 토대를 마련하였다. 복음의 진보, 천년왕국 시대, 배교와 환난, 그리고 그리스도의 재림에 대한 핫지의 이해는 미국 복음주의자들에게 선호되었던 후천년설의 기본적인 골격을 제공하였다.

핫지의 후천년설의 특징들

선교적이며 영적인 특성

핫지의 종말 사상에 나타나는 주요한 특성은 바로 선교적이며 영적이라는 사실이다. 그는 하나님 나라의 승리는 하나님의 사람들에 의해 점진적으로 이루어질 것이며, 특히 교회의 선교적 노력에 의하여 마지막 영광의 시대로 이어질 것이라고 확신하였다.[66] 핫지에 의하면 19세기 초반까지 복음을 받지 못한 이방인들에 대한 선교적 관심이 매우 미흡했으며 "거의 잊혀진" 주제였다.[67] 그런 면에서 핫지의 종말 사상을 "선교적 후천년설"로 지칭하는 것도 무리는 아닐 것이다.[68] 핫지에 의해 후천년설에 근거한 선교적 열기가 19세기에 프린스턴 신학

---

65) Dennis M. Swanson, "Theonomic Postmillennialism: A Continuation of the Princeton Tradition?" 19.
66) Hodge, *Systematic Theology*, 3:856; A. A. Hodge, *Outlines of Theology*, Rev. ed. (New York: Carter, 1878), 568. 후천년설과 선교의 연관성에 대해서는 다음의 저서를 참고하라: J. A. de Jong, *As the Waters Cover the Sea: Millennial Expectation in the Rise of Anglo-American Missions, 1640-1810* (Kampen: J. H. Kok, 1970).
67) Hodge, *Systematic Theology*, 3: 804.
68) Earl William Kennedy, "A Historical Analysis of Charles Hodge's Doctrines of Sin and Particular Grace," 2, 258-264, 343-344; Joe L. Coker, "The Dispensationalist/Princetonian 'Alliance,'" 44-45.

교와 미국 장로교회 안에 일어날 수 있는 기반을 조성했다는 면에서 그 의미가 자못 크다고 할 수 있다. 특히 핫지의 주도적인 후원으로 장로교 총회는 1835년에 실천신학 및 선교학 교수직을 미국 내에서는 최초로 프린스턴 신학교에 창설하여 임명하였다.[69]

핫지는 그리스도의 재림이 이루어지기 위해서는 교회가 복음을 만방에 전하는 선교적 과업에 충실함으로 "주님의 오심을 준비"해야 한다고 가르쳤다.[70] 그의 종말론은 알렉산더와 마찬가지로 선교적 열정을 동반하는 후천년설에 근거하고 있다. 그는 이 세대의 교회에 의한 선교사역을 통해 거의 모든 이방인들이 회심하는 기독교의 우주적 승리에 대하여 확신하고 있었다. 이러한 핫지의 후천년설적 낙관주의는 성경으로부터 귀결된 결과라기보다는 그의 시대적 상황과 "그의 타고난 낙천적인 기질"에 기인하는 바가 크다고 하겠다.[71] 알렉산더와 마찬가지로 핫지도 요한계시록의 천년왕국을 전 세계의 회심과 연결시켜 이해하였다. 천년왕국적 영광의 시대가 분명히 이 지상에 도래할 것을 확고하게 신봉하고 있었고, 이것을 "교회의 천년왕국적 전성 시대"라고 간주하였다.[72]

핫지에게 천년왕국이란 교회의 선교적 노력을 통해 이루어지는 기독교로의 세상의 보편적 회심이라고 할 수 있다. 핫지의 천년왕국

---

69) David B. Calhoun, *Princeton Seminary: Faith &Learning, 1812-1868*, 141-148, 205-207, 436.
70) Hodge, *Systematic Theology*, 3: 867.
71) Earl W. Kennedy, "From Pessimism to Optimism: Francis Turretin and Charles Hodge on 'The Last Things,'" 113; idem, "An Historical Analysis of Charles Hodge's Doctrines of Sin and Particular Grace," 259-260. Cf. James Perry Martin, "The Place of the Last Judgment in Protestant Theology from Orthodoxy to Ritschl," (Th. D, thesis, Princeton Theological Seminary, 1958).
72) Charles Hodge, "The Second Advent," in A. A. Hodge, *Outlines of Theology*, 450. 핫지는 그의 「조직신학」에서 "천년왕국"(millennium)이라는 용어를 하나님 나라와 전천년설적 그리스도의 재림과 연관시켜 두 번만 사용하고 있다. Hodge, *Systematic Theology* 3: 858-859, 861-868.

사상에 있어서 중요한 특징은 철저하게 영적인 차원과 용어들로 정의되고 있다는 것과 그리스도에로의 회심, 그리고 세상이 아닌 교회가 그 주된 초점이 되고 있다는 사실이다. 그런 면에서 후천년설을 신봉하는 자들에게서 발견되는 사회개혁과 과학과 문명의 진보에 대한 긍정적인 소망, 미국의 신적 사명에 대한 확신이 핫지에게서는 분명하게 발견되고 있지 않다.

천년왕국의 비(非) 중심성

핫지의 종말 사상에서는 천년왕국이 중심적이지 않다. 그가 마지막 영광의 시대와 천년왕국을 연결시킨 것은 사실이지만, 천년왕국이라는 용어나 개념을 그다지 강조하지 않았다. 그의 대표적인 저서인 『조직신학』의 종말론을 언급하는 부분에서도 하나의 독립된 장으로 천년왕국을 다루고 있지 않을 뿐만 아니라, 그 사용 빈도수도 매우 희귀한 것을 확인할 수 있다. 다시 말하면 핫지의 종말론의 입장에 있어서 요한계시록에 언급된 "천년왕국"은 주요한 요인이 아니었다. 이러한 사실은 초기의 구 프린스턴 신학자들의 종말 사상에는 계시록의 중요성이 반영되어 있지 않음을 반증하고 있다. 물론 20세기 초반에 이르게 되면 세대주의의 영향으로 계시록에 대한 관심과 열기가 증대되었지만 19세기에는 예언서와 계시록에 대한 비중이 약했음을 알 수 있다.

이런 면에서 핫지의 후천년설 견해를 형성하는 데에 요한계시록의 비중보다는 종말론에 관하여 보다 명확한 성경의 다른 부분들이 중요하게 작용했다는 사실을 부인할 수 없다. 핫지를 비롯한 초기의 프린스턴 신학자들에게는 성경 전체에 대한 권위를 인정하면서도, 해석하기에 난해한 예언서를 이해하는 데에 적지 않은 긴장이 존재하였다. 이러한 해석학적 긴장을 해결하는 원리로서 요한계시록을 다른 성경의 내용과 주요한 교리적 체계에 종속시켰음을 알 수 있다.73)

예언서 해석원리들과의 상관성

핫지의 종말 사상은 그의 성경해석, 특히 예언서 해석원리들과 상관이 있다는 사실은 분명하다. 그는 성경이 하나님의 영감으로 유기적이고 완전하게 기록된 정확무오한 말씀임을 전제하였고, 이러한 성경관은 그의 신학과 해석학에 지속적으로 반영되어 있다. 그런데 투레틴의 신학적 영향을 받았음에도 불구하고, 핫지를 비롯한 구 프린스턴 신학자들은 성경의 예언서들과 계시록을 해석하는 데에는 분명한 차이가 있었다. 성경의 궁극적인 권위를 인정함에도 불구하고 성경의 예언을 해석하는 과정에는 신학적 특성과 문화적 배경이 무시할 수 없는 영향임을 부인할 수 없다. 투레틴과 핫지도 성경의 영감에 대한 입장이 같으면서도, 종말론에 대해서는 현격한 차이가 존재하였다. 이러한 배후에는 그들의 다양한 상황, 개인적인 기질 등이 복합적으로 작용하였음을 배제할 수 없다.74) 그런 면에서 핫지의 예언서를 해석하는 원리들을 고려해볼 필요가 있다.

핫지에 의하면, 예언서는 미래에 대한 구체적인 지식을 제공하기보다는, 역사가 과거에 대해 설명하는 것과 비슷한 역할을 한다.75)

---

73) John Wheeler Auxier, "Princetonian Eschatology 1812-1878," 66.
74) Earl William Kennedy, "From Pessminism to Optimism," 115. 핫지의 성경해석원리에 대해서 다음을 참조하라. Hodge, *Systematic Theology* 1: 187-188; David H. Kelsey, "Charles Hodge as Interpreter of Scripture," in *Charles Hodge Revisited*, 217-245.
75) Hodge, *Systematic Theology* 3: 790.

그에게 아직 성취되지 않은 예언의 가치는 미래에 일어날 사건들을 예언하는 데에 있는 것이 아니라, 기독교인의 믿음을 보존케 하는 능력에 있다고 하였다. 또한 핫지는 예언서가 내재적으로 지니고 있는 모호성 때문에, 그 신학적 우선성을 성경의 나머지 부분보다 낮게 간주하였고, 성취되기까지 예언서는 특성상 명확하게 해석할 수 없음을 인정해야 한다고 주장했다.[76] 이러한 입장을 취하면서, 핫지는 아직 성취되지 않은 예언들을 해석하는 데에 있어서 대체적으로 다섯 가지의 원리들을 적용하였다.[77]

첫째 원리는 성취되지 않은 예언은 이미 성취된 예언의 방식과 조화를 이루며 설명되어야 한다는 것이다. 다른 말로 한다면, 문자적이 아닌 영적으로 주로 해석되어야 한다는 입장이다. 핫지에게 요한계시록을 포함하여 성취되지 않은 예언을 해석하는 데에 모델이 된 것은 바로 성취된 구약예언에 대한 신약의 영적 해석이었다.

예언서를 이해하는 데 있어서 둘째 원리는 모든 시대를 염두에 둔 예언서의 의도를 파악하는 것이다. 핫지는 예언서의 주된 의도가 역사적 사건에 적용시키거나 미래에 이루어질 일을 예견하는 것이 아닌, 기독교인들에게 신앙을 유지하고 소망을 불러일으키기 위한 것이라고 주장하였다.

세 번째 원리는 예언적인 상징들은 단지 하나의 기본적인 의미를 지니고 있으며, 그러한 상징들을 임의로 동일시해서는 안 된다는 입장을 피력하였다. 네 번째 원리는 아직 성취되지 않은 예언에는 성경의 다른 부분과 동일한 해석상의 우선성을 부여할 수 없다는 것이

---

76) John Wheeler Auxier, "Princetonian Eschatology 1812-1878," 54-55.
77) 이 원리들은 찰스 핫지가 J. B. Ramsey의 *Spiritual Kingdom*에 쓴 서문과 *Systematic Theology* 3: 790-791에서 발견할 수 있다.

다. 즉 "성경의 교리적 입장이 예언서들을 해석하는 조절적 기능을 지녀야 한다"는 것이 핫지의 견해이다.[78] 이러한 원리는 성경 전체의 지속성과 명료성을 고려해볼 때, 성경의 교리적 입장이 예언서를 이해하는 데에 일종의 해석적 틀이 될 뿐만 아니라, 우선순위를 점유해야 한다는 것이다.

마지막으로 예언서를 해석하는 다섯 번째 원리는 문자적이든 비유적이든 지속적이며 고정된 해석학적 입장에 따라 이루어져 한다는 것이다. 핫지에게 있어서 예언서를 이해하고 해석하는 데에 중요한 것은 "해석학적 우선순위라는 개념"이었다. 또한 그리스도의 재림 이전에 일어날 사건들에 대한 낙관적인 그의 견해가 예언서를 해석하는 주요한 요인으로 작용하였음을 부인할 수 없다.[79]

Ⅳ. 핫지의 후천년설에 대한 재고찰

프린스턴의 구학파 신학, 요한계시록, 그리고 후천년설

프린스턴 신학교가 지향했던 구학파 신학의 특성들이 핫지의 종말 사상에도 적지 않은 영향을 미쳤다. 즉 문화와 문화의 업적에 대한 다소 비관적인 평가, 교회와 국가의 분리개념에 대한 확고한 입장, 그리고 기독교 신앙에 있어서 도덕적 활동보다는 바른 교리에 대한

---

78) 찰스 핫지, "서문," in Ramsey, *Spiritual Kingdom*, xxix; Joe L. Coker, "The Dispensationalist/Princetonian 'Alliance,'" 48.

79) John Wheeler Auxier, "Princetonian Eschatology 1812-1878," 60; Joe L. Coker, "The Dispensationalist/Princetonian 'Alliance,'" 52-53.

우월적 강조 등이 핫지를 비롯한 구 프린스턴 신학자들의 종말론에도 반영되어 있다. 이러한 신학적 입장 때문에 사회개혁이나 문화변혁을 통한 천년왕국 건설이라는 과제에는 소극적이었고, 대신 선교에 대한 열정으로 이어졌다고 볼 수 있다. 그들은 한편으로 전천년설의 견해에 대응하면서, 자신들의 후천년설적 견해를 이렇게 마지막 날의 영광을 선교와 연결시키며, 자신들의 교리적 입장에 충실하면서도 당시 시대적 상황과 적절하게 조우시켜 나갔다.[80] 19세기 프린스턴 신학자들의 후천년설은 당시에 영향력을 발휘하고 있었던 종말 신앙을 견지하면서도 자신들의 보수적인 교리적 입장과도 배치되지 않는 차원에서 형성되었다고 볼 수 있다. 이러한 신학적 적응을 긍정적으로 평가할 수도 있지만, 핫지가 투레틴의 정통주의 개혁신학으로부터 벗어난 배후에는 그가 기독교 교리의 역사적 발전에 대해 충분히 주목하지 않은 면을 지적할 수 있을 것이다.[81]

후천년설은 교회를 통해 기독교가 세상을 다스리는 다가올 영광스러운 시기를 요한계시록 20장에 언급되어 있는 천년왕국으로 간주하여 그 소망과 확신을 매우 중요시한다. 그런데 프린스턴 신학자들의 후천년설 견해를 고찰해보면 요한계시록이나 천년왕국이 중요한 위치를 차지하고 있지 않다는 점이 주목된다.[82] 아치발드 알렉산더도 후천년설을 신봉하고 온 세상이 하나님께로 돌아오고 마지막 영

---

80) John Wheeler Auxier, "Princetonian Eschatology 1812-1878," 70-71; George Marsden, *Fundamentalism and American Culture*, 136; John W. Stewart, "Mediating the Center: Charles Hodge on American Science, Language, Literature, and Politics, 2-3.
81) Kennedy는 다음과 같이 언급하고 있다: "Hodge's apparent ignorance of his significant departures from the older Reformed orthodoxy as represented by Turretin suggests that Hodge had a 'tin ear' with regard to historical development." Earl William Kennedy, "From Pessimism to Optimism," 116.
82) James Moorhead, "The Erosion of Postmillennialism in American Religious Thought, 1865-1925," 62.

광의 시대가 도래할 것을 확신했지만, 그 기간을 "천년왕국"이라고 명명하지 않았다. 그의 천년왕국에 대한 불가지론은 해석하기에 매우 난해하다고 간주했던 요한계시록에 대한 회의적인 태도에서 비롯되었다고 볼 수 있다. 알렉산더는 계시록에 대해 다음과 같은 언급을 남겼다.

> 수많은 탁월한 학자들이 요한계시록을 오랫동안 연구하고 해석해왔지만, 주석 상에는 폭넓은 다양성이 존재한다는 사실을 감안해볼 때, 우리는 그렇게 중요한 교리를 형성하는 데에 특정적인 한 구절을 문자적으로 해석하는 것이 과연 현명한지 자문해보지 않을 수 없다.[83]

핫지도 알렉산더와 마찬가지로 기독교의 승리의 시대가 오리라고 확신하고 있었지만, 그것을 천년왕국으로 동일시하지는 않았다. 그의 『조직신학』 저서에서 종말론을 논의하는 데에 요한계시록은 부차적으로 사용되고 있고, "천년왕국"이라는 용어도 최소한도로 언급되고 있을 뿐이다. 이렇게 종말론을 논하는 데에 요한계시록을 상대적으로 낮게 인용하고 있는 배후에는 프린스턴 신학자들의 전천년설주의자들의 과도한 관심과는 매우 대조되는 현상이 아닐 수 없다. 물론 핫지도 전천년주의자들의 성경의 예언서들에 대한 지나친 집착에 대해서는 비판적인 입장을 취한 것은 사실이지만, 후천년설주의자들이 예언서들을 경시하는 풍조에 대해서 동조한 것은 아니었다.[84] 그럼에도 불구하고 핫지를 비롯한 프린스턴 신학자들은 성경 전체에 대한 정

---

83) Biblical *Repertory and Princeton Review* 19 (January 1847): 120. John Wheeler Auxier, "Princetonian Eschatology 1812-1878," 73에서 재인용.

경적 위치와 권위를 인정하면서도, 예언서와 묵시록적 기록에 대해서 조심스러운 입장을 취했다.[85] 이러한 결과, 종말론에 있어서 계시록의 중요성을 상대적으로 약화시킨 것은 부인할 수 없는 사실이다.

그렇다면, 이러한 요인이 1865년 이후에 미국에서 후천년설이 퇴조하는 것과 무슨 연관성이 있는지를 고찰할 필요가 있다. 또한 요한계시록을 종말론에 있어서 중요하게 부각시키지 않은 프린스턴 신학자들과 전천년설을 신봉하는 자들의 해석학 사이에 갈등을 야기시키는 주요한 원인이 되지는 않았는지를 규명할 필요성이 대두된다.[86] 제임스 무어헤드(James Moorhead)는 후천년설이야말로 점진적인 진보라는 개념과 묵시적인 요소가 불완전하게 결합된 견해이며 결국은 신학적인 보수나 진보 진영으로부터 경원시되었다고 주장한다.[87] 이러한 배후에는 남북전쟁을 거치면서 더욱 강화되었으며, 19세기 말과 20세기 초에 이르게 되면 후천년설은 상당히 약화되는 반면에 전천년설, 특히 세대주의적 전천년설이 확고하게 부상하게 되었다. 진화론을 비

---

84) John Wheeler Auxier, "Princetonian Eschatology 1812-1878," 74-75. 핫지는 그의 『조직신학』에서 종말론을 언급하면서 예언서들과 시편, 복음서에 기록된 하나님 나라에 관련된 구절들, 그리고 로마서 11장들을 비롯한 성경구절들을 인용하고 있지만 요한계시록에 대한 언급은 매우 희박한 것이 사실이다. Hodge, Systematic Theology 3: 800-807, 855-859.

85) James H. Moorhead, *World without End: Mainstream American Protestant Visions of the Last Things, 1880-1925* (Bloomington and Indianapolis: Indiana University Press, 1999), 22.

86) John Wheeler Auxier, "Princetonian Eschatology 1812-1878," 76. 20세기 초에 이르면 후천년설은 현저하게 그 영향력이 약화된다. 이러한 퇴조에 대한 연구는 다음의 글들을 참조하라. James H. Moorhead, "Erosion of Postmillennialism in American Religious Thought, 1865-1925," 61-77; idem, "Between Progress and the Apocalypse: A Reassessment of Millennialism in American Religious Thought, 1800-1880," *Journal of American History* 71 (December 1984): 22-35; Jean Quandt, "Religion and Social Thought: The Secularization of Postmillennialism," *American Quarterly* 25 (May 1973): 390-409; William R. Hutchison, *The Modernist Impulse in American Protestantism* (Cambridge: Harvard University Press, 1976), 99-100; George Marsden, *Fundamentalism and American Culture*, 141-195.

87) James H. Moorhead, "Erosion of Postmillennialism in American Religious Thought, 1865-1925," 62.

롯한 현대사조의 거센 도전 속에서 구 프린스턴 신학자들과 세대주의자들 간에는 일종의 "편의상 결혼관계"(marriage de convenance)가 성립되기도 했지만, 결국은 파국으로 끝나고 말았다.88)

전천년설주의자들은 후천년설주의자들보다 요한계시록을 보다 중요하게 인식하고, 그들의 종말론에 연결시키면서 영향력을 확장시켜 나갔는데, 이러한 특성은 당시에 불어닥쳤던 고등성경비판을 주장하는 현대주의자들과의 논쟁이 격화되는 가운데 복음주의자들의 입장과 부합되면서 적지 않은 호응을 얻게 되었다.89)

핫지 이후: 프린스턴의 후천년설에서 웨스트민스터의 무천년설로

후천년설은 신대륙에 청교도들이 이주할 때부터 제1차 세계대전이 발발하는 시기까지 미국의 복음주의자들에게 상당한 영향력을 발휘했던 종말론이었다. 19세기 말과 20세기 초를 거치면서, 미국 교회의 종말론적 성향은 여러 가지 면에서 격변했음은 주지의 사실이다. 그런 면에서 구 프린스턴 신학자들의 종말론적 입장을 고찰해 보면 이러한 변화의 단면도를 반영하고 있음을 부인할 수 없다. 1929년 프린스턴 신학교의 재개편에 항의하여 그레삼 메이천(J. Gresham Machen,

---

88) Paul Kemeny, "Princeton and the Premillennialsts: The Roots of the *marriage de convenance*," 17-30. 말스덴은 이렇게 파국으로 끝난 대표적인 역사적 사건으로 1937년의 정통장로교회와 성경장로교회의 분열을 지목하였다. George M. Marsden, "Perspectives on the Division of 1937," in *Pressing Toward the Mark: Essays Commemorating Fifty Years of the Orthodox Presbyterian Church*, eds. Charles G. Dennison and Richard C. Gamble (Philadephia: Committee for the Historian of the Orthodox Presbyterian Church, 1986), 295-328.

89) Timothy P. Weber, *Living in the Shadow of the Second Coming: American Premillennialism, 1875-1982* (Grand Rapids: Zondervan, 1983).

1881-1937)을 비롯한 여러 명의 교수진과 학생들은 필라델피아에 구 프린스턴의 신학적 입장을 계승하기 위해 웨스트민스터 신학교를 세우게 된다.

초기 웨스트민스터 교수진들의 종말론을 일괄해보면, 메이첸과 구약학 교수였던 로버트 윌슨(Robert Dick Wilson, 1856-1930)은 강력한 후천년설 신봉자들이었고, 조직신학자였던 존 머레이(John Murray)도 적어도 그의 생애 후반에는 후천년설을 선호한 것으로 알려져 있다.[90] 칼 맥킨타이어(Carl MacIntire)는 (세대주의적) 전천년설을 신봉하고 있었으며, 오스왈드 엘리스(Oswald T. Allis, 1880-1973)와 코넬리우스 반틸(Cornelius Van Til, 1895-1987)은 무천년설의 입장을 따르고 있었다. 1930년과 1937년에 윌슨과 메이첸이 세상을 떠나고, 1939년에는 맥킨타이어가 성경장로교단(Bible Presbyterian Church)을 세워 결별함으로, 웨스트민스터 신학교의 종말론적 입장은 무천년설이 우세한 입장으로 자리매김을 하였고, 미국 복음주의 내의 후천년설의 영향력은 현저하게 약화되었다. 물론 그 이면에는 두 차례에 걸친 세계대전의 여파와 후천년설과 사회복음과의 연관성도 주요한 요인으로 작용하였다.[91]

구 프린스턴 신학을 계승하기 위하여 세워진 웨스트민스터 신학교와 미국 장로교회(the Presbyterian Church of America) 및 정통 장로교회(the Orthodox Presbyterian Church)는 "종말론적 자유"를 유지하려고 노력했지만, 결국 세대주의적 전천년설의 입장은 철저한 개혁주의적 입장과

---

[90] John M. Frame, "Machen's Warrior Children," in Alister E. McGrath &Evangelical Theology, ed. Sung Wook Chung (Cumbria, UK: Paternoster, 2003), 113-117.

[91] Dennis M. Swanson, "Theonomic Postmillennialism: A Continuation of the Princeton Tradition?" 21-22, 25. 후천년설은 현재 신정주의자들(Theonomists)에 의해 계승되고 있다. 이 부분에 대한 논의는 스완슨의 논문 pp. 23-33을 참조하라.

는 양립할 수 없음을 인식하였다. 그런 면에서 웨스트민스터의 종말론적 입장을 무천년설로만 국한할 수는 없지만, 투레틴의 개혁신학적 전통으로 근접했다고 할 수 있다. 그런 면에서 핫지의 후천년설은 19세기의 시대적 상황에 적합하게 적응된 종말론적 견해라고 간주할 수 있다.

V. 나가는 말

전술한 바와 같이, 후천년설을 신봉하는 자들간에 다양한 견해가 존재하고 있음이 확인되었다. 후천년설을 따르는 자들에게 공통적으로 발견되는 사회개혁적이고 국가적 신앙을 토대로 한 특성보다는, 상당히 영적이고 전도와 선교에 역점을 두는 특징이 핫지에게서 발견되었다. 핫지는 프란시스 투레틴의 지대한 신학적 영향을 받으면서도 종말론에 있어서는 나름대로의 견해를 확립하였다. 그의 종말론 형성에는 성경해석학의 원리도 매우 중요하게 작용했지만, 시대적 상황도 역시 무시할 수 없는 요인임을 알 수 있다.[92] 천년왕국에 대한 견해도 교회의 전(全) 역사를 통해 지속적으로 영향력을 발휘해왔지만, 구체적인 특징들은 시대적 여건과 계시록을 비롯한 성경의 예언서들에 대한 해석학적 원리들에 의해 다양하게 형성되었다.

또한 핫지의 종말론을 재고찰하면서 질문을 던질 수 있는 문제가 바로 전천년설, 후천년설 그리고 무천년설로 구분하여 종말론을 이

---

[92] John W. Stewart, "Mediating the Center: Charles Hodge on American Science, Language, Literature, and Politics," 10-11.

해하고 논의하는 것이 과연 미래에 대한 "성경적인" 견해를 도출할 수 있는지의 여부이다. 이와 함께 "천년왕국"이라는 종말론적 잣대가 역사적 상황과 밀접하게 관련되면서 다양하게 표출될 뿐만 아니라, 나뉘어지는 것이 과연 합당한지를 자문해보면서, 좀 더 성경적이고 포괄적인 종말론적 교리의 발전이 이루어져야 함을 절감하게 된다.

07

찰스 핫지의
기독교와 과학의 관계

장동민 교수
(백석대학교, 역사신학)

Ⅰ. 서 론
Ⅱ. 본 론
    과학(Science)과 신학(Theology)
    사실(Facts)과 이론(Theories)
    이성(Reason)과 계시(Revelation)
Ⅲ. 결 론 : 포스트모던 사회에서의 핫지 과학론의 유산

찰스 핫지의 기독교와 과학의 관계

I. 서 론

    찰스 핫지(Charles Hodge, 1797-1878)는 19세기 미국 개혁주의 신학을 이끌던 프린스턴 신학을 완성시킨 신학자이다. 한편에서는 성경비평과 진화론, 여러 종류의 반유신론의 공격을 막아내며, 감정을 중시하는 부흥운동에 대하여 개혁주의 신학의 전통을 견고하게 지켰다. 찰스 핫지는 신학자이면서 과학을 좋아하였다. 아버지와 형이 의사였고 그들의 뒤를 따라 의학을 공부하기 위하여 프린스턴 대학에 들어갔다. 졸업 후 과학 대신 신학을 전공하였지만, 신학교를 마친 후 한 해 겨울 동안 펜실베이니아 대학(University of Pennsylvania)에서 해부학과 생리학 강의를 들었다. 핫지의 아내인 바치(Sarah Bache)는 벤자민 플랭클린의 증손녀이며 그 사촌은 미국에서 가장 권위 있는 과학자 중의 한 사람이었다. 핫지는 유럽에서 3년간 신학을 공부할 때도 유럽의 저명한 과학자들을 만나고 대화하기를 좋아하였다. 미국에 돌아와서 프린스턴에서 강의하면서 물리학, 생물학, 화학, 수학, 기상학 등에 관심을 가지고 연구하였다. 핫지는 오랫 동안 프린스턴 신학교에서 발행하는 신학학술지인 The Biblical Repertory and Princeton Review의 편집장을 맡았는데, 이 잡지는 단순히 신학논문만을 게재한 것이 아니라, 모든 종류의 과학논문을 실었다. 약 20% 정도의 논문이 과학과 관련된 것이라고 한다.[1]

핫지가 이렇게 과학에 대하여 관심이 많았던 이유는 첫째로는 과학자들의 신학에의 도전에 대한 변증적인 응전이었을 것이다. 19세기 들어 과학의 발달이 가속화되고 그 성과물이 모든 산업과 사상을 지배하게 되었을 때, 이를 감지하고 대응하는 것은 신학자의 업무 가운데 하나였을 것이다. 결국 신학을 한다는 것은 당대의 주도적인 사상과 대화하는 것이기 때문이다. 핫지가 과학에 관심을 가진 둘째의 그리고 더욱더 중요한 이유는 과학을 통하여 성경이 더 밝히 해석될 수 있다는 믿음 때문이었다. 신학과 과학이 올바른 관계를 맺으면 서로에게 유익이 된다. 과학은 신학으로부터 목적(telos)과 질서를 부여받게 될 것이요, 신학은 성경을 더 잘 해석할 수 있도록 도움을 받을 것이기 때문이다. 신학과 과학은 "하늘의 쌍둥이 딸"(the twin daughters of heaven)이다.[2]

많은 사람들은 핫지가 살고 활동하던 시대의 과학과 오늘날의 과학이 그 기본적인 정의와 개념에서 너무 차이가 있기 때문에 핫지의

---

[1] Ronald Numbers, "Charles Hodge and the Beauties and Deformities of Science," J. W. Steward and J. H. Moorhead eds. *Charles Hodge Revisited: A Critical Appraisal of His Life and Work* (Grand Rapids: Eerdmans, 2002), 77-79.

[2] Bradley John Gundlach, "The Evolution Question at Princeton, 1845~1929," Ph. H. dissertation, University of Rochester, 43.

신학과 과학을 연구해야 할 필요성을 별로 느끼지 못한다. 소위 스코틀랜드 상식철학(Scottish common sense philosophy)에 근거한 과학과 신학관을 가지고 학문을 하였기 때문에, 포스트모던 시대를 사는 우리의 시대정신에 맞지 않는다고 한다. 본 연구를 통하여 핫지의 과학에 대한 생각을 탐구하며, 그가 견지하려고 했던 개혁주의적 과학관이 어떤 것인지 살펴볼 것이다. 필자는 핫지가 우리 시대를 향하여 던져주는 메시지가 있다고 믿는다.

II. 본 론

과학(Science)과 신학(Theology)

잘 알려진 핫지의 신학의 정의(定義)부터 시작하도록 하자. 핫지는 신학이 성경에 여기저기 흩어져 있는 지식(knowledge) 혹은 사실(fact)들을 "수집하고, 입증하고, 정리하여 서로의 내적 연관을 드러주는 작업"이라고 하였다. 마치 자연과학자들이 자연에 흩어져 있는 지식과 사실을 수집하고 연관시켜 법칙을 만드는 것과 같은 작업이다. "과학의 목적이 외적 세계의 사실들을 정리하고 조직화함으로 자연법칙을 확인하는 것이라면, 신학의 목적은 성경의 사실들을 조직화하고 그 사실들과 관련된 원리와 일반적 진리들을 확인하는 것이다."[3]

이렇게 정의해 놓고 보면 과학과 신학이 완전히 다른 영역을 연

---
3) Charles Hodge, *Systematic Theology vol. I* (Grand Rapids: Eerdmans, 1989), 18. (이후로는 ST I 혹은 ST II 등으로 쓴다.)

구하는 것처럼 보인다. 과학자들의 연구 대상은 자연이고 신학자의 연구 대상은 성경이라는 것이다. 그러나 자세히 살펴보면 핫지는 과학과 신학의 영역을 완전히 구분하지 않았다. 신학의 대상은 성경이지만 성경이 자연과 또한 자연의 일부인 인간에 대하여 기술하고 있기 때문이다. 핫지는 신학의 대상에 대하여 논하면서 몇 가지 오류를 지적한다. 어떤 사람은 신학을 "하나님에 대한 학문"이라고 하는데, 이는 신학을 너무 좁게 정의한 것이다. 신학의 대상은 인간과 구원과 교회와 같은 것들도 되기 때문이다. 어떤 사람은 신학을 "초자연적인 것에 대한 연구"라고 규정하는데, 그렇게 된다면 신학은 성령론에 국한될 것이며, 인간은 자연과 초자연을 다 가지고 있음으로 신학에서 제외될 것이다. 어떤 이들은 신학을 "종교의 과학"이라고 정의하는데, '종교'라는 단어가 매우 모호한 말이고, 더욱이 성경이 반드시 종교의 텍스트가 될 필요도 없다.[4] 신학의 내용은 일차적으로는 하나님이며, 그의 피조물이며 죄인인 우리와 하나님의 관계요, 하나님이 베푸신 구원이다.[5] 그러나 하나님과 구원에 관한 지식은 자연과도 깊은 관계를 맺고 있다. 자연이 과학의 대상만이 아니라, 신학의 대상도 된다는 말이다. 과학의 대상은 일차적으로 자연이지만 자연 속에서도 하나님의 영광이 나타나 있으므로 자연도 신학의 연구 대상이다. 또한 반대로 과학의 대상은 신학의 대상과도 겹친다. 즉 성경에 흩어져 있는 데이터들도 우리의 감각을 통하여 들어오는 데이터 못지않게 과학의 대상이 될 수 있다고 말한다.

핫지는 다윈과 헥켈 같은 과학자들이 과학의 대상을 자연의 현

---

4) ST I, 19-21.
5) ST I, 21.

상에만 국한시키는 것을 반대한다. 그는 독일어 단어 Wissenschaft가 단지 외적 세계만을 탐구의 대상으로 삼는 것이 아니라 초월적인 것까지를 탐구하는 것으로 쓰인다고 지적하면서, 자연뿐 아니라 정신, 도덕, 사회 현상 등도 과학적 연구의 대상이 된다고 정의한다.[6] 물론 자연과학의 대상과 신학의 주된 데이터 창고는 서로 다르다. 또한 자연과학의 목표는 자연현상을 해명하고 법칙을 만드는 것이고 신학의 목표는 하나님의 구원을 다루는 것이다. 그러나 이 둘은 배타적인 것이 아니다. 세상은 하나이고 그 세상의 창조주도 한 분이시며 따라서 진리는 서로 통하는 것이기 때문에 그러하다.[7] 모든 진리들은 서로 연결되어 있다.[8]

핫지의 과학과 종교 간의 관계를 잘 보여주는 논쟁이 있다.[9] 핫

---

[6] Charles Hodge, What Is Darwinism? And Other Writings on Science and Religion, M. A. Noll and D.N. Livingstone eds. (Grand Rapids: Baker, 1994), 130. (이후로는 What Is Darwinism? 으로 쓴다.)

[7] 성경계시가 아닌 이성을 통하여 자연을 신학적으로 고찰하려는 노력을 가리켜 "자연신학"(Natural Theology)이라고 부른다. 핫지는 자연신학에 대하여 완전히 개혁주의 전통 위에 서 있다. 자연을 통하여 하나님을 알 수 있지만, 충분히 알 수 없기 때문에 성경이 필요하다고 말한다(ST I, 19-21). 자연은 스스로 움직이는 것으로서 하나님에 대하여 말하지 않고 있으며 하나님에 관하여 말하는 종교적인 진리는 외적인 증명이 필요 없는 직관(intuition)으로 알 수 있다고 하는데 대하여, 핫지는 그렇지 않다고 반박한다. "하나님의 존재뿐 아니라 하나님의 영원하신 능력이 그의 작품 속에 나타나서 자연신학을 위한 견고한 토대가 된다는 것은 의심할 바 없는 사실이다"(ST I 25). 물론 개혁주의 전통 위에 서 있는 핫지가 자연신학을 통하여 구원의 진리를 알 수 있다고 주장하지는 않는다.

[8] 신학적 진리와 과학적 진리가 서로 모순되지 않을 뿐 아니라, 신학과 철학도 서로 깊은 관련을 맺고 있다. 철학은 인간이 가질 수 있는 모든 지식을 대상으로 삼는다. 영적인 영역을 다루는 것은 마음의 철학, 물질적인 부분을 다루는 것을 자연철학이라고 말할 수 있을 것이다. 신학과 철학은 공히 "하나님, 인간, 세상, 하나님과 피조물의 관계" 등 모든 부분을 함께 다룬다. 이들은 같은 진리를 추구하지만 철학은 사변과 추론과 같은 인간의 지적 능력을 통하여 추구하고 신학은 성경의 권위에 의존하여 사고한다. 철학이 감각과 추론에 의존한다 하더라도 성경과 어긋나지는 않을 것이다. 하나님이 모든 것의 근원이기 때문에 성경은 과학이나 철학과 모순되지 않기 때문이다(ST I, 56).

[9] 이 논쟁에 대하여는 What Is Darwinism? 51-56과 Ronald L. Numbers, "Charles Hodge and the Beauties and Deformities of Science," J. W. Steward and J. H. Moorhead eds., Charles Hodge Revisited: A Critical Appraisal of His Life and Work (Grand Rapids: Eerdmans, 2002), 81-83을 참고하라. 인용구들은 모두 이 두 자료에서 재인용하였다.

지는 오랫 동안 The Biblical Repertory and Princeton Review라는 학술지의 편집장으로서 그 내용을 책임져왔다. 1863년 성직자이면서 사업가인 조셉 클락(Joseph Clark)이라는 사람이, 그 학술지에 "과학의 회의"(Skepticism of Science) 라는 글을 기고하였다. 그는 그 글에서 현대과학의 기독교에 대한 공격을 경고하며, 성경의 무오성을 파괴하려는 현대과학의 무차별적 공격으로부터 교회가 자신을 지킬 것을 호소하였다. 그런데 그가 제시한 방법은 과학이 전파되는 것을 막으라는 것이 아니라, 거짓된 과학과 참된 과학을 구별하라는 것이었다. 그리고 그렇게 하기 위하여 "[과학자들이] 과학의 제 분야에서 정당한 방법을 사용하여 조사와 연구를 할 수 있도록 최대한의 자유를 허용하라"고 주문하였다. 과학과 종교의 긴장은 사실에 근거했다기보다는 그저 그렇게 보일 뿐이기 때문이라는 것이다.

이러한 클락의 글에 대하여 New York Observer라는 장로교 잡지의 편집장은 매우 격앙된 논조로 클락의 주장을 반박하였다. 그는 "성경과 과학"(Scripture and Science)이라는 글을 통하여, 과학과 종교에 관한 이런 식의 해법은 과학을 계시보다 높이는 것이라고 지적하였다. 이런 식으로 성경을 낮추고 과학을 높인다면, 결국 "과학이 길을 인도하고 성경이 뒤따르게" 될 것이며, "모세와 바울에 대한 믿음이 훔볼트(Humboldt)와 애거시(Agassiz)에게 그 자리를 내어주는" 결과를 낳게 된다고 주장하였다.

New York Observer의 주장을 읽자마자 핫지는 과학과 종교의 관계에 대한 프린스턴의 입장을 정리한 글, "과학에서의 성경"(The Bible in Science)을 동 잡지에 기고하였다. 프린스턴과 자신이 편집장으로 있는 The Biblical Repertory and Princeton Review는 이제껏 "성경의 저자가 말하는 것은 모두 성령의 말로 이해할 정도로 성경의 완전한 영감을 주장하여왔다"고 말한다. 즉 성경은 "교리와 윤리와 사실들에 있어서나, 역사적, 지리적, 지질학적, 천문학적 사실들에 관하여 오류가 없다"는 것이다. 그런데 하나님은 성경을 통해서뿐 아니라 과학을 통해서도 계시하시기 때문에 성경은 과학에 의하여 해석되어야 한다. 과학적 사실은 자연에 관한 진리이고 진리는 하나님에게서부터 나온 것이기 때문이다. "성경이 과학과 모순된다고 말하는 것은 성경이 사실과 모순된다고 말하는 것이요, 이는 다시 성경이 오류를 가르친다는 것을 의미하고, 따라서 하나님의 말씀이 아니라는 것"이다. 예를 들어 16, 17세기에 지동설이 사실로 확인된 후에 성경을 읽을 때는 지동설을 사실로 인정하고 읽어야 한다. 때로 과학이 발견한 사실들과 신학에서 주장하는 교리들이 서로 모순을 일으키는 것처럼 보일 때도 있을 것이다. 그러나 이는 뒤에서 자세히 살펴보겠지만 '사실'(fact)과 '이론'(theory)을 혼동한 것일 뿐, 이 둘 사이에 모순은 없다.

  핫지의 학문적 저작의 거의 마지막에 해당되는 『다위니즘이란 무엇인가?』(1873년)에서 핫지는 다위니즘을 무신론으로 정의한다. 그 이유가 여럿 있지만, 그 중에 중요한 것이 바로 진화론을 주장하는 과학자들이 신학과 과학을 분리시키고 있다는 것이다. 다윈이 진화론을 발표할 당시는 이미 과학의 개념이 분화(分化)되기 시작하는 시점이었다. 과학이 분과로 나누어져서 연구되며, 과학들간에 종합을 이루려 하기보다는 각자 자신의 과학을 과학적 추구의 정점에 놓으려고 하였다. 그리고 모든 과학적 탐구에서 윤리와 종교 같은 것은 배제하려 하였다. 다윈은 자연이 무계획하지 않은 것처럼 보이는 것에 대하여 하나님의 디자인일 수 있다고 인정하였지만, 이를 과학이라고 부를 수는 없다고 하였다. 헥켈은 과학의 대상이 되는 질료가 하나님의 창조에 의하여 된 것이라고 믿는 것까지는 좋으나, 이를 과학이라 부를 수 없다고 잘라 말했다. 창조주의 디자인에 의하여 세상이 생겨난 것을, '신앙'(faith)이라고 부를 수 있는데, 신앙은 상상력에 기초한 것일 뿐 과학적 토대를 가지지 못한다고 말하였다.

이들의 주장은 소위 "방법론적 자연주의"(methodological naturalism)라고 하는 것이다. 과학은 초자연적인 하나님이 존재한다 안 한다 말할 수 없으므로 여기에 대하여는 입을 다물고, 대신 자연에 나타난 것들에 대하여만 탐구한다는 주장이다.[10] 핫지는 이러한 방법론적 자연주의가 결국 하나님을 우리의 삶에서 배제시키는 형이상학적 자연주의로 나아가게 될 것을 우려하고 있다. 영국의 경험론자들이 자연주의적 방법을 택한 것과는 달리, 핫지는 경험론자의 과학이나 이성관을 빌려 쓰면서도 자연과 초자연의 경계를 이런 식으로 구분하는 것에 대하여 강한 반대를 나타내고 있다. 핫지에 따르면, 이렇게 점차 과학자들이 신학과의 대화를 거부하고 과학적 법칙에만 의존한 것을 "문제의 가장 중요한 근원"(the main root of the trouble)이라고 말한다.[11]

사실 진화론을 주장하는 당시의 과학자들은 방법론적 자연주의를 넘어서고 있었다. 이들은 과학 이외의 것들, 형이상학이나 신학과 같은 학문에 대하여 이를 학문으로 인정하지 않는다. 핫지에 의하면,

---

10) 방법론적 자연주의와 이에 대한 기독교인의 태도에 관하여는 Ronald L. Numbers, "Science without God: Natural Laws and Christian Beliefs." David C. Lindberg and Ronald L. Numbers eds., *When Science and Christianity Meet* (Chicago: University of Chicago Press, 2003)를 참고할 것. 또한 방법론적 자연주의가 사실상 불가능하다는 개혁주의 주장에 관하여는, Alvin Plantinga, "Methodological Neutralism?" www.arn.org 를 참고하라.

11) What Is Darwinism? 129-132.

최근의 과학자들은 "과학적 증거라고 일컬어지는 감각기관으로 들어온 증거 외에는 낮게 평가하는 강한 편견을 가진" 사람들이며, 결국은 하나님과 지성은 물론 자기 자신도 부인하는 데 이를 것이라 한다. 이들은 자기들만의 세계를 구축하고 종교나 형이상학에 대하여 말하려 하면 이들을 "마음이 좁고, 고지불통이며, 늙은 여인과 같은 성경을 숭배하는 사람"이라고 낙인찍어버린다.[12] 핫지는 과학세계가 이렇게 변한 데 대하여 한탄하면서, 다른 분야의 사람들과도 대화하고 이들을 존중할 것을 요구한다. 우리의 감각을 통하여 들어온 정보 외에 다른 증거도 있다는 것을 인정하라고 한다. 핫지가 보기에 과학적 증거와 성경의 증거는 동일한 하나님의 나타남이요 계시인 것이다.

과학과 신학이 뗄 수 없는 관계라고 하는 핫지의 사상은 프린스턴 신학자들에 의하여 계속 이어졌다. 프린스턴에서의 과학의 위치는 매우 독보적인 것이었다. 신학과 더불어 과학을 존중하는 전통을 수립한 것이다. 프린스턴 대학(신학교가 아님)에서는 일찍부터 '과학과 종교'라는 학과를 만들고 교수를 두었다. 그 교수의 임무는 "성경과 기독교의 신적인 권위와 관계되는 논쟁에서 성경과 과학이라는 양대 진리의 조화를 체계적으로 설명하는 것"이었다.[13] 프린스턴 신학교에서도 창설자 알렉산더(Archibald Alexander)에서부터 메이천(J.Gresham Machen)에 이르기까지 과학은 이단들의 독단을 물리쳐주며 성경의 모호한 부분을 밝혀줌으로 성경의 해석에 도움을 준다고 믿었다. 그들은 하나님은 성경과 더불어 자연세계를 창조하신 분이므로, 자연의 현상과 성경이 배치되지 않는다고 굳게 믿었다.

---

12) What Is Darwinism? 131, 135.
13) David B. Calhoun, Princeton Seminary: Faith & Learning, 1812~1868, vol. 2. (Carlisle: Banner of Truth, 1996), 10.

프린스턴의 변증학자로 일컬어지는 B.B.워필드(B.B.warfield)도 과학과 신학의 관계에서 핫지를 그대로 따른다. 진정한 과학은 신학의 적이 아니고 유물론 철학과의 싸움에서 동맹군이라고 믿었다. 단지 그는 잘못된 철학에 기초한 '추론'(inferences)을 가지고 기독교를 공격하는 과학기 대하여 기독교의 초자연성(超自然性)을 방어해야만 하였다. 즉 과학이 성경적 기독교의 초자연성을 부인하는 것은 무신론이라고 하는 잘못된 전제 때문이었다. 과학이 더욱 발달하게 되면 그 전제가 잘못인 것을 깨닫고 초자연적인 유신론적 기독교로 돌아올 것이라고 주장하였다.

이러한 프린스턴의 전략과 방법론을 다시 한 번 분명하게 살린 것은 메이첸(J. Gresham Machen)이다.14) 그도 역시 자연주의자들이 성경에 나오는 모든 기적의 이야기들을 초자연을 배제한 채 설명해버리려는 것을 반대한다. 그러면서도 초자연적인 성경적 주장들이 역사적 사실이나 과학적 사실과 밀접하게 관련되어 있어서 더욱더 신빙성이 있다고 주장하였다. 그는 예수 그리스도의 동정녀 탄생을 비롯한 초자연적인 사건들이 역사적으로도 사실이라는 것을 증명하기 위하여

---

14) 메이첸의 학문에 대한 태도를 잘 보여주는 저술은 Deryl Hart, *Defending the Faith: J. Gresham Machen and the Crisis of Conservative Protestantism in Modern America* (Baltimore and London: The Jones Hopkins Univ. Press, 1994)이다. 메이첸은 학문성을 무시한 근본주의와 거리가 멀었음을 이 책은 잘 보여주고 있다.

15) 메이첸의 과학과 신학의 관계를 가장 잘 보여주는 글은, "The Relation of Religion to Science and Philosophy: A Review," The Princeton Theological Review 24 (1926, January)이다. 이 글은 멀린스(E. Y. Mullins)라는 미국 남침례신학교의 교수가 쓴 *Christianity at the Cross Roads*라는 책에 대한 서평이다. 멀린스는 이 책에서 과학과 종교는 엄격히 구분될 수 있다고 주장하였다. 그러나 한마디로 요약하면 메이첸(46)은 이러한 "과학과 철학과 종교의 엄격한 분리의 논리적 귀결점은 회의주의의 심연"일 것이라고 한다. 마치 부활의 역사적 객관적 사실과 부활의 종교적 의미가 분리될 수 없고, 유신논증과 하나님의 인격적 실존이 분리될 수 없는 것처럼, 과학과 철학의 기반을 가지지 않은 종교는 자유주의와 다를 바가 없다고 논박하였다.

책을 저술하였다.15) 프린스턴의 개혁주의에서는 합리주의와 신비주의의 양극단을 반대하고 하나님 중심의 자연관과 우주관, 그리고 신앙관과 영적인 체험관을 정립하려는 오랜 전통이 있어왔다. 이제 새로운 도전인 과학주의의 유물론과 신앙 경험을 중요시하는 자유주의 신학이 프린스턴을 강타할 때, 이 개혁주의의 전통에 입각하여 이에 응전하고 있는 것이다.

사실(Facts)과 이론(Theories)

우리는 위에서, 자연은 하나님의 창조물이기 때문에 자연과 초자연을 구분하여 과학과 신학의 영역을 존재론적으로 나누는 것은 옳지 않다는 핫지의 주장을 살펴보았다. 과학적 사실은 하나의 '사실' 이기 때문에 또 다른 '사실' 인 성경의 내용(혹은 신학적 언명)과 모순되지 않을 것이고 또 모순되지 않도록 해명해야 할 것이다. 그러나 실제로는 과학에서 사실로 인정된 것과 성경을 텍스트로 한 신학의 내용은 상당한 차이를 보인다. 그러면 모든 과학적 언명을 다 참으로 받아들여 이를 성경해석에 적용시켜야 할까? 만일 그렇게 된다면 성경해석에 대단한 혼란을 가져올 것이다. 이를 해결하기 위하여 핫지는 두 가지의 구분이 있어야 한다고 말한다.16) 하나는 '과학적 사실' (scientific fact)과 '이론' (theory)의 구분이다. 즉 아직 의견 단계에 불과한 확정되지 않은 이론을 가지고 전통적 성경해석을 반대하고 무리하게 재해석하려 해서도 안 되고, 그렇다고 해서 이미 사실로 굳어진 것과 어긋나게 성경

---

16) 과학적 사실과 이론의 구분, 또한 성경적 사실과 해석의 구분에 대하여는, ST I, 170-171.

을 해석해서도 안 된다는 것이다. 인류가 아담 한 사람에게서 기원하지 않고 여러 기원을 가진다고 해서도 안 되고(전자의 예), 또한 태양이 지구를 돈다는 천동설을 가지고 성경을 해석해서도 안 된다(후자의 예)고 한다. 그러므로 기독교인들은 어떤 과학의 이론이 사실로 확정되기까지 즉 "상당한 지식을 가진(competent) 사람들의 보편적인 동의를 얻을 때"까지 잠잠히 기다려야 한다. 이렇게 얻어진 사실적 지식은 절대로 성경과 모순될 수 없다. 과학도 성경도 하나님에게서 나온 것이기 때문이다.

다른 하나의 구분은 성경해석에서도 성경적 사실 그 자체와 성경의 해석을 구분하자는 것이다. 성경의 '해석'과 과학적 '사실'이 상충될 때는 과학적 사실을 받아들여 수천 년 동안 믿어져왔던 해석이라 하더라도 이를 교정해야 한다.[17] 대표적인 예가 지동설에 의하여 성경해석을 변경시킨 것이다. 당시 기독교인들은 지구의 나이가 수천 년에 불과하다고 믿지만, 앞으로 지질학자의 연구에 의하여 지구의 나이가 수억 년이라고 판명되면 성경의 해석을 바꾸어야 하는 것이다.

사실과 이론의 구분에 관한 핫지의 주장을 들어보자.

"사실들은 부정을 용납하지 않는다. 하나님의 지혜와 뜻에 따라 결정된 것들이기 때문이다. 사실을 부인하는 것은 하나님이 진리라고 인정하신 것들을 부정하는 것에 다름 아니다. 성경은 이렇게 하나님과 모순되는 것을 허용하지 않는다. 그러므로 신학자는 이미 사실로 인정된 것들과 조화를 이루도록 성경을 해석해야 한다. 물론 신학자는 그 사

---

17) ST I, 59.

실들이 의심의 여지가 없을 정도로 증명되었는지를 물을 권리가 있다. …신학자들이 이렇듯 부정할 수 없는 사실들을 받아들여야 할 의무가 있지만, 동시에 그 사실들로부터 추론된 이론들은 받아들이거나 거부할 수 있는 자유를 가지고 있다. 이론이라는 것은 인간의 사변에서 비롯된 것으로서 개연성보다 높은 권위를 가지는 것이 아니기 때문이다. 빛이나 전기 혹은 자기장에 대한 사실은 확고부동하지만, 이것들과 관련된 이론들은 끊임없이 변화한다. 지질학이 발견한 사실들은 받아들여져야 하지만, 지질학의 이론들은 강제적 권위가 없다. 생리학이나 비교해부학은 받아들여야 하지만, 발전에 관한 여러 가지의 서로 상충되는 이론들을 받아들여야 할 필요는 없는 것이다." [18]

    과학적 사실과 이론, 성경적 사실과 해석, 이 네 가지의 변수가 아주 복잡한 방정식을 만들어낼 수밖에 없다. 몇 가지의 경우를 살펴보면서 핫지가 이 방정식을 어떻게 풀어갔는지를 추적해보도록 하자. 첫째, 과학적 '사실'이 아닌 단지 '이론'의 경우가 있다. 과학세계에서도 인정을 받지 못하는 학문일 경우이다. 물론 이는 전통적 신학과도 맞지 않게 될 것이다. 독일의 프란츠 조셉 갈(Franz Joseph Gall)이라는 학자가 중심이 된 골상학(骨相學, phrenology)이라는 학문이 그 대표적인 예이다. 당대의 골상학자들은 두뇌에 몇 가지의 기능을 담당한 기관들이 있는데, 어떤 기관이 우세한가에 따라 그 사람의 성향이 달라진다고 한다. 두뇌 각 부분의 크기를 재면 그 사람의 성향에 대하여 알 수 있다고 주장한다. 핫지는 이러한 학자들을 "사이비과학자"라 명명

---

18) ST I, 57-58.

하였다. 한 마디로 과학이 아니라는 것이다. 또한 이런 학설은 인간의 자유에 관한 웨스트민스터 신앙고백서와도 일치하지 않는다.19)

둘째, 과학적 사실로 확정된 것들이 전통적 성경해석과 일치하지 않는 경우가 있을 수 있다. 이럴 경우 핫지는 담대하게도 전통적 성경해석을 버리고 과학적 사실을 따랐다. 그리고 새로운 성경의 해석을 제시하였다. 바로 당대의 지질학이 밝혀준 지구와 인간 역사의 연대와 창세기 1장의 해석 간의 괴리이다. 1850년대에 들어서면서 기독교인이든 아니든 모든 저명한 과학자들은 지구의 연대가 6천 년이라는 창세기 1장의 기사를 아무도 믿지 않았다. 발견된 화석의 증거에 따라 지구의 연대가 훨씬 고대로 거슬러 올라간다는 것이다. 또한 전 지구를 덮은 홍수에 대한 증거도 희박하다는 것이 밝혀졌다. 이러한 차이를 설명하기 위하여 대체로 두 가지의 학설이 유행하였다. 그 하나는 스코틀랜드의 목사 토마스 찰머스(Thomas Chalmers)의 주장인데, 창세기 1:1과 2절 사이에 큰 괴리가 있다는 설명이다. 즉 최초의 대창조가 있었고, 그 후에 에덴동산과 같이 사람이 살 수 있는 환경을 만든 세계의 창조가 있었다는 것이다. 두 번째 학설은, 실만(Benjamin Sillman)이나 밀러(Hugh Miller) 등이 내놓았고 후일 프린스턴의 아놀드 기요(Arnold Guyot)가 정교하게 다듬은 이론이다. 소위 "날-시대 이론"(Day-Age Theory)이라고 하는 것이다. 창세기 1장의 '날' 이 긴 천문학적 지질학적 연대를 가리킨다는 것이다. 귀요는 프랑스 천문학자 라플라스(Laplace)의 성운(星雲)이론과 지질학의 연대를 받아들여 우주의 기원과

---

19) Ronald L. Numbers, "Charles Hodge and the Beauties and Deformities of Science," J. W. Steward and J. H. Moorhead eds. *Charles Hodge Revisited: A Critical Appraisal of His Life and Work* (Grand Rapids: Eerdmans, 2002), 83-84.

지구의 연대를 재구성하였다.

핫지는 이 두 가지 이론 중에서 두 번째를 선호하였다. 창세기 1장의 '날'을 '비확정적인 한 시대'(an indefinite period of time)로 보아도 된다는 것이다. 특별히 성경의 다른 곳에서도 한 시대를 가리키는 것으로 쓰인 예가 있기 때문에 더욱 그러하다. 24시간을 말한 적도 많지만, 때로는 일 년, 때로는 장시간 지속되는 기간, "재난의 날" "구원의 날"과 같은 비확정적인 때를 가리키기도 한다. 모세의 기사가 과학적 '사실'과 충돌을 일으킬 때는 24시간이 아닌 긴 기간을 가리킨다고 보는 것이 옳다고 하였다. 이러한 '날-시대 이론'은 성경의 권위를 전혀 해치지 않으며 동시에 과학적 성과를 만족시킨다고 하였다.[20] 물론 교회가 오랫 동안 지켜오던 가르침을 수정하는 것은 고통스런 일임에는 틀림없다. 하지만 과학의 발전에 의하여 우리가 그저 눈으로 보는 것에 의한 해석이 아니라 더 깊은 해석이 주어졌기 때문에 이를 기쁘게 받아들여야 한다고 말한다.[21]

셋째, 과학적 '사실'과 성경의 '사실'이 부딪힐 때는 어떻게 해야 할 것인가? 그 중요한 예가 바로 '다인종설'(polygenism)이다. 왜 서로 다른 인종이 지구상에 살고 있는지는 오래 전부터 있어온 관심사였다. 노아의 아들들로 인하여 다른 인종이 생겼다는 성경적 대답으로부터 기후, 음식 등의 차이가 인종의 차이를 낳았다는 핫지의 스승 스텐홉 스미스(Samuel Stanhope Smith)의 이론까지 여러 가지의 이론이 난무하고 있었다. 핫지를 가장 곤혹스럽게 만들었던 것은 스위스 태생의 과학자 루이스 애거시(Louis Agassiz)가 바로 다인종주설을 주장하였다는

---

20) ST I, 570-571.
21) ST I, 573.

사실이다. 그는 애거시의 다인종설을 부인하고 스승 스텐홉 스미스의 이론을 따랐다. 그가 애거시의 명성에도 불구하고 다인종설을 부인한 것은 바로 신학적인 이유 때문이었다. 성경의 중요한 '사실'과 상충된다는 것이다.[22] 로마서 5장에 의하면 그리스도의 유일한 구속과 인류의 단일한 조상 아담이 서로 연관되어 있으므로, 아담의 단일성을 부인하면 그리스도의 유일한 구속도 의미를 상실한다는 것이다. 이 문제에 대한 핫지의 결론을 들어보자.

> "이것[인류 기원의 단일성]은 성경의 직접적인 증언이며, 알려진 모든 사실들이 이에 부합한다. 또한 인류의 보편적인 배신과 구속의 보편적 필요성 또한 성경의 증언이다. 이 성경의 증거들은 모든 인간이 한 타락한 조상의 후손이라는 사실을 모든 성경을 믿는 사람들에게 또한 인간의 보편적인 죄악성과 관련한 양심의 증거를 믿는 사람들에게 가르치고 있다."[23]

진화론은 모년의 핫지가 대항한 가장 큰 적이었다. 진화론은 위의 세 가지 경우 가운데 어디에 해당될까? 핫지가 보기에 진화론은 과학적이지도 않고 성경에도 위배되는 일종의 무신론이다. 첫째, 진화론은 과학적 '사실'이 아닌 '이론'에 불과하다. 기독교를 믿는 사람들 모두 과학적 사실은 받아들인다. 그러나 과학자들의 설명과 추론은 받아들일 수 없다. 핫지는 다음과 같이 말한다.

---

22) David B. Calhoun, *Princeton Seminary: Faith & Learning, 1812~1868*, vol. 2 (Carlisle: Banner of Truth, 1996), 13. 또한 Numbers, 위의 글, 93-96.
23) ST II, 91.

인간의 태아가 여러 단계를 거친다는 사실을 받아들인다고 해서, 한때 사람이 물고기, 새, 개, 원숭이였다가 지금의 사람이 되었다는 사실까지 받아들일 필요가 있을까? 모든 척추동물의 구조가 유사하다는 사실을 받아들인다고 해서, 한 척추동물이 진화해서 다른 척추동물이 되었고 나아가서 모든 동물이 원시상태의 미생물로부터 발생했다고 믿어야 할까? 사실은 하나님으로부터 나왔지만 설명은 사람으로부터 나왔다는 것, 또한 이 둘의 간격은 천국과 지옥만큼이나 멀다는 것을 기억해야 한다.[24]

헥켈의 발생반복설(recapitulation theory)은 하나의 "가설"(hypothesis)에 불과하다는 것이다. 설사 배아의 발생이 어떤 일정한 순서를 따라간다고 해서 이것이 반드시 종의 진화를 의미할 필요는 없다는 것이다. 유신론에 근거한 다른 설명도 얼마든지 가능하기 때문이다. 핫지가 지적하는 바, 사실을 뛰어넘는 가설은 다음과 같은 것들이다. 수백만 년에 걸쳐서 미생물이 진화하여 고등한 동물이 되었다는 것, 지성적 혹은 도덕적 능력도 같은 프로세스에 의하여 이루어졌다는 것, 이 모든 일이 비지성적인 물질적 원인에 의하여 이루어졌다는 것 등이 모두 가설일 뿐 증명된 진리는 아니다.[25]

둘째, 핫지는 다윈의 이론적 틀을 성경의 '사실'에서 위배되는 무신론으로 규정한다. 하나님이 천지를 창조하시고 세상을 다스리신다는 성경의 사상과 정면으로 배치된다는 것이다. 모든 생물의 발생과 진화의 과정을 자연적인 과정으로 생각하며 신의 간섭을 완전히 배

---

24) What Is Darwinism? 133.
25) ST II 19-20.

제하였기 때문이다. 그러나 진화를 주장하는 모든 과학자가 무신론자는 아니며 또한 진화론이라고 해서 모두 무신론적일 필요는 없다. 예를 들어 아가일의 공작(Duke of Argyle)의 경우, 하나님께서 모든 창조와 섭리의 법칙을 만들어서 그 법칙에 따라 행한다고 하였다. 즉 모든 법칙에 하나님의 목적과 능력이 드러나 있다는 것이다. 자연법칙과 하나님의 관계는 조각칼이나 붓과 예술가의 관계와 같다. 또한 아사 그레이(Asa Gray)도 다윈의 시스템과 유신론이 양립할 수 있다는 것을 증명하기 위하여 애를 썼다.26) 핫지는 그레이가 "발전의 교리 혹은 종의 유래가 유신론과 통할 수도 있다는 것을 증명" 한 것에 대하여 "아무도 이를 부인하지 못한다"고 하며 높이 평가한다. 소위 "유신론적 진화론"(theistic evolutionism)의 초기 형태이다. 하지만 결국 다윈은 하나님의 디자인이나 질서와 같은 모든 목적론(teleology)을 제거한 것으로서 무신론으로 귀결되고 만다는 것이 핫지의 주장이다.

결국 핫지가 보기에 진화론은 과학적이지도 못하고 성경적이지도 않다. 화석이나 배아의 발생과 같은 몇 가지의 '사실'에 근거하여 온갖 '이론'과 '가설'과 '추론'으로 점철된 것이기에 과학이 아니다. 그리고 중요한 성경의 '사실'에도 부합하지 않는 무신론일 뿐이다. 이렇게 '사실'과 '이론'을 구분함으로써 핫지는 개혁주의의 오랜 전통인 사실주의(realism)를 고수하였다. 하나님이 지으신 세계가 관념(perception)이 아니라 실재이며, 하나님이 (인간의 이성을 통하여) 해석해주시는 것들, 예를들어 자연법칙이나 혹은 교리와 같은 것들은 모두 사실과 부합한다는 것이다. 핫지의 사실주의는 당시 미국 지식인 사이에

---

26) ST II 16-18. 그레이의 노력에 대하여는, Ronald L. Numbers, *Darwinism Comes to America* (Cambridge, Mass.: Harvard University Press, 1998), 36, 50을 보라.

서 유행하던 스코틀랜드 상식철학과도 맥을 같이 한다. 상식철학은 로크의 경험론이 흄의 회의론으로 빠지는 것을 경계하여, 모든 사람에게 공통적으로 존재하는 외부세계에 대한 감각과 내적인 '도덕 감각'이 실재한다고 주장한 실재론이었다.

핫지 이후의 프린스턴 신학교는 '사실'과 '이론' 혹은 '추론'에 대한 핫지의 견해를 그대로 이어받았다. 진화론의 경우 핫지의 후계자라 할 수 있는 워필드는 핫지의 견해를 좀 더 정교하게 발전시켰다. 그에 의하면 진화론에 대한 세 가지의 견해가 있다고 한다.[27] 첫째, 진화론으로 우주의 현재 모습을 완전히 설명할 수 있다고 믿는 것으로서 하나님의 설계(design)나 섭리(providence)를 전혀 고려하지 않는 다윈 등의 무신론적 진화론이다. 둘째는 전통적인 프린스턴 특히 기요나 맥코시(McCosh)가 주장한 바와 같이, 진화론을 "여러 종류의 생물의 형태를 현재의 모습이 있도록 만들어준 질서와 조건들에 대한 과학적인 발견"("a discovery of science of the order and conditions under which the various living forms have as a matter of fact come into existence")이라고 정의하는 것이다. 하나님은 배후에서 진화의 과정을 움직여가신 분이며, 따라서 유신론과 진화론이 동시에 가능하다. 세 번째는 바로 워필드 자신의 견해로서, 두 번째 전통적인 프린스턴의 입장을 지지하면서도, 진화론을 증명된 사실로 보지 않고 단지 '작업가설'(a working hypothesis)로 보는 입장이다. 워필드에 의하면, 진화론은 "신적인 섭리에 의한 [진화적] 발

---

27) David B. Calhoun, *Princeton Seminary: Faith & Learning, 1812~1868*, vol. 2 (Carlisle: Banner of Truth, 1996), 256-257; Bradley John Gundlach, "The Evolution Question at Princeton, 1845-1929," Ph. D. dissertation, University of Rochester, 1995, 144-149.

전의 하나의 가능한 설명"(a possible explanation of development by divine providence)일 뿐이다.

워필드에 의하면 진화는 하나님의 최초의 창조의 행위(creatio ex nihilo)가 아니고, '간접 창조'(mediate creation, 그리스도의 성육신이나 부활 혹은 기적과 같은)도 아니고, 하나님의 섭리(providence)라고 하였다. 워필드는 이런 식으로 창조와 섭리를 나누어 진화의 과정을 섭리 속에 포함시킴으로써 기독교가 자연주의(naturalism)로 전락되는 것을 막고 초자연성(supernaturality)을 보존하도록 하였다. 하나님의 직접적인 행동인 창조나 기적과 진화를 동일시하게 되면 하나님의 초자연적인 간섭은 설 자리를 잃게 되기 때문이다. 워필드는 섭리의 원인자(原因者)는 하나님이고 단지 자연력을 사용하여 진화의 과정이 일어나게 하였다고 함으로써, 하나님의 섭리라는 일차적 원인과 자연력(natural force)이라고 하는 이차적 원인이 동시에 일어났다고 말한다. 이것이 바로 그의 유명한 '동시작용'(concursus) 개념이다. 워필드는 한편으로는 하나님의 섭리를 무시하는 자연주의를 경계하며, 다른 한편으로는 과학적 물질적 발전의 과정을 무시하는 미신적인 초자연주의에 빠지지 않도록 하였다. 28) 이와 같이 진화론과 유신론이 서로 모순되는 것이 아니고 동시적으로 작용할 수 있다고 말하면서도, 워필드는 진화론이 과학적으로 완전히 증명된 것인지에 대한 의문을 가지고 있었고, 이 문제를 '미해결 문제'(an open question)로 간주하였다.

---

28) Gundlach, 위의 글, 314-324.

이성(Reason)과 계시(Revelation)

위에서 이야기한 것을 간단히 정리해보자. 핫지는 성경과 거의 동일한 지위를 과학에 부여하였다. 과학이 하나님의 참된 계시의 한 형태라고까지 말한다. 과학과 성경이 서로 상반된 것 같은 내용이 있음을 설명하기 위하여 핫지는 '사실'과 '이론'을 구분한다. '사실'이 아닌 '이론'이 진리를 참칭할 때 그 사실성 여부를 분석해야 한다는 것이다. 과학이 과학적 '사실'에 어긋난 성경의 '해석'이라면 다시 고려되어야 하는 것이다. 이렇게 말할 때 문제가 되는 것은 그 사실성 여부를 누가 판단하느냐 하는 것이다. 그 판단자가 바로 이성인 것이다. 과학의 사실성 여부를 판단하는 것 또한 성경에 나타나 있는 언명을 판단하여 사실과 해석을 구분해내는 것도 결국 이성이 해야 하는 일인 것이다. 여기에 핫지를 이성주의자라고 평하는 이유가 있는 것이다.

아마도 이성과 신앙의 관계에 대하여 가장 논란이 되는 핫지의 주장은 다음일 것이다. 핫지는 종교문제에서의 이성의 적절한 사용에 관하여 다음의 세 가지를 말한다. 첫째, 이성은 계시를 받아들이는데 필수적이다(Reason necessary for the reception of a revelation). 둘째, 이성은 계시의 신빙성을 판단해야 한다(Reason must judge of the credibility of a revelation). 셋째, 이성은 계시의 증거들을 판단해야 한다(Reason must judge of the evidences of a revelation).[29] 제임스 바(James Barr)는 바로 이 구절에 근거하여 핫지를 합리적 신앙을 가진 자라고 주장하였다. 핫지는 "무엇이 의미가 있으며, 믿을 만하며, 증거가 될 수 있고, 또 증거가 어떤 결과를

---

29) ST I, 49-55.

초래할까를 결정하는 데 이성이 마음대로 할 수 있게 하였다"고 한다. 성경을 해석할 때, "이성이 거의 무제한으로 절대적인 힘을 가지게 된다"고 보았다.[30] 반틸도 핫지를 로마 가톨릭이나 알미니안주의에 가까운 "일관성이 없는 칼빈주의자"(less consistent Calvinist)로 평가할 때 이 구절을 염두에 두고 있다.[31]

서양 사상의 역사에서 '합리주의' 라는 말이 너무 다양하게 쓰이기 때문에 핫지가 과연 합리주의자인가 아닌가를 이야기하기 위하여 먼저 합리주의를 정의해야 할 필요가 있다. 신학과 관련하여 대체로 다음의 두 가지를 생각할 수 있다. 첫째, 아담의 범죄 이후에도 죄가 이성에 영향을 주지 않고 최초의 상태대로 남아 있다고 주장하는가? 둘째, 이성과 계시의 관계에서 계시보다 이성을 높이는가?

우선 첫 번째의 범주를 가지고 핫지를 판단해보자. 핫지는 이성이 타락에 의하여 영향을 받았다고 말하지 않는 것으로 보인다. "신앙에 있어서 없어서는 안 될 이성의 첫 번째 기능은 우리가 받아들일 수 있는 진리들의 지성적 이해 혹은 인식"이라고 할 때, 타락한 이성을 염두에 두고 있는 것 같지 않다. 우리가 성경의 내용을 완전하게 이해하지(comprehend) 못하는 것은 우리의 지성이 타락하였기 때문이 아니라 피조물로서의 한계가 있기 때문이라 한다.[32] 이성이 계시의 내용을 받아들일 뿐 아니라 모순율을 가지고 계시를 판단할 수 있는 이유는 옳고 그름을 분별할 능력을 "하나님이 우리의 본성 가운데 심어주셨

---

30) 제임스 바, 장일선 역, 『근본주의신학』 (서울: 대한기독교출판사, 1984), 285-286.
31) Cornelius Van Til, *The Defense of the Faith* (Phillipsburg, N.J.: Presbyterian and Reformed Publishing Co., 1967), 73-84; 또한 그의 *An Introduction to Systematic Theology* (Phillipsburg, N.J.: Presbyterian and Reformed Publishing Co., 1974), 31-42. 이 두 책 중 두 번째의 책에서는 핫지를 자신의 체계 속에서 좀 더 긍정적으로 평가하려고 한다.
32) ST I, 49-50.

기"(implant) 때문이다. 이성의 세 번째 기능은 증거를 판단하는 것이다. 핫지는 모든 진리에 대한 믿음은 증거에 의하여 산출되는 것이라는 가정을 가지고 있다. 역사적 진리는 역사적 증거를 요구하고, 경험적 진리는 경험의 증거를 요구하는 것처럼, 믿음도 증거를 요구한다고 한다. 만일 하나님께서 증거를 제시하지 않고서 무조건 믿으라고 한다면 이는 믿을 만한 근거도 제시하지 않은 채 억지로 믿으라고 하는 것이니 하나님의 공의에 어긋날 것이다. 하나님은 믿을 만한 증거를 제시하시고 이를 믿지 않을 때에 정죄하시는 것이다. 이러한 증거가 제시되면 우리의 이성은 이를 판단하여 신앙 여부를 결정한다. 성경에 영이 하나님께 속하였는지 시험하라고 명령하셨는데, 무슨 근거에서 이를 시험할 수 있겠는가? "우리 본성의 법칙들과 믿을 만한 하나님의 계시"에 근거하여 시험할 수 있을 것이다.[33] 이성이 타락하였다고 말하지 않는다.[34]

그러나 핫지가 인간의 이성이 죄의 영향을 받았다는 것을 암시하는 내용도 있다.

기독교는 미신과 합리주의에 대하여 꼭 같이 반대한다. 전자는 적절한 증거도 없이 믿는 믿음이요, 후자는 믿음을 일으킬 만한 증거가 주어졌음에도 불구하고 이를 이해하지 못할 것이라 하여 믿기를 거절하는 사

---

33) ST I, 53-55.
34) 반틸의 핫지 해석이 바로 이러하다. 반틸은 핫지가 주장한 이성의 첫 번째 용법에 대하여 계시를 받아들이는 도구로서의 이성의 용법에 대하여 긍정한다. 그러나 핫지가, 이성이 죄와 타락의 영향을 받았다고 하는 칼빈의 견해와 받지 않았다고 하는 이성주의자의 견해를 혼동하고 있다고 비난한다. 개혁주의자들이 도구로서의 이성을 받아들이지만 타락한 이성에의 영향(noetic effect of sin)에 대하여 분명히 이야기한다고 말한다(Van Til, *An Introduction to Systematic Theology*, 31-33).

람들이다. 기독교인은 피조물로서의 연약함과 죄인으로서의 무지(ignorance)와 맹목(blindness)을 자인하면서 하나님 앞에서 어린아이와 같은 자세를 취하는 사람들이요, 무한한 지성과 선함을 소유하신 하나님께서 신뢰할 만하다고 선포한 것은 무엇이든지 진실한 것으로 받아들이는 사람을 말한다. 이렇게 가르침 받은 대로 순종하겠다는 자세야말로 이성의 가장 높은 원리를 따르는 것이다.[35]

믿음의 합리성을 이야기하면서 가장 합리적인 믿음은 "피조물로서의 연약함과 죄인으로서의 무지(ignorance)와 맹목"(blindness)을 인정하는 것이라 한다. 그리고 자신의 합리적 판단에 어긋나더라도 완전하신 하나님이 믿으라고 하는 것을 믿는 것이 오히려 "이성의 가장 높은 원리를 따르는 것"이라 말한다. 핫지가 이성이 죄의 영향 하에 있어서 항상 잘못 판단한다고 말하지는 않는다. 핫지만 비합리적인 것처럼 보일지라도 계시가 말하는 것을 따르라고 하는 것으로 보아, 계시에서 벗어난 이성을 신뢰하라고 말하지는 않는다. 이성이 죄의 영향 하에 있는가 하는 문제는 이성과 계시의 우월 논쟁에서 더욱 분명히 드러난다.

둘째, 어떤 신학자를 합리주의자라고 말하기 위해서는 계시와 이성의 관계에서 어느 것을 더 우위에 두느냐 하는 것으로 검증해보아야 한다. 언뜻 보기에 핫지는 이성을 계시의 우위에 두는 것처럼 보인다. 계시의 신빙성(credibility)과 계시의 증거(evidence)를 판단하여야 한다고 말하기 때문이다. 그러나 그 내용을 자세히 들여다보면 핫지는 이성이 계시의 우위에 있음을 전혀 말하고 있지 않음을 알 수 있다. 계시

---

[35] ST I, 55. 강조는 필자.

의 신빙성을 판단하기 위해서는 계시들이 서로 모순관계에 있지 않은지를 판단하면 된다. 그런데 하나님은 스스로 모순되게 계시하실 수 없기 때문에 이미 명백한 교리로 정립된 것에 모순되는 새로운 교리를 말할 수 없게 된다. 과학적 사실도 계시와 같은 지위를 가지기 때문에 정립된 과학적 사실과 신앙이 모순되지 않도록 해야 한다는 것이다. 이성이 계시의 증거(evidence)를 판단해야 한다고 말할 때도 마찬가지이다. 과학적 증거를 가지고 계시를 판단하라는 말이 아니다. 증거에는 과학적 증거 외에도 도덕적 증거, 역사적 증거, 영적 증거 등이 있다. 성경계시에 나타난 사실들은 영적인 증거이다. 그리스도의 신성을 증명하기 위하여 역사적이고 과학적인 증거에 호소하라는 것이 아니고, 영적 증거에 호소하는 것이다. 물론 핫지에게는 영적 증거가 과학적 증거와 모순되는 것이 아니다. 결국 이성의 두 번째와 세 번째 기능은 첫 번째 기능에 종속되는 것이다. 이성이 계시를 받아들이는 도구요 통로이기 때문에, 모순되는 것을 받아들이지 않아야 하는 것이 이성의 할 일이 되는 것이다.

"이성은 계시의 증거(evidence)를 판단(judge)한다"는 핫지의 주장을 좀 더 분명히 알기 위해서는 당시에 유행하던 경험주의 인식론을 이해해야 한다. 경험주의의 원조인 로크는 세계에 대한 인식이 감각(sense)을 지각하는 데서부터 시작된다고 하였다. 스코틀랜드 상식철학은 로크의 이 경험론을 받아들였다. 감각경험이 인식의 소재를 제공하고, 이 감각경험의 데이터를 결합시킴으로써 어떤 판단을 할 수 있다고 하였다. 그 감각경험의 데이터를 결합시키는 역할을 하는 것이 바로 이성이다. 감각경험이 준 관념(idea) 그 자체는 진리도 오류도 있을 수 없고, 그 관념을 서로 연결하는 이성이 진리를 형성하거나 오류를 범한다. 감각경험을 연결시켜 판단(judge)에 이르게 하는 것이 바로 이성인 것이다. 관념의 원천은 감각에 있는 것이지 인간이 타고난 본유관념(innate idea)에 있는 것이 아니라고 주장하였다.

핫지는 감각 데이터를 중요하게 생각하는 경험론의 전통에 서 있다. 감각 데이터는 일차적인 인식의 소재이고 오류가 없는 것이다. 핫지에 있어서는 성경에 흩어져 있는 데이터가 바로 이런 지위를 갖는다. 이를 연결하고 추론하여 어떤 판단(judge)을 만들어내는 것이 이성의 작용이다. 이성은 도구의 역할밖에 하지 않는다. 이성 자체가 어떤 판단기준을 가지고 계시를 판단하여 그 진위 여부를 따지는 것이 아니다. 성경에 있는 데이터들이 서로 모순되지 않는지를 판단할 뿐인 것이다.

핫지는 이러한 상식철학의 전통과 칼빈주의에서의 지성의 우선성을 결합시켰다. 칼빈은 믿음의 출발점을 복음을 지성적으로 아는 것(notitia)이라고 하였다. 믿음의 근거는 지식이지 경건한 무지가 아니다. 하나님의 말씀이 제시하는 약속을 분명히 믿는 것을 믿음이라고 하였다. 그래서 믿음을 "지식"이라고 부르기도 하였다.[36] 물론 믿음이 단순한 지성적 동의에 그치는 것은 아니다. 마음으로 수납하는 것(assensus), 의지적인 신뢰(fiducia)가 수반될 때 진정한 믿음이라고 말할 수 있다. 그러나 그 출발점은 어디까지나 십자가에 못 박혀 죽으신 예수님의 대속 사건을 지성적으로 아는 것이다. 핫지도 이를 그대로 받아들였다. 복음을 받아들이는 데 이성이 일차적인 통로의 역할을 한다면, 그 이성은 자연스럽게 성경이나 자연에 나타난 하나님의 계시들이 서로 모순되지 않는지를 판단(judge)하게 될 것이다.

---

36) John Calvin, *Institute of Christian Religion*, III, ii, 1-2 and 14.

핫지는 자신의 인식론을 정립하기 위하여 단지 로크의 경험론 전통에만 의존한 것은 아니다. 자칫 경험론에만 의존하다가는 궁극적으로는 경험과학으로 정립될 수 없는 영적인 경험을 아예 논의에서 제외시킬 위험이 있다. 핫지는 상식철학자의 또 하나의 지식의 출발점인 '본유적 지식'(innate knowledge)을 가지고 하나님 의식을 설명하고자 한다. 로크는 감각기관을 통하여 들어오는 데이터와 우리의 몸이 느끼는 것만을 인정하였지, 신, 무한, 실체와 같은 복잡한 아이디어를 가지고 태어나지 않는다고 주장하였다. 반면 상식철학자들은 도덕적 감각도 일차적인 데이터에 포함시켰다.

핫지는 본유적 지식에 대하여 이렇게 말한다. "본유적 지식이란 감각적, 지성적, 도덕적 존재로서의 인간의 구조에 기인하는 그 무엇을 의미한다. 경험에 근거하고, 외부로부터의 가르침에 의하여 획득되고, 연구와 추론에 의하여 얻어지는 그런 지식과 반대되는 것이다." [37] 예를 들어 감각의 대상이 실재한다고 믿고 그 대상으로부터 감각을 얻는 것(고통의 감각), 기하학의 공리와 같은 직관적 지식, 선악의 구분이 존재한다는 것과 같은 도덕적 진리 등이 그것이다. 그는 감각의 실제만이 지각되는 것이라는 로크의 사상을 넘어서고 있다. 또한 그는 자신의 인식론을 데카르트의 합리론과도 구분한다. 데카르트는 본유관념 그 자체를 가지고 태어나서 사고할 수 있는 나이가 되었을 때 이것이 발현된다고 하였다. 그러나 핫지는 그 관념 자체를 가지고 태어난다는 것을 주장하기보다, 그러한 관념을 가질 수 있는 바탕을 가지고 태어난다고 말한다. 핫지가 말하는 '본유'의 뜻은,

---
37) ST I, 192.

단지 지식의 근원(source)이 무엇인가를 가리키는 것이다. 본유관념의 근원은 바로 우리가 태어날 때 가지고 태어나는 우리의 본성(nature)이다. 본유적 지식이 의미하는 것은, 로크가 말하였던 바, "형태, 환영, 개념"이라는 의미에서 관념을 가지고 태어난다는 의미가 아니다. 또한 우리가 태어날 때부터 어떤 추상적 원리나 일반적 진리들을 가지고 태어난다는 말도 아니다. 이 말이 의미하는 것은, 어떤 것들은 증명이나 가르침이 없이도 우리 지성이 알 수 있도록 구성되었다는 말이다.[38]

이렇게 정리하고 보면 핫지의 인식론은 칸트의 오성론과 매우 흡사함을 알 수 있다. 인간의 지각능력의 근원이 단지 인간의 경험에만 있는 것이 아니라 태어날 때부터 가지고 태어난 보편적 능력임을 말해주어야 흄의 회의주의에 빠지지 않을 수 있는 것이다. 칸트는 이를 '오성의 범주'라 불렀고, 핫지는 '본유적 지식'이라 불렀을 뿐이다. 그러나 이 둘에 근본적인 차이가 있다. 칸트는 대상의 실재, 영혼불멸, 신과 같은 지식에 관하여는, 이것들이 오성의 범주를 초월적인 것에까지 확장시키려는 '순수이성'의 헛된 노력이라고 하였다. 그러나 핫지는 경험적이며 수학적 진리뿐 아니라, 도덕법칙과 신의 존재를 본유적 지식에 포함시켰다. 인간이 하나님의 의식을 가지고 태어나기 때문에 보편적이고 필연적인 지식이며, 하나님 지식은 추론의 과정에 의하여 얻어지는 지식이 아니라 직관적(intuitive)인 지식이다. 물론 직관적인 지식이라 해서 신 존재증명(theistic arguments)이 불가능하다든가 무의미하다는 말은 아니다. 직관적이며 필연적인 지식이지만

---

38) ST I, 192.

무지와 죄 때문에 가려져 있는 지성을 열어주어야 하기 때문이다. 39) 핫지가 하나님에 대한 지식이 본유적 지식이라고 한 것은 모든 사람 속에 하나님 지식이 있다는 성경의 언명(롬 1:18-20)과 칼빈주의 사상과 부합된다. 40)

핫지는 자신의 신학적 방법을 '귀납적 방법' (inductive method)이라 부르며, 마치 창고에 물건이 쌓여 있듯이, 여기저기 쌓여 있는 성경의 사실들을 연결시키는 것이라 하였다. 그런데 이렇게 신학을 할 때 먼저 전제되어야 하는 것들(assumptions)이 있다고 말한다. 하나님께서 우리의 본성에 새겨 넣으신 그 법칙은 "옳고 그름 사이의 본질적인 차이"로서, 예를 들어 "선함에 역행하는 어떤 것도 하나님이 명령할 수 없다는 사실, 악인이 좋은 보상을 받는 것은 옳지 않다는 사실, 죄를 지으면 벌을 받아야 한다는 사실" 등이다. 이런 사실들은 자명한 것이며 보편적이고 필연적으로 받아들일 수 있는 것들로서 (여기서 그는 상식철학자답게 자명한 것과 보편적인 것을 같은 것으로 취급한다) "하나님께서 심어주신" (implant) 것이라고 한다. 41)

핫지는 합리주의자가 아니고 칼빈주의자이다. 이성에 높은 위치를 부여하지만 그것은 도구적 이성이라는 의미에서이다. 이성은 계시를 받아들이는 첫 통로요 도구이기 때문에 이성이 계시를 판단한다고 말한 것이지, 성경 없는 경험과 추론을 통하여 계시의 진위 여부가 판단되어야 한다는 것이 아니다. 핫지가 말하는 '이성'을 칸트의 『순수이성비판』에서 말한 순수 이성과 혼동해서는 안 된다. 핫지의 이성

---

39) ST I, 194-203.
40) Calvin, *Institutes of Christian Religion*, I, iii-iv를 보라.
41) ST I, 10-11.

은 아무것도 전제하지 않고 사물의 원리를 파악할 수 있는 인간의 능력을 말하는 것이 아니라, 단지 성경에 이미 주어진 사실을 논리적으로 연계시키고 추론할 수 있는 인식론적 능력을 가리킨 것이다. 인간이 소유하고 있는 본유적 지식도 칼빈의 "종교의 씨앗" 정도로 이해하면 되는 것이다. 핫지는 당시의 합리주의자라 할 수 있는 경험론과 합리론과 싸우고 다른 한편으로는 신앙의 합리성을 무시하는 슐라이어마허(Schleiermacher)와 같은 자유주의자 혹은 부흥운동가들과 싸웠다.[42] 마치 칼빈이 한편으로는 당시의 합리주의자들과 다른 한편으로는 신비주의자들과 싸웠던 것과 같다.

    핫지의 이와 같은 인식론은 전통적 프린스턴의 인식론의 맥을 잇고 있는 것이다. 그의 스승 알렉산더의 경우 역시 경험론을 받아들여 자신의 신학을 전개한다. 그러나 그도 역시 상식철학에 의존하여 경험의 근거가 되는 도덕적 신학적 실제를 인정한다. 모두 일곱 가지 범주의 자명한 진리를 전제하고 있다. "감각과 의식 대상의 존재, 필연적 진리들, 철학적 원리들, 도덕적 진리들, 충분한 증거가 있는 역사적으로 반복되는 사실들, 일치하는 경험에 근거한 진리들, 기억" 등이 그것이다.[43]

    핫지의 뒤를 이은 워필드의 경우도 핫지의 뒤를 그대로 따른다. 즉 이성에 높은 지위를 부여하는 것은 사실이지만, 그렇다고 해서 이성이 신앙의 근원이 될 수는 없다는 점을 분명히 한다. 워필드는 다음과 같이 말한다. "추론만 가지고서 기독교인이 만들어지는 것은 아니

---

[42] 핫지의 이성관(理性觀)에 대한 좀 더 자세한 연구는, Peter Hicks, *The Philosophy of Charles Hodge: A 19th Century Evangelical Approach to Reason, Knowledge and Truth* (Lewiston: The Edwin Mellen Press, 1997), 90-158을 참고하라.

다. 그러나 그 이유는 신앙이 증명의 결과가 아니기 때문이 아니라 죽은 영혼이 그 증거들에 반응할 수 없기 때문이다." 그렇다면 이성적 추론을 통한 증명이 아무런 효력이 없는 것인가? 그렇지는 않다. 그리스도인의 확신이 "지성에 호소하는 이성의 산물은 아니고, 성령께서 우리의 마음속에 직접적으로 창조하는 것"이지만, 확신이라는 것이 일차적으로는 지성의 활동이므로 "모든 형태의 확신은 그 근거로서 증거들에 기초해 있다. 그리고 이 근거의 본질과 유효성을 탐구하는 것은 신앙이 아니고 이성이다." 성경이 지성적으로 쓰였고 신앙의 첫 걸음도 지성적 동의이므로, 완전히 비합리적인 신앙은 어불성설이라는 것이다.[44]

　　워필드는 슐라이어마허나 헤르만(Hermann) 등의 자유주의자들의 주장과 같이 신앙은 근원적으로 체험의 문제라고 하는 것에 반대한다. 기독교 신앙은 근본적으로 역사적 사실에 근거를 두고 있으며 따라서 역사적으로 신빙성 있는 증거들에 의존하고 있다고 하였다. 물론 불신자를 회개시켜 믿게 하는 것은 성령의 역사이지만, 그렇게 믿게 되는 과정에서 이성적인 논증이 필요함을 역설하였다.[45]

---

43) Peter Hicks, 앞의 책, 93쪽 핫지가 주로 영향을 받은 사람은 아치발드 알렉산더 외에 투레틴(Francis Turretin)이다. 핫지는 많은 논점을 투레틴과 같이하고 있다. 투레틴은 흔히 "개혁주의 정통파" 혹은 "개혁주의 스콜라주의자"라 불리고 있다. 물론 인간의 사변을 동원하여 번쇄적인 신학을 한다는 부정적인 의미가 내포되어 있다. 그러나 그의 이성의 개념을 살펴보면 전혀 그렇지 않다. 투레틴은 성경이 근원(foundation)이고 이성은 도구(instrument)라는 것을 분명히 하였다. (Sebastian Rehnman, Alleged Rationalism: Francis Turretin on Reason, Calvin Theological Journal 37 (2002), 255-269 참고.) 투레틴의 이성관에 대하여는, Turretin, *Institutes of Elenctic Theology*, vol. 1, G. M. Giger trans. (Phillipsburg, N.J.: Presbyterian and Reformed Publishing Co., 1992), 23-43. 핫지의 신학에서의 이성의 사용은 상당 부분 투레틴으로부터 유래하였다.
44) Benjamine B. Warfield, *The Work of Benjamine B. Warfield*, vol. 9 (Grand Rapids: Baker, 1991), 15-16.

Ⅲ. 결론 : 포스트모던 사회에서의 핫지 과학론의 유산

찰스 핫지는 과학혁명과 그 성과물이 미국 대학과 사회에 자리 잡기 시작하던 시대를 살았던 신학자였다. 과학혁명의 철학적 배경은 경험론의 미국 버전인 스코틀랜드 상식철학이었다. 경험론의 귀결인 흄의 회의론에 빠지지 않으면서 인식의 보편성(universality)에서 그 진실성을 찾으려 하였던 사조였다. 과학은 하나뿐인 자연을 설명하는 유일한 설명방식으로서 과학이 사실(fact) 혹은 법칙(law)의 지위를 가지게 되면 그것은 곧 필연적이고 불변하는 진리로 받아들여졌다. 이러한 객관적인 과학이 성경과 신학에 도전해올 때, 성경을 변호하고 교리를 옹호하는 것이 핫지에게 주어진 시대적 임무였다.

칼빈주의자로서의 핫지는 그 임무를 훌륭하게 감당하였다. 자연은 우리의 삶을 위하여 하나님이 주신 선물이고 성경은 우리의 구원을 위하여 하나님이 주셨다. 신학은 성경에 흩어져 있는 데이터를 수집하고 연결하여 법칙을 만드는 작업이고, 과학은 자연에 흩어져 있는 데이터를 소재로 법칙을 수립한다. 핫지에게서 과학의 법칙은 온 세상을 창조한 하나님이 자연에 부과한 절대불변의 법칙이었고, 과학은 바로 이 법칙을 발견하는 이성적인 작업이다. 모든 사람이 받아들일 수

---

45) 워필드는, 지성적 동의보다 신앙을 앞세우는 것으로 보이는 네덜란드 신학자들인 카이퍼(Kuyper)와 바빙크(Bavinck)에 대하여도 반대한다. 이들은 구원을 주는 신앙은 성령의 증거에 의하여 이루어지는 것이며, 이성적 증명은 신앙의 근거가 아니라 신앙의 결과라고 한다. "신앙의 궁극적인 근원은 성령의 능력이라 한다. 그러나 신앙은 결코 눈먼 것이 아니다. 구원을 주는 신앙의 영역에도 합리적인 근거가 들어간다. 신앙의 주제에 대한 합리적인 근거가 없으면 신앙은 생겨나지 않는다"고 하였다 (Warfield, "The Task and Method of Systematic Theology," *American Journal of Theology*, (1910, April), 82-83).

있는 과학법칙이 정립되었을 때, 이를 거부하는 것은 마치 세계의 질서를 만드신 창조주 하나님을 거부하는 것과 같다. 과학의 법칙에 기존의 성경해석이 위배될 때 기꺼이 기존의 성경해석을 수정할 수 있었다. 성경과 과학은 하나님이 우리에게 주신 계시의 전달자이기 때문이다. 핫지는 과학이 성경의 기본적인 교리를 부인하는 것이 있을 수 없다고 생각하였다. 과학과 신학의 언명들이 서로 어긋나는 것은 인간의 지혜가 부족하여 잠시 그렇게 보일 뿐이고, 과학과 신학이 더 발달하면 이 둘은 조화를 이룰 것이다. 그 때까지 '사실'과 '이론,' '문자'와 '해석'을 혼동하는 일을 멈추고, 객관적 사실에만 초점을 맞추도록 하자. 결국 계시도 하나님이 주신 것이고 그 계시를 이해할 수 있는 이성도 하나님이 주신 것이기 때문에, 계시를 받아들이는 능력으로서의 이성은 계시와 어떤 부조화도 낳지 않을 것이라고 주장하였다.

그러나 이와 같은 핫지의 생각은 시대가 바뀌면서 심각한 문제에 봉착한다. 과학이 더 이상 보편타당한 진리가 아니라는 학문관이 학계를 지배하게 된 것이다. 먼저 사회학의 경우 마르크스와 엥겔스는 모든 인간의 지식이 다 과학적인 것이 아니라 허위의식(false consciousness)에 의한 이데올로기가 있다고 주장하였다. 1900년대 초 만하임 등은 지식의 존재피구속성(Seinsgebundenheit)을 근거로 이데올로기를 구성하는 삶의 조건을 찾자고 하는 지식사회학을 발전시켰다. 역사학에서도 역사의 의미를 과거에 일어났던 일[事實, 史實]을 재현하는 것이 아니라, 역사가의 관점에 따라 역사를 재구성하는 작업이라는 정의가 편만하게 되었다. 현대교육학에서도 교육은 실재를 인식하게 하는 가르침이 아니라, 새로운 세계를 구성하게 하는 것이라고 주장하는 구성주의(constructivism)가 우세하다. 심지어 자연과학에서도 역사의 발전이 이론의 누적에 의해서가 아니라 '정상과학'(normal science) 활동의 변칙 사례가 증가함에 따라 새로운 패러다임이 나타나는 혁명적인 과정을 겪는다고 하였다. 나아가 소위 '신과학'(New Science)이 학계의 주목을 끌기 시작하였다. 이 세계를 하나의 물리학적 체계로 환원시키는 종래의 뉴턴 물리학과는 달리, 생명 현상의 불규칙성과 다양성을 전제하고, 그러면서도 그 가운데 어떤 패턴을 찾으려 하는 과학적 방법이다. 물리학적 패러다임에서 생물학적 패러다임으로 전환된 과학의 흐름이다. 소립자 세계에서부터 천체 과학까지, 유전형질의 변이에서부터 지구의 진화에 이르기까지. 수학에서도 2천년 동안 자명한 진리로 여겨져왔던 유클리드 기하학이 비유클리드 기하학과 대등한 관계를 형성하며 발전되었다.

과거 경험론과 스코틀랜드 상식철학이 지배하던 19세기 초와 지성적 환경이 달라진 것이다. '상식'이 통하지 않게 되었다는 뜻이다. 상식은 지배계급이 자신의 지위를 영속화하기 위한 음모의 소산일 뿐이라고 생각한다. 요컨대 포스트모던 시대가 된 것이다. 포스트모던 시대 과학과 신학은 통일적으로 다루어지기는 하지만 더 이상 과학적 엄밀성과 객관성은 담보되지 못하고, 신학도 토대(foundation)를 상실하였다. 핫지가 그렇게 분리시키려 노력하였던 '사실'과 '이론'은 이제 하나가 되었다. 객관적 사실이란 존재하지 않고 해석자가 보고자 하는 것만 보일 뿐이다. 성경을 객관적으로 정리한 것이 교리라는 생각보다는, 독자의 '해석'에 따라 의미가 주어진다고 한다. 계시는 이성이라는 도구로 파악할 수 있는 것이 아니라, 인간의 이성을 뛰어넘는 어떤 신적 존재의 나타남이다. 이 계시는 합리적으로 판단할 성질의 것이 아니라, 단지 '상징'으로만 우리에게 주어질 뿐이고 그 상

징을 통하여 신적인 존재에 참여하는 것이라 한다.46)

필자는 포스트모던 시대의 지배적인 학문관에 응전한 가장 뛰어난 선구적 신학자는 아브라함 카이퍼라고 생각한다.47) 카이퍼는 신자와 불신자의 과학이 서로 다른 출발점과 구조와 가정들을 가지기 때문에, 비록 학문의 기술적인 면에서는 서로 상통하는 것이 있을지라도 중요한 결론에 가서는 달라질 수밖에 없다고 말한다. 불신자와 신자는 한 빌딩의 서로 다른 기관에서 일하는 것이 아니고 서로 다른 빌딩에서 일하는 것이다. 신자의 이성과 불신자의 이성은 '반립'(anti-thesis) 관계에 있다. 신자의 학문의 기초는 하나님의 실재이고 그 하나님으로부터 출발해서 신학과 철학과 일반 과학들이 각각의 위치를 차지하는 통일적인 구조를 가진다. 불신자의 경우는 그 기초가 인간의 자율적 이성이고 자체의 구조와 방법을 가지기 때문에, 아무리 과학적 타당성을 가지고 있다 하더라도 곧 우상숭배로 나아가고 만다. 불신자는 인간의 이성이 정상적으로 작동한다고 믿는 '정상주의자'(normalist)이고 신자는 인간의 이성이 왜곡되었기 때문에 과학자의 전제와 결론이 잘못될 수밖에 없다고 믿는 '비정상주의자'(abnormalist)이다.

카이퍼의 뒤를 이은 네덜란드 개혁주의자들 중 반틸의 전제주의적 변증학(presuppositional apologetics)은 카이퍼의 "두 건물 이론"을 더 성경적으로 철학적으로 해명한 것으로 보인다.48) 언뜻 보기에 핫지-

---

46) 반틸은 이러한 시대의 흐름을 잘 감지하면서, 이렇게 말한다. "가능성(possibility)이나 개연성(probability)과 같이 [과학에서] 가장 근본적인 문제에 있어서 유신론자와 반유신론자 사이에 견해의 차이가 이렇게 큰 적이 없다." 예를 들어 과거 핫지의 시대 모순율은 과학과 신학을 비롯한 모든 논의에서 가장 기본적인 툴이었다. 그러나 현대의 반유신론자는 모순율 자체를 부인하기도 하고, 오히려 유신론자가 모순율을 범한다고 말한다(Van Til, *Introduction to Systematic Theology*, 36-37).

47) 카이퍼의 두 건물 이론 등 과학관을 위하여는, Abraham Kuyper, *Lectures on Calvinism*, (Grand Rapids: Eerdmans, 1981)을 참고하라.

워필드로 이어지는 프린스턴의 전통은 카이퍼-반틸로 이어지는 신학적 전통과 전혀 다른 것 같다. 전자가 합리성을 더 강조했다면 후자는 신앙제일주의(fideism)를 추구하고, 전자가 이성을 더 강조했다면 후자는 계시를 더 강조했다는 식으로 말이다. 그러나 사실은 카이퍼와 반틸과 같은 개혁주의자는 핫지가 제기하였던 문제의식과 해결방법을 많은 점에서 계승하고 있는 것으로 보인다.

첫째, 온 세계는 하나님의 창조물이고 과학은 그 창조를 설명하는 실재라는 핫지의 생각이 카이퍼의 정상-비정상 과학이론과 맥을 같이 한다. 카이퍼나 반틸이 두 개의 과학을 이야기한다고 해서 토마스 쿤의 '과학혁명'을 받아들인 것이 아니다. 이들에 의하면 다른 과학 체계들은 모두 거짓된 것이요, 오직 성경에 근거하여 신앙과 통합된 과학만이 참된 과학이다. 둘째, 반틸이 사실과 해석이 서로 함께 간다고 주장하는 점에서, 사실과 해석을 구분한 핫지와 서로 다른 것처럼 보이지만 이 또한 그렇지 않다. 핫지에서도 진정한 과학이나 신학은 사실과 해석이 같이 간다. 단지 사이비 과학 혹은 이단적인 신학을 구별하기 위하여 핫지가 구분하였을 따름이다. 반틸 등의 개혁주의자는 칸트와 같은 '구성주의'(constructivism)를 지지하지 않는다. 이 세상은 하나님이 창조하셨기 때문에 하나님의 해석 혹은 하나님의 해석에 의

---

48) 핫지-워필드 라인의 과학관과 이성관을 가진 현대의 학자들도 있다. 워필드는 카이퍼의 신자와 불신자의 과학의 구분이 난센스라고 한다. 과학은 하나님의 보통은혜(common grace)에서 비롯하였고, 전 인류의 객관적 통일적 노력의 산물이며, 신자의 이성과 불신자의 이성은 서로 다르지 않다. 신학은 여러 과학의 여왕으로서 신학과 과학은 같은 인식론적 원리-뉴턴과 베이컨의 물리학적 원리-를 가지며, 따라서 기독교의 진리를 이성적으로 증명할 수 있다고 한다. 카이퍼의 사상이 반틸 등의 전제주의적 변증학으로 이어졌다면, 핫지-워필드의 사상은 스프라울(R. C. Sproul)과 게르스트(John H. Gerstner)의 증거주의(evidentialism) 변증학으로 이어지고 있다. 증거주의 변증학에 대해서는, R. C. Sproul, John H. Gerstner, and A. Lindsley, *Classical Apologetics* (Grand Rapids: Zondervan Publishing House, 1984)를 참고하라.

존하는 해석만이 올바른 것이다. 개혁주의는 항상 사실주의(realism)를 지향한다. 셋째, 반틸이 핫지가 "타락의 이성에의 영향"(noetic effect of sin)을 주장하지 않기 때문에 "덜 일관성 있는 개혁주의자"라고 생각하였는데, 이러한 생각의 부당함에 대하여는 앞에서 살펴보았다. 핫지는 이성이 타락했다는 사상을 일관성 있게 가지지는 않았지만, 그렇다고 결코 계시보다 이성을 앞세우지는 않았다. 카이퍼도 반틸도 소위 "중생한 이성"에 대하여 말하였는데, 핫지의 생각이 이와 유사하다고 보인다.[49]

카이퍼와 반틸 등의 네덜란드 개혁주의자의 글을 이해할 때 핫지를 염두에 두고 읽는다면, 훨씬 균형 잡힌 사고를 할 수 있을 것으로 생각된다. 일반적으로 복음주의자들이 아브라함 카이퍼를 신앙제일주의적으로 이해하는 경향을 보이기 때문이다. 역사가 말스덴에 따르면,

> 일반적으로 화란의 신학자이자 정치가인 아브라함 카이퍼의 정교한 제안들에 따라서, 신복음주의자들은 서구의 문화를 서로 경쟁관계에 있는 두 개의 세계관 사이의 다툼으로 이해하였다. …근본주의자들은 이 개념을 더 발전시켜 빛의 세력과 어둠의 세력 사이의 단순한 전투라고 하는 근본주의적 패러다임으로 변형시켰다.[50]

---

49) 반틸은 그의 책, *The Defence of the Faith* (Phillipsburg, N.J.: Presbyterian and Reformed Publishing Co., 1995) 제5장에서 로마 가톨릭의 견해와 알미니안의 견해와 더불어 핫지의 견해를 비판하였다. 그러나 *An Introduction to Systematic Theology* (Phillipsburg, N.J.: Presbyterian and Reformed Publishing Co., 1974)의 제 4장에서는 핫지를 비판적으로 수용하려 한다.

50) G. M. Marsden, *Understanding Fundamentalism and Evangelicalism* (Grand Rapids: Eerdmans, 1991), 108.

반틸에 대하여도 그의 '전제주의'라는 이름 때문에 합리적인 대화를 거부하는 신앙제일주의요, 또한 로마 가톨릭, 알미니안 신학, 핫지의 신학 등을 모두 비판하는 편협한 사고를 가진 사람으로 오해하고 있다. 만일 이들을 이해할 때, 핫지와 같은 개혁주의자들이 가지고 있는 전반적인 사고의 흐름 가운데서 이해한다면 훨씬 폭넓게 이해할 수 있으리라 믿는다.

08

찰스 핫지의 학문과 경건

조진모 교수
(합동신학대학원대학교, 역사신학)

Ⅰ. 들어가는 글
Ⅱ. 학문과 경건의 조화
Ⅲ. 성경에 기초한 학문과 경건
Ⅳ. 도전받는 학문과 경건의 조화
Ⅴ. 나가는 글

찰스 핫지의 학문과 경건

Ⅰ. 들어가는 글

신앙은 믿는 것과 실천하는 것으로 크게 나누어 볼 수 있다. 성경의 진리를 바로 알 때 경건한 삶이 가능하고, 경건한 삶을 위하여 말씀에 귀를 기울여야 한다. 이는 동서고금을 막론하고 모든 신앙인들이 지켜야 할 기본적 신앙원리임에도 불구하고, 지금까지의 교회 역사는 지적 신앙과 행위 신앙 사이의 균형이 깨졌던 빈번한 예가 있었음을 우리에게 알려준다. 때때로 메마른 학문으로서의 신학이 영적 침체를 불러오기도 하였고, 반지성주의는 신앙을 감각의 울타리 안에 가둬놓기도 하였다.

그러므로 학문과 경건의 관계를 정의하고 실천하는 일은 신학자와 성도들에게 주어진 막중한 사명이 되어왔다.[1] 19세기 미국 구 프린스턴 신학교의 대표적 신학자 찰스 핫지(Charles Hodge, 1797-1878)에게도 학문과 경건은 매우 중요한 주제였음에 틀림이 없다. 그는 칼빈주의 신학에 기초한 학문 발전에 이바지한 조직신학자였다. 동시에 그는 신학생들과 성도들의 경건한 삶을 책임져야 했던 교수이자 설교자였다.

그러나 핫지가 이해한 학문과 경건의 상호관계에 대한 평가는 학자들마다 각기 다르다. 세 가지 견해를 들어보자. 첫 번째는 핫지가 추구했던 학문과 경건이 조화를 이룬 신학이 성공적으로 이루어졌다는 평가이다.[2] 두 번째는 핫지가 성경적 교리와 영적 경험의 중요성을 동시에 강조하였음에도 불구하고, 학문과 경건의 사상을 점착력 있는 하나의 교리적 체계로 발전시키지 못하였다는 주장이다.[3] 마지막으로 핫지는 주로 실천에 대한 관심이 없이 이성을 강조하는 신학 체계를 구축했다는 견해이다.[4]

필자는 핫지가 학문과 경건의 조화를 이루는 신학적 체계를 세

---

1) 여기서 말하는 학문과 경건의 관계란, 기독교의 신학과 신앙, 교리와 생활, 이론과 실제, 신앙의 객관성과 주관성의 상호관계, 배우는 것과 살아가는 것, 지식과 행동, 내적 신앙과 외적 신앙, 또는 무엇을 믿는가와 어떻게 사는가 등 상반되어 보이나 실제는 참 종교로서의 기독교가 되기 위해서 요구되는 상호보완적 내용을 가리키며, 본 논문에서 사용된 해당 단어는 특별한 지시가 없는 한 이런 포괄적 의미로 사용되었음을 알려둔다.

2) W. Andrew Hoffecker, *Piety and the Princeton Theologians* (Grand Rapids: Baker Book House, 1981), 44-94. 호페커는 핫지의 글을 『조직신학』 등 체계적인 신학 사상을 담은 서적과 논문, 그리고 성도에게 요구되는 하나님과의 친밀함과 거룩한 삶의 모습 등을 기록한 개인의 묵상 내용 및 설교문 등으로 나눈다. 후자의 내용을 중심하여 연구한 호페커는, 핫지가 학문에 능한 학자로 정평이 나 있기도 하나 경건에 대하여 매우 큰 관심을 가졌음을 지적하고, 이에 근거하여 그가 지적 요소와 경험적인 면이 조화를 이루는 신학 체계를 지녔음을 주장한다. 한편 James Dahl은 "Charles Hodge: Defender of Piety: A Study of the Relationship of Piety and Theology as Seen through His Various Writings and His Critique of Schleiermacher," (Ph.D. Dissertation: Trinity Evangelical Divinity School, 1996)에서 핫지는 경건 사상을 그의 신학 체계 중심에 두어 신앙의 객관성과 주관성을 통합하는 수단으로 삼았다고 주장한다.

3) Mark A. Noll, "Charles Hodge as an Expositor of the Spiritual Life," in *Charles Hodge Revisited: A Critical Appraisal of His Life and Work*. (Grand Rapids: William B. Eerdmans Publishing Company, 2002), 181-216. 놀은 핫지의 일관성이 결여된 신학 사상을 지적한다. 한편으로 그가 정통 신앙고백의 굴레를 벗어나지 못하여 친밀감과 애정이 결여된 책으로서의 성경을 소개함으로써 시대에 걸맞는 창조적인 신학을 제시할 수 없게 하였고, 다른 한편으로는 그가 처했던 시대적 상황의 변화에 따라 자신의 신학적 관점을 새롭게 하여 인간의 경험과 도덕적 직관을 성경의 권위만큼 중요시 여겼다는 것이다. 그 결과 핫지는 객관성과 주관성을 이어주는 신학적 연결고리를 놓치게 되었다고 평가한다.

웠다는 호페커(W. Andrew Hoffeeker)의 의견에 기본적으로 동의한다. 그러나 그가 핫지의 글을 학문적 서적과 경건 서적으로 구분하여 놓고 각각 학문과 경건에만 초점을 맞추고 있다는 주장은 재고의 여지가 있다고 본다. 그러므로 본 논문은 핫지가 성경의 사실과 권위를 기초로 하는 신앙의 객관성과 주관성의 조화를 강조하되, 전자에 우선순위를 두고 이를 근거로 성도의 내적 경건의 중요성을 가르쳤음을 증명할 것이다. 이를 위해 글을 크게 세 부분으로 나누었다. 먼저, 핫지가 학문과 경건의 조화를 수용한 배경과 성격을 소개할 것이다. 그 다음은, 학문과 경건의 조화의 근거가 되는 성경에 대한 핫지의 견해를 서술할 것이다. 마지막에는, 그의 신학 체계가 경험 중심의 경건을 강조하려는 신학자들의 주장에 대한 변증적 도구가 되었음을 설명할 것이다.

Ⅱ. 학문과 경건의 조화

지적 신앙인

핫지가 학문과 경건의 조화를 갖추는 신학 체계를 갖추게 된 것

---

4) Charles Andrews Jones, III, "Charles Hodge, The Keeper of Orthodoxy: the Method, Purpose and Meaning of His Apologetic," (Ph.D Dissertation: Drew University, 1989). 찰스 존스는 핫지가 동시대 이성적 신학자들에게 전투적으로 대항하면서 전통적 신학을 그 당시 미국 상황에 접목시키려고 시도한 결과, 결국 자신도 이성의 역할을 극대화하는 신학 체계를 수용하는 결과를 낳게 된 것으로 본다. 즉 핫지의 객관성을 강조하는 신학 체계는 결국 주관성과의 조화를 깨뜨리는 원인이 되었으며, 그의 성경해석에 있어서 성령의 지속적 사역의 가치를 평가절하시켰기에 독단적 이성주의자라는 비난을 면할 수 없게 되었다는 주장이다. 한편 James L. McAllister는 "The Nature of Religious Knowledge in the Theology of Charles Hodge," (Ph.D. Dissertation: Duke University, 1957), 67-122에서 핫지가 스코틀랜드 상식철학에 근거하여 이성의 사용을 극대화함으로써 주관성이 강조된 신학을 발전시켰다고 주장하였다.

은 결코 우연한 일이 아니었다. 이미 어려서부터 그는 학문적 자질과 경건의 능력을 동시에 갖추었을 뿐 아니라, 그러한 삶이 몸에 배도록 엄한 훈련을 받았다. 찰스 핫지의 아들이자 역시 프린스턴 신학교 교수였던 A. A. 핫지는 1888년에 부친의 자서전을 출판하였는데, 편지와 일기 등의 원자료를 위주로 하여 방대한 내용을 수록하였다. 우리는 이 책을 통하여 핫지의 삶과 사상을 좀 더 상세히 이해할 수 있다.

찰스 핫지는 어려서부터 신앙의 양면, 즉 '무엇을 믿는가?'와 '어떻게 사는가?'에 대한 확실한 교육을 받으며 자라났다. 핫지의 부친은 그가 태어난 후 6개월이 되었을 때 사망했다. 그러나 위그노의 후손인 경건한 어머니는 그를 신앙 안에서 성장할 수 있도록 책임을 다했다.[5] 그녀는 교회에서 배운 웨스트민스터 교리문답의 내용을 집에서도 학습할 수 있도록 강하게 훈련시켰다. 또한 그녀는 자녀들로 하여금 끊임없는 기도생활과 항상 거룩한 모습으로 살도록 이끌어주었다.[6] 그 결과, 핫지는 어려서부터 머리와 가슴으로 기독교를 받아들이게 되었다. 성경에 나타난 진리를 요약한 교리를 학습함으로써 하나님을 지식적으로 알았을 뿐 아니라, 매일의 삶 속에서 하나님을 의식하면서 살아가는 경건한 습관을 갖게 된 것이다.[7]

청소년 시기를 거쳐 청년의 때가 되어서도, 그는 크게 흔들리지 않는 한결같은 신앙을 지니고 있었다. 핫지는 14세에 프린스턴 대학

---

[5] A.A. Hodge, *Life of Charles Hodge* (New York: Charles Scriber's Sons, 1880), 13. 이 자서전의 가장 앞부분에는 핫지 가문에 대한 내용이 기록되었고, 이어 찰스 핫지가 직접 자신의 어린 시절의 모친을 회상하여 서술한 내용이 담겨져 있다. 여기에는 핫지 자신이 좋은 신앙의 계보를 이어가고 있다는 사실을 의식하고 있음이 잘 드러나 있다.

[6] John W. Stewart는 "Introducing Charles Hodge to Postmoderns," in *Charles Hodge Revisited*, 4-11 에 핫지의 삶과 신앙이 전반적으로 어떻게 형성되었는가에 대한 내용이 간결하지만 심도 있게 다뤄져 있다.

에 입학하였고, 21세가 되는 1819년에 프린스턴 신학교를 졸업하였다.[8] 목회자로서 평생을 바치기로 하였고, 강도사의 자격으로 강단에서 설교하던 그는 잘 배우는 것과 바로 살아가는 것에 대한 고민을 그치지 않았다. 1820년 2월 13일자 일기에서 그는 "나는 하나님께 잘 배움으로써, 남들을 가르칠 수 있기를 원한다. 다른 사람들에게 실제적으로 복음 전도를 가능하게 하는 것은 오로지 신적인 일들로서 심오한 훈련을 받은 마음뿐이다. 경건은 목회자에게 생명과 같은 것이다"라고 기록하였다.[9] 그는 자신을 포함한 모든 목회자들이 신앙인으로서 하나님과의 올바른 관계에서 얻어지는 지식과 경건을 바탕으로 사역을 감당하여야 한다는 것을 항상 마음에 두고 있었다.

핫지가 알렉산더 교수에게 학문성을 인정받아 구 프린스턴 신학교에서 가르치기 시작한 것은 그가 22세였던 1820년 5월이었다. 다음 해에 목사 안수를 받은 그는, "자신의 부족에 대한 의식이 극에 달한 느낌" 때문에 1826년 학교의 허락을 받아 2년간 유럽으로 유학을 떠났다.[10] 프랑스에서 공부를 마친 후 과거 독일 경건주의의 산실인

---

7) A. A. Hodge, *Life of Charles Hodge*, 13, "나의 기억을 더듬어 보자면, 나는 무엇이든지 받을 때마다 하나님께 감사하고, 내가 갖고 싶은 모든 것을 위해 그분께 기도하는 습관이 있었다. 만일 책 한 권이나 내가 가지고 놀던 것을 잃어버리게 되면, 그것을 찾게 해달라고 기도했다. 나는 길을 걸어갈 때, 학교 안에서와 밖에서, 놀든지 공부하든지 기도하였다. 나는 내게 주어진 규칙을 순종하기 위해 이런 일을 한 것이 아니다. 모든 것이 자연스러웠다. 나는 하나님이 어디나 계시는 분이시며 인자와 사랑이 충만하신 분으로서, 어린아이가 말을 건네도 결코 불쾌하게 생각하지 않으실 것으로 생각했다."

8) David B. Calhoun, *Princeton Seminary* (Edinburgh: Banner of Truth Trust, 1994) vol. 1, 110. 핫지는 1815년, 대학 캠퍼스에 불어왔던 부흥의 물결을 경험하였다. 비록 그에게는 극적인 일이 일어나지 않았으나, 자신의 구원에 대한 믿음을 재확인할 수 있는 기회가 되었다. 프린스턴에서 알렉산더 교수로부터 지대한 신학적, 영적, 지적 영향을 받은 것 외에도, 1760년대 학장이었던 위더스푼에 의해 소개된 영국의 상식철학으로부터 받은 영향이 그의 신학에 두드러지게 나타났다. 상식철학에 대하여, Sydney Ahlstrom, "The Scottish Philosophy and American Theology," *Church History*, 24 (Spring, 1955), 257-272; Nicholas Griffin, "Possible Theological Perspective in Thomas Reid's Common Sense Philosophy," *Journal of Ecclesiastical History*, 41 (July, 1990), 425-442를 참고하시오.

9) A.A. Hodge, *Life of Charles Hodge*, 74.

할레 대학에 머물게 된 핫지는, 그곳에서 동 대학 교수인 아우구스는 스 톨록 박사를 만나게 되었다. 연령이 비슷한 두 사람은 자주 만나 산보하면서 신학에 관한 대화를 통해 깊은 우정을 나누었다. 무엇보다도 그는 할레 대학의 영적 상태를 우려하며 경건한 삶을 살면서 학문적으로 뛰어난 톨록으로부터 커다란 지적, 영적 도전을 받았다.11) 핫지는 그를 통하여 당시에 유행하던 독일의 낭만주의 신학 사상, 특히 슐라이어마허의 경건 사상을 소개받았으나, 그것이 '종교적 감정'을 기독교에 적용하였다는 부정적인 견해를 갖게 되었다.12) 핫지는 할레 대학의 유학생활을 통하여 주관적 경건에 대한 지나친 강조로 인한 부작용을 경험하게 되었으며, 향후 경건에 관한 그의 신학 사상 정립에 적지 않은 영향을 주었다.

---

10) Ibid., 100.
11) Ibid., 117-19. 그가 1827년 3월 11일 아내에게 쓴 편지에 톨루크를 "경건한 젊은이"로 불렀으며, 영어를 포함하여 15개국 언어를 이해하고 있다고 하면서 "그가 나보다 어림에도 불구하고 독일에서 이름난 성경적 서적의 저자로서 특정한 소수가 평생에 얻을 수 있을 만한 지식을 지녔다"고 기록하였다. 핫지는 일기장에도 톨루크로부터 많은 지적, 영적 도전을 받았다고 기록하였다(118-145). 한편 톨로크가 1827년 8월 22일에 핫지에게 보낸 편지에 비록 떨어져 있어도 마음으로는 형제를 향한 사랑이 식어지지 않고 있다고 하면서, 특히 "하나님께서 우리의 결속을 지켜주지 않으셨다면 우리가 만나지도 못하였을 것이고, 영적으로 죽은 할레 대학에서 우리의 결속이 그렇게 하나님 중심으로 이뤄지지 않았을 거야"(146)라고 하였는데, 이는 두 사람이 평생 어떤 우정을 나누었는지를 보여준다.
12) Ibid., 122-23. 슐라이어마허는 할레 대학이 이성주의에 입각한 교육을 실시할 때에 그곳에 입학하여 교육을 받았으며, 1908년 베를린 대학으로 옮기기 전에 1804부터 3년간 할레 대학에서 가르치며 신학자와 설교자로서 명성을 얻었다. 핫지는 초기에 슐라이어마허를 신비주의자로 불렀으나 나중에는 그를 이성주의자로 분류하였다. 그는 줄곧 슐라이어마허가 인간 중심의 성경해석에 기초하여 신학 체계를 세웠다고 비평한다. 물론 핫지는 슐라이어마허 외에 헤겔의 사색적 철학이 독일 신학에게 준 영향도 유럽 유학을 통하여 알게 되었다. B. A. Gerrish는 "Charles Hodge and the Europeans," in *Charles Hodge Revisited*, 129ff에서 핫지가 유학 중 습득한 다양한 독일 신학에 대하여 설명한다. 그는 핫지가 헤겔과 슐라이어마허의 사상적 차이를 잘 이해하지 못하였으며, 그 결과 "(두 사상이) '현대 독일 신학'이라는 정체성으로 융해된 것"으로 이해하였다고 하였다. 슐라이어마허의 신학에 대한 언급과 이에 대한 핫지의 평가에 관하여 본 논문 3장을 보라.

경건한 학자

핫지는 유학 후 1828년 프린스턴 신학교로 돌아와 동양 및 성경 문헌 교수로 재직하며 Biblical Repository and Princeton Review의 편집장을 맡아 사역하던 중 1840년에 조직신학 교수로 발령받게 되었다.[13] 구 프린스턴의 학문적 발전에 공헌할 수 있는 좋은 기회가 찾아온 것이다. 그런데 그의 신학 사상이 결집된 『조직신학』을 집필하기 시작한 것은 1864년경이었고 출판된 것은 1870부터 1872년 사이, 즉 그의 신학 사상이 무르익었을 때였다.[14]

A. A. 핫지는 그의 부친이 이미 졸업한 제자들 및 전 미주에 있는 목회자들과 평신도들로부터 수많은 질문들을 받아낸 후 답변하는 방법을 선택하여 집필하였음을 밝히고 있는데, 그에게 제출된 질문들은 "교리, 주해, 경험, 그리고 교회법 등을 총망라하였다"고 증언하고 있다.[15] 그는 조직신학 시간에도 줄곧 투레틴의 『변증신학강요』를 교과서로 사용하였으며, 강의도 질문과 답변을 중심하는 스콜라적 교육 방법을 선택하였다. 그는 학생들에게 라틴어로 된 교과서를 예습하게 하였으며, 수업시간에는 이론적이며 실제적인 신학적 주제를 두고 열띤 대화를 통하여 답을 얻는 방법으로 그들이 신학 체계를 잡아갈 수 있도록 하였다.

하지의 『조직신학』은 단순히 투레틴의 『변증신학강요』를 모방

---

13) 핫지가 34년간 편집장으로 있었던 Biblical Repository and Princeton Review 에 수록된 모든 글을 모아 놓은 웹 주소는 http://scdc.library.ptsem.edu/mets/mets.aspx?src=BRTRINDEX.txt 이다.
14) Charles Hodge, Systematic Theology, three volumes (New York: Charles Scribner and Company, 1871) [vols. 1 and 2]; (New York: Scribner, Armstrong, and Company, 1872) [vol. 3]; reprint edition (Grand Rapids: William Eerdmans Publishing Company, 1977).
15) A.A. Hodge, Life of Charles Hodge, 452.

한 것이 아니었다. 교회의 전통이 자신에게 선물한 귀한 학문적 유산을 19세기라는 새로운 시대에 살고 있는 성도들에게 적용시키려는 목적으로 저술한 것이다. 즉 핫지의 기독교의 객관적 진리를 학문적으로 소개하려는 학자로서의 의지가 강조되어 있지만, 결코 이론을 위한 사변적이며 메마른 신학 논증에 그치지 않으려 했다. 핫지는 교회와 성도들의 신앙에 구체적인 도움을 주려는 의도를 놓치지 않았던 것이다.

핫지는 학문과 경건의 우선순위를 분명히 했다. 그는 건전한 객관적 진리 위에 경험적 신앙을 놓아야 한다고 주장하였다. 그는 감성에 기초한 자유주의 신학은 도리어 진정한 경건을 경험하는데 방해물로 보았다. 성도의 경험이나 주관적 느낌 자체의 가능성을 거부한 것은 아니지만, 객관성이 배제되어 개인의 내면세계에 속해 있는 종교적이며 도덕적 느낌을 중심한 경건이 낳는 신앙행위는 위선이며 자기만족에 불과한 것으로 본 것이다. 그 결과 그는 내적 경건을 더욱 중시하였다.16) 하나님에 대한 올바른 태도를 중시하였기에, 성도는 반드시 하나님이 어떤 분이시며 또 무엇을 원하시는지를 바로 알아야 한다고 강조한 것이다. 핫지는 경건한 신앙생활의 기초가 되는 하나님과의 올바른 관계 또는 내적 경건의 중요성을 인식하고 성경에 입각한 바른 신학을 제시하려 하였다. 성도가 그리스도의 대속 죽음에 대한 감사와

---

16) 핫지는 칼빈이 내적 경건에 대하여 내린 정의와 유사한 내용을 말하고 있다. 칼빈은 *Institute of the Christian Religion*, ed. John T. McNeill and trans. Ford Lewis Battles (Philadelphia: Westminster Press, 1960), 1.2.1.에서 경건을 겉으로 나타난 행동에 국한되지 않고 성도의 마음 전체의 문제라고 지적하면서, "하나님께 대한 존경과 함께 그가 베푸시는 은혜에 대한 인식이 가져다주는 사랑과 함께 형성된다"고 하였다. 이것은 외적으로 나타나는 행동과 구분되며, 성도가 절대자의 권위 앞에서 갖는 거룩한 경외심을 기초하여 인격적으로 맺은 하나님과의 관계를 의미한다. 핫지는 『생명의 길』(*The Way of Life*), (서울: 크리스챤 다이제스트, 2000), 234-36에서 성도가 하나님과 맺는 관계를 부자간의 사랑과 기쁨으로 설명한다. 핫지는 칼빈과 같이 하나님과의 바른 관계, 즉 내적 경건을 거룩한 삶의 시작으로 본 것이다.

감동하는 마음을 갖게 되면 진정으로 거룩한 삶을 살기 위한 동기가 부여되고, 비로소 하나님께 대한 순종의 열매를 얻게 된다는 것이다.

지금까지 우리는 지적 신앙인이자 경건한 학자로서의 소양을 갖춘 핫지가 학문과 경건의 조화를 중요시 여겼으며, 객관적 진리 위에 성도의 경험이 놓여지는 신학 체계를 지니게 된 사실을 알아보았다. 이제부터는 이러한 핫지의 학문과 경건의 조화에 대한 신학적 근거를 논하려 한다.

Ⅲ. 성경에 기초한 학문과 경건

성경 중심의 방법론

성경의 절대적 권위를 인정한 핫지는, 그 안에 담긴 하나님에 대한 사실들이 학문과 경건의 공통적 기초가 된다는 것이다. 그러기에 그는 "진정한 신학의 방법은 신앙적 체험을 통해 얻는 사실들을 실제적인 일로 수용할 것을 요구하며, 만일 (그 사실들이) 성경에 의하여 정당하게 인정된다면 하나님 말씀의 교리적 진술을 해석하도록 허락되어야 한다"라고 기록하였다.[17] 즉 성경이 담고 있는 사실은 신앙의 원리를 제공한다는 것이다.

그러므로 핫지는 "모든 개신교들은 구약과 신약성경에 담겨져 있는 하나님의 말씀이 신앙과 실천에 관하여 유일하게 무오한 규범인 사실에 동의한다"고 하면서,[18] 성도 개인의 주관적 경험에 의한 신앙

---

17) Hodge, *Systematic Theology*, I:16.

의 함정에 빠지지 않기 위하여 반드시 객관적 진리에 의해 제한을 받아야 한다고 믿었다. 신학의 객관성과 성도의 주관적 경험은 반드시 모두 성경에 의하여 검증되어야 한다는 것이다. 그는 이러한 자신의 주장이 전혀 새로운 것이 아니며, 어거스틴, 라틴 교회, 그리고 칼빈과 제네바로부터 내려온 신빙성 있는 전통임을 강조하였다.[19]

그러므로 교회는 기독교 신앙을 교리의 체계로 간주해왔다. 이 교리들을 믿는 자들은 신자들이며, 이를 거부하는 자들은 교회의 심판을 받았

---

18) Ibid., 1:151.
19) Ibid., 신앙의 주관성과 객관성의 상호관계는 칼빈주의 신학의 중요한 주제들 중 하나로서, 핫지도 같은 전통을 가졌다는 증거를 보여준다. 개혁주의의 기초를 놓은 칼빈은 기독교의 기본 진리에 대한 객관적 지식 습득과 주관적 경험 사이의 조화를 강조하였다. 칼빈은 『기독교 강요』를 저술한 유일한 동기를 순수한 경건의 교리를 보존하여 이를 통해 교회를 유익하게 하는 것이라고 설명한다. *Institute of the Christian Religion*, 1에서 그는 의도적으로 자신의 신학을 경건의 범주 안에 두어 설명함으로써 그들이 결코 분리될 수 없는 개체임을 역설하려 하였다(1.2.1). 경건은 하나님에 대한 바른 지식을 얻을 수 있는 선결조건일 뿐 아니라, 하나님이 누구인지에 대한 바른 지식이 성도로 하여금 그가 원하는 것을 행동으로 옮기게 하는 원동력이다. 로마 교회는 경건과 상관없는 하나님을 아는 지식이 가능하다고 가르친다. 이에 반하여 칼빈은 건전한 교리 서술의 근거와 모든 영적 경험의 기준으로 성경을 제시한다. 모든 성도는 진리에 대한 확실한 증거를 담고 있는 성경에 드러난 온전한 진리에 대한 지식에 능통하고, 성경을 주신 하나님께서 원하시는 대로 자신을 온전히 맡기고 순종된 삶을 살 때 진정한 영적 유익을 얻을 것으로 확신하였기 때문이다(3.2.8). 즉 칼빈은 성경의 진리에 근거한 학문과 경건의 조화에 강조점을 두었다.
참고적으로, 이러 전통은 청교도에 와서도 계속 이어졌다. 그들은 특별히 하나님의 말씀을 묵상하는 일의 중요성을 인식하였다. 신체의 건강을 위하여 음식이 섭취되어야 하듯, 성도는 반드시 영적 성숙을 위하여 성경 말씀을 양식 삼아 정기적으로 묵상하여야 한다는 것이다. 요엘 비키는 "The Puritan Practice of Meditation," in *Puritan Reformed Spirituality* (Reformation Heritage Books: Grand Rapids, 2004), 74에서 청교도의 말씀 묵상이 지닌 특성에 대하여, "정신과 마음 모두를 위한 훈련이며, 묵상을 하는 자는 특정한 주제에 대하여 자신의 지성과 감성을 가지고 접근하는 것"이라고 설명한다. 그들은 하나님의 말씀을 묵상할 때 진리 안에 거하게 되어 신앙심이 더욱 두터워지며, 자신들이 체험하는 종교적 감흥도 말씀의 굴레를 벗어나지 않는다고 믿었다. 묵상된 말씀은 반드시 먼저 마음에 적용해야 하는데, 그렇지 않게 되면 그것은 단지 학습활동에 불과한 것이기 때문이다. 그러므로 성경이 하나님의 말씀이라는 확신 속에 묵상할 때 그 진리가 머리와 마음의 필요를 채워주며, 나아가서는 경건을 행동에 옮기도록 한다(78). 이토록 청교도들은 학문과 경건에 있어서, 후자를 강조한 느낌을 주는 것이 사실이나, 그들도 역시 성경에 기초를 둔 조화를 보여준 것이다.

던 무신론자들과 이교도들이다. 만일 우리의 신앙이 형식적이며 추상적이라면 기독교 신앙도 그러해야 한다. 만일 우리의 신앙이 영적이며 생동감이 있다면, 우리의 종교도 그러해야 한다. 그러나 종교를 진리로부터 분리시키는 것과 기독교 신앙을 성경이 신앙의 대상으로 증거하는 교리와 별 관계가 없는 정신이나 삶으로 만든다면 큰 실수를 범하는 것이다.[20]

이토록 그는 성경이 학문적 체계를 세우기 위해 필요한 지적 요소를 공급할 뿐 아니라, 경건한 삶을 가능하게 한다고 확신하였다. 성경이 분리되어 있는 신앙의 객관성과 주관성을 이어주는 고리 역할을 하는 것이 아니라, 이 둘은 서로 맞물려 있는 신앙의 원리로서 성경이 무엇을 믿을 것인가와 어떻게 살 것인가에 대한 답을 제공한다고 본 것이다.

성경의 사실

그렇다면 구체적으로 성경에 담겨져 있는 내용에 대하여 잠시 언급하기로 하자. 핫지는 지식 없는 신앙은 전혀 불가능한 일이라고 생각했다. 그러기에 성경은 성도에게 필요한 사실을 총체적으로 담고 있으며, 이로부터 기독교의 진리 또는 신앙적 원리를 얻어낸다고 믿었다. 그는 『조직신학』의 첫 부분에 자신의 귀납법적 신학 방법론을 제시하되, 신학은 과학이라는 명제로 글을 시작한다.[21] 우리는 여기서 그가 21세기의 관점으로 이해되는 과학과 다른 논리를 펴고 있음

---
20) Ibid., I:179.

에 주지하여야 한다. 과학자들의 작업은 자연이 지닌 사실을 캐내어 나열시키는 것에 국한되지 않는다. 그들은 이러한 사실이 지닌 내적 관계 또는 이런 사실들을 지배하는 법칙이 무엇인지를 보여준다. 그는 과학이 자명한 사실들을 수집한 후에 그로부터 발생되는 일반적인 법칙을 추론하는 연역적 방법을 사용하고 있음을 염두에 두고, 신학은 성경에 나열된 사실들이 신학의 기초가 된다는 사실을 말하려고 했던 것이다. 이런 연역적 방법은 사변적 방법이나 신비적 방법과 구분된다.

핫지는 신학이 과학과 같이 주어진 사실을 논증하는 학문으로서, 성경이 제공하는 사실로 인하여 신학이라는 학문이 성립될 수 있다고 믿었다. 즉 핫지는 신학에 필요한 내용이 성경 안에 실려 있다는 사실을 강조한 것이다. 그가 성경신학과 조직신학을 구분한 이유를 바로 여기서 찾아볼 수 있다. 성경신학의 책임은 성경의 사실들을 확인하고 이를 진술하는 것이며, 조직신학은 성경에 관계된 사실들의 진리 여부를 증명하고, 나아가서 그 사실들에 내포되어 있는 일관성을 보여주는 것이다. 그는 신학자의 임무를 성경에 담겨진 내용을 "선별하고, 입증하고, 정리하고, 그리고 그들의 상호 내적 관계를 보여주는" 것으로 이해한 것이다.[22]

그렇기 때문에 신학자는 반드시 성경 안에 신학을 가능하게 하는 모든 사실이 담겨져 있다는 사실을 수용하여야 한다고 생각하였

---

21) Ibid., I:1. 성경과 과학에 관한 핫지의 관점에 대하여 Jonathan. Wells, "Charles Hodge on the Bible and science," *American Presbyterians*, 66 (Fall 1988), 157-165; Ronald Numbers, "Charles hodge and the Beauties and Deformities of Science," in *Charles Hodge Revisited*, 77-101; Brian W. Aucker, "Hodge and Warfield on Evolution," *Presbyterion* 20(Fall, 1994), 131-142를 참고하라.
22) Ibid., I:1-2.

다. 이 모든 사실은 지성적인 면과 경험적인 면의 일치를 보여준다. 핫지는 일치감의 이유를 두 가지로 설명한다. 하나는, 진리는 반드시 일관성이 있어야 하는 것이고, 다른 하나는, 인간이 지닌 본성의 구조와 종교적인 경험을 통해 얻는 진리는 모두 성경 속에서 검증되기 때문이다.23) 그러므로 그는 성경에 포함된 사실이 부정될 수 없다는 것을 강조한다.

그러기에 핫지는 과학과 기독교의 유사성에도 불구하고 둘 사이에는 근본적인 차이가 있음을 지적하였다. 과학자들은 다른 시대나 나라에서 수용한 이론을 거부하기도 하고 새로운 이론을 만들어내기도 한다. 과학자들의 주장은 부단히 변한다는 것이다. 그러나 신학자들의 경우는 그렇지 않다. 성경의 사실과 그것에 기초하여 만들어진 신앙 원리가 정확하고 불변하기에 신학자는 성경이 말하는 고정된 사실에 따라 성경을 해석한다. 또한 신학자들은 자신의 관점에서 성경이 담고 있는 내용을 이해할 수 없으며, 타인들이 인간의 사변과 고유의 개연성을 중심하여 펼치는 신학적 이론을 과감히 거부할 자유도 있다.24)

이런 의미에서 핫지는 신학과 과학이 근본적으로 다른 성격의 학문이라고 설명한다. 과학자들은 인간의 지식과 경험을 학문의 근거로 삼는다면, 신학자들의 임무는 성경의 사실들을 종합하여 신앙 원리를 세우는 학문활동을 통하여 성도들에게 믿음의 기초를 제공하는 것이다.

---

23) Ibid, I:15. 핫지의 성경 해석에 대한 세 가지 규칙에 관하여, David H. Kesley "Charles Hodge as Interpreter of Scripture" in *Charles Hodge Revisited*, 217-245를 참고하시오.
24) Ibid., I:57-58.

신학자들의 학문활동의 결과로 성경의 사실들로부터 얻어진 객관적 신앙의 원리는 경건한 삶을 위하여 절대적으로 요구된다. 성도는 성경에 귀를 기울임으로써 자신이 무엇을 믿고 어떻게 행할 것인지에 대한 확신이 있어야 한다. 성경이 지닌 사실과 신앙의 원리는 성도들이 무엇을 믿어야 하며 또한 그런 믿음을 가진 성도로서 마땅한 삶이 어떤지를 가르치기 때문이다. 그러나 만일 성도가 성경에 담겨져 있는 내용을 거짓으로 여긴다면, 이는 곧 성경을 신학과 신앙의 기초로 삼는 것을 포기하는 행위이다. 그러므로 핫지는 반드시 성경의 권위가 인정되어야 할 것을 강조한다.

성경의 권위

그렇다면 성도들이 성경의 사실들과 신앙 원리가 진실이라고 믿는 근거를 어디에서 발견할 수 있는가? 핫지는 성도가 성경의 객관적인 진리를 제대로 이해하고 받아들이려면 성경의 신적 기원에 대한 성경의 내적 증거를 수용할 것을 권한다.[25] 사실적인 증거를 제시하여도 그 마음에 의심이 가득하여 결국 그 복음을 거부하는 자에게 결코 순전한 믿음을 기대할 수 없기 때문에, 성도는 반드시 올바른 마음의 상태, 즉 성경이 하나님의 말씀이란 사실을 잊지 말아야 한다고 당부한다. 성경이 하나님의 말씀이라는 내적 증거는 성도로 하여금 올바

---

[25] 성경의 신적 기원에 대한 내적 증거는 핫지의 『생명의 길』에서 발견되는 중요한 주제이다. 미국 주일학교 연합회 출판 위원회의 위촉을 받아 저술한 이 책은 1841년, 그의 『조직신학』보다 약 30년 전에 출판되었다. 그 내용을 보면, 『조직신학』의 주제를 간략하나마 골고루 다루고 있다. 핫지는 서문에 자신의 저술 동기를 성경과 신앙에 대한 질문 대하여 명확한 답을 제시함으로써 젊은이들의 영적인 삶을 돕기 위한 것이라고 기록하였다. 이 글을 통해 우리는 핫지가 젊었을 때부터 이미 성경이 학문과 경건의 기초가 된다는 그의 주장이 그의 신앙 체계 안에 자리 잡고 있었음을 알 수 있다.

른 믿음의 기초를 세울 수 있게 하며, 성경이 제시하는 진리를 받아들이는 성도는 믿음을 하나님의 선물로 받게 되기 때문이다.[26]

  여기서 핫지가 성경의 신적 기원을 언급하는 것은, 곧 그 말씀의 권위에 대한 증거가 그 자체에 내포되어 있음에 대한 주장이다.[27] 핫지가 성경에 무슨 내용이 담겨져 있는가에 대한 증거만큼이나 성경의 권위에 대하여 관심을 두었던 것은, 성경이 성도들의 삶에 직접적인 영향을 줄 수 있다는 충분한 근거를 얻기 위함이었다. 성도는 자신에게 들려진 말씀이 바로 하나님의 말씀이란 확신이 있을 때 이에 순종하고 실천하여 경건을 이루게 된다는 것이다. 핫지는 이토록 성도가 성경을 대하는 것은 곧 하나님의 권위 앞에 서는 것과 동일한 것으로 여겼다. 하나님은 인간의 생사를 주관하는 분이시며 무한한 지혜와 능력으로 보호하시며 통치하시는 분이심을 깨닫게 되면서, 그 말씀을 들을 때마다 경외심을 갖게 되고 순종하는 자세로 마음에 새기고 삶 속에서 실천하게 된다고 주장하였다.[28]

  성경이 권위를 지닌 것은 저자들이 특별난 인물들이었다거나 교회의 인위적인 결정의 결과가 아니었다. 성경이 하나님의 영감으로 기록된 말씀이라는 것 때문이었다. 그러므로 핫지는 축자영감설을 주장한다. 인간을 통해 기록하게 하셨지만 성령께서 모든 단어 선택과

---

[26] Ibid., 148-49.
[27] Ibid., 14-15. "성경의 주장에 힘과 권위를 주는 것은 바로 신적 기원에 대한 적극적인 증거이다. 이 증거는 주로 성경의 완전한 거룩성에 있으며, 또한 사람과 구속, 미래의 상태, 우리의 올바른 판단들, 합리적인 인식들, 그리고 개인의 경험 등에 관한 성경의 모든 진술들이 모두 완전히 일치한다는 사실에 있다. 성경은 스스로 하나님의 말씀이라고 주장한다. 하나님의 이름으로 말씀하며 하나님의 권위를 갖고 선포한다. 이러한 주장들이 거짓이라면 어떻게 성경이 그렇게 거룩할 수 있겠는가? 거짓된 것이 어떻게 완벽함의 요인이 될 수 있겠는가?"
[28] Ibid., 226. "하나님을 향한 이러한 경외심보다 신앙의 본질에 더 필수적인 요소는 없다. 하늘이 열려 사람에게 그 모습을 드러낼 때면, 언제나 그 하늘에 있는 사람들이 얼굴을 가리우고 하나님의 보좌 앞에서 절하는 모습이 나타났던 것이다."

의미까지 주관하셨기에, 실제적인 저자는 하나님이시다.[29] 그러므로 성경의 권위에 대항할 것은 아무것도 없는 것이다. 성경을 거부하는 것은 곧 하나님을 거부하는 것이고, 성경의 진리를 수용하는 것은 곧 그 말씀을 주신 하나님을 수용하는 것이다.[30]

    핫지에게는 성경의 위치가 확고하였다. 핫지에게 있어서 역사적 고백서와 신조는 성경의 사실로부터 이끌어낸 신앙 원리로서 학문과 경건에 큰 도움을 주고 있다는 사실에 의심이 없었다. 그는 결코 맥앨리스터의 주장과 같이 교리를 성경의 권위와 동등하게 여기지 않았다.[31] 성경 외에는 그 어느 것도 신앙의 기초가 될 수 없다고 확신했기 때문이다. 핫지는 하나님의 권위를 인정하여 받아들인 진리는 그의 경건한 삶의 길잡이가 된다고 믿었다. 학문과 경건의 기본 사상을 성경 자체의 권위와 성경이 증거하는 하나님께 두었기 때문이다.

    성경이 가르치는 교리와 삶의 규율도 중요하지만, 핫지가 경건한 삶을 위하여 더욱 중요시 여겼던 것은 하나님과의 바른 관계였다. 그 관계의 기초는 하나님의 말씀이며, 그의 말씀을 어떻게 받아들이느냐에 따라 그 관계의 깊이가 결정되는 것이다. 성경을 통해 말씀하시는 하나님에 대한 관심이 고취되어 있을 때 성도는 의무감이 아닌 자발적인 자세로 신앙생활에 임할 수 있게 된다. 성경에 포함되어 있는 객관적 사실에 근거하여 논리정연한 학문적 체계를 세웠다 할지라도, 그 성경적 진리를 제공한 장본인에 대한 의식이 없다면 말씀이 주는 생명력을 상실한 채 피상적인 신앙에 머물러 있을 것이다. 그러므로

---

29) Hodge, *Systematic Theology*, I:151-82.
30) Ibid., III:230. "만일 성도가 왜 안에 포함된 교리를 믿느냐는 질문을 받거든, 그가 간단히 답할 것은 그것은 하나님의 증거 또는 권위 때문이란 것이다."
31) McAllister, "The Nature of Religious Knowledge," 84.

핫지는 하나님의 말씀이 지닌 권위를 인정하게 되면 기쁨을 얻을 뿐 아니라, 신전 의식에 근거한 하나님과의 영적 교제를 통하여 참된 경건의 모습으로 살아갈 수 있다는 확신을 가졌다.

이성과 성령의 역할

핫지는 1857년에 기록한 성경의 영감에 대한 글에서 가톨릭 교회의 교리를 공격하면서, 성경만이 기독교의 유일한 신앙의 규율이며, "다른 무엇이나 더 이상의 것을 원치 않는다"라고 하였다.[32] 성경의 지식과 원리가 성도의 경건생활의 근거가 된다는 의미는, 성도들이 매일의 삶 속에서 경건을 이루기 위해 적용시켜야 한다는 의미를 포함하고 있다.

> 모든 성경은 진리가 지니고 있는 구원의 능력과 오류가 지니고 있는 파괴적영향력에 대한 내용으로 채워져 있다. 일반적으로 이해되듯이, 성도의 삶이 바르다는 것은 그가 믿는 신조가 옳기 때문이다라는 말은 실제적으로 이교도들이나 하는 말이다. 그 반대가 될 때 옳은 것이다. 그의 신조가 옳지 않다면 그의 삶이 결코 바를 수 없다. 마치 우리의 몸이 공기와 음식에 의존하듯이, 영혼의 내적 생명은 진리에 의해 지탱되며 그것을 의존하게 되는 것이다.[33]

성경의 진리는 성도의 지식과 삶의 영역 모두에 영향력을 행사한다. 그렇다면 성도는 어떤 방법으로 성경에 담겨져 있는 원리를 습

---

32) Charles Hodge, "Rule of Faith," *BRPR* 14 (October, 1842), 629.

득하는가? 핫지는 이성과 성령의 역할을 소개한다.

　　　핫지는 이성의 역할을 매우 높이 평가한다. 물론 과학의 경우도 그러하지만, 핫지가 말하는 이성의 뜻은 합리주의적 이성과는 다른 의미에서 사용되었음을 주지하여야 할 것이다. 그는 주로 이성이 계시를 받아드리는데 필수적임을 강조한다. 핫지는 세 가지 이유를 제시한다.[34] 첫째, 이성이 모든 계시에 전제되어 있기 때문이다. 신앙을 얻기 위해서 반드시 무엇을 믿고 있는지 알아야 한다. 그렇기 때문에 진리에 관한 지적 파악을 위하여 도구로서의 이성의 활용을 허용한 것이다. 둘째, 이성의 특권은 계시의 신빙성 여부를 판단하는 것이다. 믿는다는 것은 믿을 수 있을 만한 것을 믿는 것이다. 믿을 수 없는 것은 절대로 믿을 수 없기 때문이다. 그러므로 이성은 하나님을 신뢰함으로 이해할 수 없는 신앙의 법칙이라도 확실히 믿게 한다. 마지막으로, 이성은 계시의 증거들을 판단한다. 여기서 '판단한다' 고 하는 것은 합리주의 사상에 입각하여 인간의 자율에 입각한 이성의 사용을 말하는 것이 아니다. 이성은 성경의 사실과 신앙의 원리 위에 놓일 성질의 것이 아니기 때문이다.

　　　그러므로 핫지는 성경이 성도의 삶에서 올바르게 기능하려면 반드시 성령의 사역에 의존해야 한다고 강조하였다. 성경이 성령의 감동으로 기록된 것처럼, 성도들은 반드시 성령의 도움을 받아야 한다는 것이다. 바른 학문과 경건한 삶을 위하여 성령의 사역은 필수적이라고 믿은 것이다.[35] 특히 성령의 내주하심은 성도의 책임을 없애거나 이성의 기능을 마비시키려 함이 아니며, 도리어 성령은 성도를 가

---

33) Charles Hodge, "Inspiration," *BRPR* 29 (October, 1857), 694.
34) Hodge, *Systematic Theology*, I:49-55.

르치고 설득하시어 그가 지닌 이성적 기능을 영적인 길로 향하게 하며, 성도들이 직접 행동에 옮길 수 있도록 인도하며 역사하신다고 믿었다.[36] 이때 성령은 성도를 복음의 빛 가운데로 인도하는데, 삶 속에서 주관적 신앙의 열매를 맺게 하려고 성경의 객관적 진리를 제시한다. 그러므로 그는 성령의 증거는 성도의 마음에 있는 "기독교 신앙의 궁극적 기초"가 된다고 하였다.[37] 구체적으로, 핫지는 성경에 포함된 사실의 진실성을 알려줄 뿐 아니라, 성경의 권위를 성도들에게 알려주어 수용하게 하도록 하는 사역을 동시에 언급하였다.

먼저 성령께서 진리를 말하심에 대하여 살펴보자. 앞에서도 잠시 언급한 것처럼, 성령은 성도의 어두운 눈을 밝혀주는 사역을 통하여 진리를 가르치신다.[38] 성령은 하나님의 대리자이다. 그가 이 세상의 일들을 행하실 때 성령을 통해 하신다. 성령은 성도들에게 하나님의 속성과 사역을 상세하게 가르쳐주신다. 그러므로 핫지는 성도들이 습득하는 지식은 "무소부재하신 하나님의 성령"으로부터 주어진다고 하였다.[39] 핫지는 성령의 증거는 구원에 이르게 하는 믿음의 기초가 된다고 하였다. 그는 성령이 "성경과 그 안에 속해 있는 교리의 진실됨을 증거한다"고 하면서 "성도는 성령으로 거듭나며, 성령께서 하나님의 백성 안에 계속적으로 내재하면서 그들의 생각과, 느낌, 그리고

---

35) Hodge, *Systematic Theology*, I:16. "내재하시는 성령의 가르치심 또는 종교적 경험이 외적 계시를 대신한다거나 신앙의 규율이 될 수는 없지만, 신앙의 규율이 무엇을 가르치는지를 결정하는 매우 값진 지침이 될 수 있다." 또한 『조직신학』 서론의 마지막 부분에 "성령의 가르치심"이라는 소제목에서 핫지는 성령의 사역이 지닌 가치를 매우 높이 평가하고 있다.
36) 핫지, 『생명의 길』, 228.
37) Charles Hodge, "The Latest Form of Infidelity," *BRPR* 12 (January, 1840), 38.
38) Hodge, *Systematic Theology*, I:179.
39) Ibid., I:529.

행동에 영향을 준다. 우리가 이런 사실을 알 수 있는 것은 성령의 가르침을 인함이며, 성령의 사역에 대하여 우리가 자각하고 있기 때문이 아니다"라고 하였다.40) 다시 말해서 성령은 진실만을 말하며, 계속적으로 성도들에게 성경의 진리를 깨우쳐줌으로써 경건의 모습을 갖추게 한다는 것이다. 성령은 성도들을 성경의 진리로 인도하여 성경의 하나님에 대한 믿음을 갖게 할 뿐 아니라, 성도가 어떤 자세로 하나님을 대할 것인지를 지시한다.

또한 성경의 권위를 알려주는 성령의 사역에 대하여 잠시 알아보자. 핫지는 성령께서 성도들로 하여금 성경의 권위를 인정하고 수용하도록 이끈다고 하였다. 이것은 1833년 신학을 공부하는 학생들과 목회자들을 위해 기록한 글에 잘 나타나 있다. 그는 올바른 학문을 위하여 성령의 사역이 절대적임을 강조하면서, 목회자는 추상적 철학을 추구하는 자들과 달라야 할 것을 지적한다. 전자는 "하나님께서 계시하신 권위를 수용하는" 사람들이지만, 후자는 "자신 스스로가 진리라고 깨달은 것에 의존"한다는 것이다.41) 그는 계속하여 이러한 과정에서 반드시 필요한 성령의 사역에 대하여, "신학자는 이성이 충격받을 만한 일들을 믿거나 자신의 본성을 구성하는 것을 해하는 내용을 믿어야 할 의무가 없다. 단지 그의 믿음의 기초를 신적 증거에 두는데, 이는 성령의 도우심을 통해서 감지할 수 있는 것"라고 언급하였다.42) 이토록 도구로서의 이성과 성령의 도우심은 성도로 하여금 먼저 진리가

---

40) Ibid., III:67.
41) Charles Hodge, "Suggestions to Theological Students on Some of Those Traits of Character, which the Spirit of the Age Renders Peculiarly Important in the Ministers of the Gospel." *Biblical Repertory and Theological Review* 5 (January, 1833), 101.
42) Ibid.

무엇인지를 깨닫게 하고 이에 근거한 삶을 살도록 돕는다.

경건한 삶

지금까지 살펴본 것같이, 핫지는 신학의 기초를 성경에 둔다. 그는 성경에 담겨져 있는 내용과 권위에 근거하여 학문과 경건을 논한다. 어떤 이들은 이성의 판단과 양심에 의존하거나 특정한 행동으로 변화된 삶을 살아보려고 한다. 그러나 어느 정도의 도덕적 가치는 가질지는 몰라도, 그들의 본질을 바꾸어놓을 만한 방편이 될 수는 없다. 핫지에 의하면, 이성과 성령의 사역을 통하여 성경의 사실과 신앙 원리를 깨닫게 될 때 비로소 그 삶에 변화가 생긴다. 경건은 곧 말씀대로 살아가는 모습이다. 경건한 삶은 성도가 반드시 이루어야 할 것이다. 하나님께서 경건한 삶을 살라고 명령하셨을 뿐 아니라, 성경을 위한 성령의 사역을 통하여 그 목적을 이루시도록 구체적으로 도우시기 때문이다.

> (하나님의 백성은) 성령으로 세례를 받고, 성령으로 나며, 하나님의 영이 그들 속에 거하시기에 신령한 자들이라 칭함을 받는다. 반면에 중생을 경험하지 못한 자들은 자연인, 감각적인 자들, 또는 "성령이 없는 자"들이라 칭함을 받는다. (하나님의 백성은) 성령으로 인하여 거룩하게 되고, 성령에 의해 인도받게 되고, 성령 안에 거하여 살고, 성령에 의해 강건하여지고, 성령으로 충만케 된다. (중략) 성령의 내주하심 교리는 복음의 본질과 접목되어 그것의 절대적인 필수적 요소가 되었다.[43]

이토록 핫지는 학문과 경건의 조화를 이루며 살려는 성도는 반드시 성령의 내주하심에 대하여 예민할 것을 말한다. 매사에 자신을 가르치시고 인도하시는 성령의 지도를 받으려 하기 때문이다. 이토록 성령께서 말씀의 진리를 열어서 깨닫게 할 때, 성도는 그 말씀의 내용을 이해하게 되며 또한 그 말씀의 권위 앞에 순종하며 경건한 삶을 살 수 있게 된다.

성도는 객관적 진리를 깨닫게 된 후에야 삶 속에서 이에 버금가는 행동이 동반된 신앙의 열매를 맺게 된다. 성령을 통하여 얻는 진리는 성도에게 필요한 내적 지식이 된다.[44] 계시된 객관적 진리는 결코 침묵하지 않고 성도에게 경건을 요구한다는 것이다. 어두운 곳에서 비춰는 불빛은 앞에 놓여져 있는 길을 볼 수 있게 하듯이, 이미 수용된 성경의 진리는 성도들이 살아가야 할 신앙의 길을 알려준다. 성령의 조명을 통하여 앞에 열려진 그 길을 걸어갈 때 경건의 모습을 보이게 되는 것이다.

이토록 핫지는 외적 신앙 행동에 경건의 우선권을 두지 않았다. 겉으로 보이는 경건한 모습보다 좀 더 우선적으로 중요하게 다루어져야 할 기초적인 것이 있었기 때문이다. 그것은 이미 앞에서 언급한 내적 경건이다. 핫지에게 있어서 진정 경건한 성도는 자신이 하나님께 어떤 모습으로 보일 것인지 관심을 갖는 것에서 시작된다고 생각했다. 인간은 하나님 앞에 죄인들이기 때문에 자연을 통해서 얻을 수 있

---

43) 핫지, 『생명의 길』, 225-226.
44) 여기서 필자가 말하는 내적 지식은 그가 신론에서 말하는 '본유적 지식'(innate knowledge, *Systematic Theology*, I:191), 즉 모든 인간이 본성에 소유한 하나님에 대한 지식을 말하는 것이 아니다. 외부에서 전달된 객관적인 지식이 결국 자연스레 신자가 이해하고 믿고 따르는 근거가 되는 주관적 믿음의 내용이 된 것을 말한다. 이에 대한 용어 사용에 혼동이 없기를 바란다.

는 신지식을 무시하고 부정한다. 그러나 하나님께서 선택하신 성경의 계시는 다르다.[45] 성경은 하나님께서 죄인들에게 자신을 선명히 계시하기 위하여 선택한 방법이다. 성경의 사실과 원리 그리고 성경의 권위는 하나님을 의식하는 것뿐 아니라, 성도로 하여금 어떤 환경에서도 변함없이 그 하나님과 올바른 관계를 맺으며 살도록 돕는다. 이를 위하여 그는 말씀의 지시를 따라야 한다고 믿었다.

『생명의 길』의 마지막 장에는 "거룩한 삶"이라는 표제 하에 경험적 신앙을 다루는 내용이 수록되어 있다. 여기서 그는 중생한 자들은 반드시 성경으로부터 그 진리를 깨달아 거룩한 삶의 열매를 맺는다고 주장한다.[46] 중생한 성도가 하나님과 그의 말씀에 대한 확신을 갖게 되면, 실제의 삶 속에서 "자발적으로 경건을 실천하는 방식으로 그것이 반드시 드러나게 되어 있는 것"이라고 확신한 것이다.[47] 이런 이유에서 핫지는 성경에 담겨져 있는 객관적 사실과 신앙 원리가 먼저 성도들에게 무엇을 믿느냐에 대한 답을 제공하고, 그 진리를 받은 성도는 성령의 도우심으로 변화를 받아 하나님의 임재를 의식하는 내적 경건을 실천하게 되며, 나아가서 삶 속에서 구체적인 경건의 모습을 보이며 살게 된다고 한 것이다.

---

45) Hodge, *Systematic Theology*, I:25-26.; "Can God Be Known?" BRPR 36 (January, 1864), 151.
46) 핫지, 『생명의 길』, 218-54.
47) Ibid., 221.

Ⅳ. 도전받는 학문과 경건의 조화

인간 중심의 신학

핫지의 신학은 근세를 시작하면서 유럽을 중심으로 일어났던 합리주의와 낭만주의를 배경으로 발전된 신학과 갈등의 관계를 유지할 수밖에 없었다. 이성의 시대가 도래하면서 신을 기초한 사상이 인간 중심의 것으로 대치된 것이다. 인간의 능력에 대한 재발견은, 이성을 통한 세상의 모든 문제를 해결할 수 있다는 긍정적 사고를 심어주었다. 서구 사회는 과학의 발전과 함께 이성의 시대가 보장하는 진보적인 세상의 달콤한 유혹에 깊이 빠져 있던 것이다. 그러므로 합리주의와 낭만주의는 전통적 사상을 과감히 공격하였다.

합리주의와 낭만주의의 대조 구조에서 발견할 수 있는 것은,[48] 전자는 머리를 후자는 가슴을 주된 관심사로 삼는다는 것이다. 우리의 논지에 비추어본다면, 합리주의는 이성과 철학의 사고를 통한 학문의 객관성을, 낭만주의는 느낌과 감정의 경험을 통한 개인의 주관성을 강조한다고 볼 수 있다. 핫지는 객관성과 주관성의 조화가 상실된 신

---

[48] 합리주의는 일반적으로 크게 둘로 나누어진다. 데카르트의 이성주의와 로크의 경험주의다. 전자는 인간의 마음과 사고를, 후자는 외부 세상의 일들을 관찰을 기초로 하기에 두 사이에는 긴장감이 있다. 그러나 그들은 공통적으로 철학과 과학, 그리고 이성에 근거한 종교에 승부를 걸었다. 결국 합리주의는 이신론을 낳았다. 창조주 하나님은 인정하나 섭리자로서는 거부한 것이다. 한편 낭만주의는 합리주의의 선상에 서 있으나 대조되는 형태를 띠게 되었다. 왜냐하면 이성 사용의 극대화를 주장하는 합리주의와는 달리 신비한 느낌 또는 경험을 중요시 여겼기 때문이다. 자연히 이신론의 합리주의와는 달리 낭만주의는 다신론을 수용하였다. Bruce Demarest, "The Bible in the Enligtehment Ear," in *Challenges to Inerrancy*, (Chicago: Moody Press, 1984), 11-47; William Dennison, "Reason, History, Revelation; Bibllical Theology and the Englithement," Kerux, 18 (1, 2003), 3-25를 참고하시오.

학의 형태가 전통적 교리를 거부하고 새로운 신학 사상을 소개하는 신학자들의 주장에서도 자명하다고 믿었다. 그 이유는 그들이 성경의 사실과 권위를 무시할 뿐 아니라, 성경을 신학의 출발점으로 삼지 않았다는 점이라고 확신하였다.[49]

이성은 성경의 하나님의 자리를 대신하였다. 이러한 현상은 단순히 학문으로서의 신학적 변화를 가져오게 하였을 뿐 아니라, 나아가서 성도들의 실제적 경건생활에도 결정적인 영향을 주었다. 성경을 중심으로 가능한 학문과 경건의 조화에 위기가 닥친 것이다. 근세를 시작하면서 유럽을 중심으로 일어났던 새로운 신학은, 18세기부터 시작된 부흥운동이 시간이 지나면서 신 중심에서 인간의 능력을 강조하는 신학적 성향으로 19세기 미국을 배경으로 정착하였다.[50] 독일의 이상주의로부터 적지 않은 사상적 영향을 받았던 그들은 계시의 절대성을 인정하는 전통적 사고를 부정하였고, 인간의 이성과 철학, 그리고 경험을 중심하는 신학을 소개하였다.

근세 사조의 발전과 함께 도래한 새로운 형태의 신학은, 전통적 개혁주의 입장에 서서 성경의 객관적 진리에 기초한 학문과 경건의 조화를 이루는 신학 체계를 가졌던 핫지에게는 커다란 도전이 되었다.[51]

---

49) Charles Hodge, "Religious State of Germany," *BRPR* 18 (October, 1846), 514-46.
50) 랄프 왈도 에머슨이 1838년 발표한 "Divinity School Address"는 뉴잉글랜드 신학이 유니테리안주의로부터 이탈하여 초월주의로 전이하는 계기가 되었다. 그는 범신론적 사상에 기초하여 신과 인간의 하나됨을 강조하였다. 심지어 *Prophets of Religious Liberalism* (Boston: Unitarian Universalist Association, 1961), 97에는 "나는 신이다. 하나님은 나를 통해 행동한다, 나를 통해 말한다, 하나님을 보기 원하면 나를 보라"라고 언급하였다. 역시 비슷한 시기에 데오도어 파커는 "The Transient and Permanent in Christianity," in *Prophets of Religious Liberalism*, 133-149 라는 설교를 통하여 직관으로 하나님의 존재를 알 수 있다고 강조하였다. 초월주의는 신조를 부정 할 뿐 아니라 동시에 성경의 객관적 사실을 부인하였다. 그러므로 초월주의는 개인의 마음을 진리 해석의 중심으로 삼았기에, 자연히 성경에 담겨진 사실 및 이에 기초한 객관적 진리에 대하여 관심을 두지 않았다.

그들은 공통적으로 이성과 개인의 경험 위에 계시를 둔 것이다. 이로써 학문과 경건의 조화가 깨지는 것은 물론, 전통적인 객관성과 주관성의 의미 역시 도전을 받게 되었다. 핫지의 신학 체계는 그가 살았던 시대의 신학적 위기를 극복하는 소중한 도구가 되었다. 그는 자신의 신학적 견해를 더욱 견고히 하고, 새로운 신학적 사조들에 당당하게 맞서 대항하였다.

슐라이어마허의 자유주의

핫지는 슐라이어마허가 선택한 신학적 방법론이 그의 결정적인 신학적 오류였음을 지적하였다. 슐라이어마허는 교회가 성경의 사실을 근거로 하여 학문적으로 발전시켜 온 사실과, 이 일을 통하여 성도들의 경건한 삶이 가능하였다는 사실을 전혀 수용할 수 없는 신학 체계를 지니고 있었다.[52] 그는 계시로 주어진 진리가 아닌, 개인의 의식 속에서 주관적으로 결정되는 감정 위주의 종교적 현상의 경건을 절대적인 진리로 삼으려 할 뿐 아니라, 경건을 "하나님 자신이나 그와 버금가는 일에 대하여 절대적으로 의지하는 자아의식"이라 정의하였다.[53] 이와 같이 그는 경건을 성도와 하나님과의 관계를 가능하게 하

---

51) 핫지는 자신의 신학 방법론을 소개하며 『조직신학』1권을 시작한다. 곧 이어 그는 자신의 신학적 입장이 무엇인지를 밝히기 위하여 합리주의, 신비주의, 그리고 로마 가톨릭 교회를 주된 신학적 상대로 삼고 많은 지면을 할애하여 그들의 신학적 오류를 상세하게 설명하였다.
52) Ibid., 532, "(슐라이어마허)는 성경은 인간이 저작한 책에 불과한 것으로 여겼으나 권위를 인정하였던 것은, 신자의 고유한 종교적 느낌에 대한 표현이 그곳에서 발견되기 때문이다." 핫지는 슐라이어마허의 감정 중심의 신학을 신비주의와 연관시켜 해석한다. 역시 *Systematic Theology*, 1:65-66을 참고하라.
53) Friedrich Schleiermacher, *The Christian Faith*, 2nd ed. eds. H.R. Mackintosh and J.S. Stewart, (Edinburgh: T.& T. Clark, 1928), ⨍4.

는 도구로 인정할 정도로 경건의 중요성을 지나치게 강조하였고, 그 결과 기독교의 객관적 진리를 포기하게 된 것이다. 예를 들어 슐라이어마허는 『기독교 신앙』에서, 전통적으로 내려오는 기독교 교리의 가치를 전적으로 부정한다. 또한 그는 교리학에 대한 새로운 정의를 내렸는데, 교회가 처한 당 시대에 널리 행해지고 있는 여러 교리들을 근거로 체계를 잡는 것이라고 소개하였다.[54] 이것은 그가 기독교가 종교로서 존속할 수 있는 기본적인 가치를 무시하는 자세에서 나온 신학 사상이다.

핫지는 1860년에 슐라이어마허의 신학적 방법론에 대한 반응으로 『기독교란 무엇인가?』를 저술한다. 여기서 그는 슐라이어마허가 신학의 주관적인 면을 지나치게 강조하고 삶과 인간됨에 관심을 집중함으로써 신학의 객관성과 주관성의 조화를 상실하였음을 지적하였다.[55] 특히 그의 신인관계를 신비적 연합으로 설명하는 범신론적인 사고는 자연히 신자의 내적 경건을 부정하게 되었다.[56] 성경이 제시하고 있는 신 의식의 부재와 성경에 증거하는 성경의 권위에 대한 부정은 그로 하여금 자신을 계시한 하나님을 의식할 수 없게 만든 것이다. 이런 신 의식이 없는 외적 경건은 일반적 종교 행위에 불과한 것이다. 핫지는 객관성을 포기한 슐라이어마허의 신학 체계가 왜곡된 경건을 유도하여 학문과 경건의 건강한 조화를 상실케 한다고 보았다.

기독교를 객관적으로 고려하면, 그것은 하나님의 그의 아들에 대한 증

---

54) Ibid., ∮19.
55) Charles Hodge, "What Is Christianity?" BRPR 32 (January, 1860), 123.
56) Ibid., 122.

거, 즉 우리의 구주이신 예수 그리스도를 통한 인류의 구원에 대하여 성경에 담겨져 있는 모든 사실의 계시이다. 반면에 객관적으로 고려하자면, 그것은 그리스도로부터 기인하는 생명, 즉 내주하시는 그의 성령에 의해 그의 인간됨과 사역에 대한 계시에 의해 결정되어지는 것이다. 그러므로 한편으로는, 기독교를 교리라고 단정할 수 있으나, 다른 한편으로는 기독교는 곧 삶이라는 이중 진리를 지니고 있다고 단정할 수 있다.57)

핫지는 슐라이어마허가 성경의 초자연성을 무시하는 것은 결국 성경의 하나님을 포기하는 엄청난 결과를 초래하였음을 지적하였다.58) 기독교는 성경에 계시된 진리와 성도의 내적 경건에 기초된 삶의 조화를 이룰 때 온전할 수 있다고 믿었던 핫지는, 슐라이어마허가 유한한 인간이 무한한 절대자를 의식하면서 자신이 아무것도 아니라는 사실을 깨닫고 그에게 매달리는 것을 가장 중요한 종교 행위로 간주하는 것을 비평하지 않을 수 없었다.59) 그러므로 핫지가 그의 신학을 고대 신비주의와 중세 시대의 독일 신비주의의 다른 형태로 본 것이며, 핫지는 슐라이어마허의 신학에 대하여 결코 침묵할 수 없었다.60) 슐라이어마허의 신학은 철저하게 인간 중심이었다. 인간의 느낌과 직감을 중심으로 신학이 구성되었으며, 이로써 개인의 판단에 의

---

57) Ibid., 119.
58) Hodge, *Systematic Theology*, I:8-9, 66, 173.
59) Ibid., II:139; "What is Christianity?", 147-49.
60) Ibid., 1:176-79. 핫지가 지적한 슐라이어마허의 신학적 과실을 다음 다섯 가지로 요약할 수 있다. 1) 기독교에 대한 잘못된 관점을 지니고 있음. 2) 하나님의 말씀이 계시된 사실을 부인함. 3) 개인의 직관을 영원한 진리로 여김. 4) 성경이 신앙의 규범에 끼치는 권위를 부정함. 5) 성경이 제공하는 올바른 종교적 감정을 무시함.

해 조작된 신적 존재가 성경의 하나님의 자리를 대신 차지하도록 허락한 것이다.

신학 논쟁

핫지는 당시 학문과 경건의 조화를 도전하는 신학자들과의 논쟁을 피할 수 없었다. 그가 연루되었던 신학 논쟁은 합리주의와 낭만주의의 영향을 받은 몇 명의 신학자들과 이루어졌는데, 간략하게 그 내용을 소개한다.

먼저 찰스 피니의 부흥주의를 언급하고자 한다. 이성주의의 영향을 받은 그는 미국의 2차 대각성 운동을 주도했던 인물이다. 그의 부흥주의 신학은 구원에 대한 인간의 반응을 중요하게 다룬다. 인간의 인위적인 방법과 수단에 의해 죄인의 감정이 자극되면 진정한 부흥이 일어날 수 있다는 것이다.[61] 성령은 인간이 변화를 위한 바른 결정을 하도록 도움을 주는 역할을 한다는 이론을 주장하며 궁극적인 책임을 인간에게 돌린 그는, 인간이 능동적으로 죄인이 되기도 하고 자신의 의지를 바꾸어 구원을 얻을 수 있다고 주장했다.[62]

피니는 인간의 죄에 대하여 펠라기안과 유사한 관점을 지녔으며, 뉴 헤이븐 신학의 나다니엘 테일러로부터 큰 영향을 받았다. 칼빈주의의 원죄 개면을 부정하고, 죄를 개인의 자율 행위로 해석했다. 그는 칼빈주의를 운명론적으로 해석하는 동시에, 인간이 지성을 통하여 충분히 구원을 얻어낼 수 있다고 주장하였다.[63] 그는 이성을 성경의

---

61) Charles Finney, *Revival Lectures* (New York: Fleming H. Revell Company, 1950), 280-131.
62) Charles Finney, *Sermons on Important Subjects* (New York: J.S. Taylor, 1836), 21-22.

권위 위에 올려놓았으며, 이성에 근거한 접근 방법 도입하여 철학이 성령의 역할을 대신하게 한 것이다.

그러므로 핫지는 1847년, "피니의 신학 강의"를 저술하여 피니의 신학을 공개적으로 비평하였다. 무려 41페이지에 달하는 이 글에서 핫지는 피니의 부흥주의의 방법론이 지닌 문제를 지적한다. 즉 성경의 진리가 아닌 철학적 논리와 이성적 사고를 절대화하고, 성경의 객관적 진리를 무시한 채 주관적 경험을 위한 인간의 책임을 증대시켰다는 사실을 비평하였다.[64] 피니의 부흥주의는 성경을 출발점으로 하지 않고, 인위적인 신학적 전제를 기초하여 연역적으로 추론된 이론을 근거한 신학을 소개함으로서 신학의 객관성을 상실시켰다는 것이다. 그러므로 그는 "피니는 그의 교리가 종교의 속성을 전적으로 바꾼 것을 잘 알고 있다. 그리고 그의 거짓 철학과 위선적 정통성에 입각한 빈번한 위협적 선언은 종교를 타락시켰으며 교회를 부패하게 하였다"라고 선언하였다.[65]

피니는 핫지의 글에 담긴 비평을 수용할 수 없었다. 그러므로 같은 해에 핫지의 주장을 공박하는 내용을 담은 글을 썼다.[66] 그는 핫지가 기록한 글의 페이지 수를 가리키며 조목조목 답하는 형식으로 매우 길게 기록했다. 그는 이 글을 통하여 결국 자신의 주장이 핫지의 구 프린스턴의 전통과 전혀 다르다는 사실을 입증하게 된 셈이다. 즉 그

---

63) Ibid., 80.
64) Charles Hodge, "Finney's Lecture on Theology," *BRPR*, 19 (April 1847), 250-51; Systematic Theology, III:271.
65) Ibid., 276.
66) Charles Finney, "An Examination of the Review of Finney's Systamatic Theology Published in the Bible Repertory." *The Oberlin Quarterly Review* 3 (1847), 23-81. 본 내용을 담은 웹사이트 주소는 http://www.charlesgfinney.com/1846-48_ob_quar_review/ 1847_oqr_prin_review.htm 이다.

의 부흥주의는 성경을 중심하는 전통적인 객관적 진리를 포기하는 대신 이성에 기초한 개인의 주관적 의지에 의존하는 신학적 체계를 주장함으로써 학문과 경건한 조화의 상실을 초래하였다.

두 번째로, 에드워즈 파크의 지성주의를 살펴보자. 성경이 지닌 객관적 가치를 긍정한 그는, 신학을 객관적 진리의 내용으로 다루는 본질적이며 지성적인 것과 그 내용을 실제화하는 실천적인 것으로 구분하였다.[67] 그런데 그의 관심은 성경의 권위를 세우는 일보다 그 내용이 인간 이성의 요구에 맞느냐 하는 것에 있었다.[68] 즉 파크는 성경이 지닌 객관적 가치를 부정하지 않았지만, 그것이 신학자의 이성적 관찰에 부합하며 논리적 증명이 가능한 내용에 국한된 진리만을 인정한 것이다. 한 가지 재미있는 것은, 그가 감정보다는 이성이 지배하는 신학을 세워가야 함에 근본적으로 동의하면서도, 신학자는 반드시 통찰력과 열정을 겸비한 경건을 추구해야 한다고 주장한 것이다.[69] 그는 이성을 종교적인 일에 있어서 가장 중요한 심판의 역할로 간주함과 동시에 학문이 성도의 경건까지도 책임질 수 있다고 본 것이다.

그러므로 핫지는 기독교의 기본 전제가 무시되고 이성을 성경의 권위보다 위에 둔 파크의 지성주의가 머리 중심의 객관적 요소에 집착함으로써 진정한 주관적 경험을 포기한 사실을 꼬집어 비평하였다.[70] 그는 인간이 자신을 돌아볼 때 이성의 한계를 느낌으로써 스스

---

67) Edwards A. Park, "The Mode of Exhibiting Theological Truth," *American Biblical Repository 1st series*, 10:28 (Oct. 1837), 346.
68) Edwards A. Park, "Duties of a Theologian," *American Biblical Repository 2nd series*, 2:4 (October, 1839), 348. 파크는 신학자의 사명 열가지를 제안하면서, 가장 첫 번째로 "과거에 기독교인들이 받아드렸던 여러 의견들을 이성적으로 관찰해야 한다"라고 권했다.
69) Ibid., 376.
70) Charles Hodge, "Professor Park's Sermon," *BRPR* 22 (1850), 643.

로 자신의 마음을 변화시킬 수 없는 것을 의식하면서도 이를 무시하고 이성을 통하여 정확한 진리를 얻을 수 있다고 하는 것은 크게 모순되는 논리임을 지적하였다.[71] 다시 말해, 파크의 지성주의는 성경의 객관적 진리를 부분적으로 인정하나 인간 이성의 역할을 극대화시켰기에, 성경적 진리를 기초로 삼는 학문과 경건의 신학적 논증 및 그들의 내적 조화의 시도에 실패한 것이다.[72]

마지막으로, 미국 현대 자유주의의 아버지라 불리는 호레이스 부쉬넬의 신비주의를 알아보자. 특정한 형식보다 정신의 중요성을 강조했던 그는 객관적 진리에 대한 개념을 전적으로 부정함으로써 교리적 신학을 과감히 버렸다.[73] 그는 어떤 형태든지 신조가 부정되어야 한다고 믿었다. 성경의 문자적 무오성을 부정하였고, 나아가서 하나님은 기록된 글을 통하지 않고 직접 자신을 나타내며 교통하는 방법을 택한다고 주장하였다.[74] 즉 직관을 통해서 진리를 얻을 수 있다고 믿었던 것이다. 또한 그는 성도가 바른 감각을 가질 때 진리를 얻을 수 있다고 하면서, 하나님과의 간격을 좁혀서 종교에 대한 주관적 경험을 추구해야 한다고 주장했다.[75] 그는 초월주의자들처럼 범신론적인 사상에 기초하여 하나님은 자연에 내재하고 인간은 초자연적 삶에 참가

---

71) Ibid., 660-63.
72) Ibid., 673-74. 핫지는 결론 부분에서 파크의 이론이 성경의 권위를 파괴한다고 주장하였다. 감정과 지성은 각기 상이한 이해력을 지니고 있고 서로 다른 표현의 양식을 수용하는데, 파크는 종교적 감정을 무시할 뿐 아니라, 성경이 증거 하는 구체적인 내용을 거부하고 인간의 상상력에 입각하여 종교적 사실들을 경험하는 것이 곧 믿음이라고 하기 때문이다.
73) Horace Bushnell, *God in Christ* (Hartford: Brown and Parsons, 1849), 114. 이성주의자들에게 조화되지 않는 또는 일치되지 않는 내용은 부쉬넬에게 큰 문제가 되지 않았다. 그는 기독교적 포괄성이라는 개념에 근거하여 기독교의 진리는 결코 협소하지 않으며, 신학적 차이로 인하여 생겨나는 논쟁에 빠지지 않고 이를 초월할 것을 권고한다.
74) Ibid., 46.
75) Horace Bushnell, *Nature and the Supernatural* (New York: Charles Scribner's Sons, 1904), p. 26.

한다고 믿은 것이다.

　그러기에 핫지는 1849년 부쉬넬의 주장에 대한 반론을 제기하였다. 특히 그의 신학은 전통적 삼위일체론을 전격적으로 부정한다는 사실을 크게 강조하면서 그가 전통적 신학 체계를 무너뜨리고 있음을 고발하였다.[76] 또한 핫지는 전체적으로 그의 신비주의가 성경의 권위를 부정하고 인간의 상상력이 주는 주관적 느낌을 절대화한다고 판단하고 그를 맹렬히 공격하였다. 다시 말해, 부쉬넬의 신비주의는 성경이 지닌 객관적 사실을 포기하고 검증이 되지 않은 불확실한 주관적 감각 위에 신앙의 기초를 두기 때문에, 신앙 자체가 객관성을 잃어버린 신비적인 성격을 띠게 된다고 주장하였다.[77]

　지금까지 살펴본 것처럼 핫지가 신학논쟁을 가졌던 피니, 파크, 그리고 부쉬넬의 신학은 신학의 주관성과 객관성의 조화를 부정하였다. 그들은 하나같이 성경의 사실과 권위를 부정하고 인간의 이성, 직관, 또는 감정을 높이 평가하여 절대적인 위치까지 올려놓았다. 그러므로 핫지는 그들의 신학적 오류를 날카롭게 지적하며 성경을 중심한 학문과 경건의 조화를 변증하였다.

V. 나가는 글

　지적 신앙인이자 경건한 학자였던 핫지는, 삶의 경험들을 통하

---

76) Charles Hodge, "God in Christ", *BRPR* 21 (1849), 260.
77) Ibid., 276, "(부쉬넬)은 단정적인 교리가 실상 권위가 없는 것이며, 하나님의 계시는 이성이 아닌 상상력에 전달되는 것이며, 진실은 무엇을 표현하는가에 달려 있다는 것을 증명하려는 것을 중요한 목적으로 삼는다."

여 신앙의 객관성과 주관성의 조화의 중요성을 인식하게 되었으며, 이것이 그의 신학 체계에서 자연스럽게 드러났다. 그는 학문과 경건에 관한 답이 모두 성경에 있으며, 성령의 사역을 통하여 얻을 수 있다고 보았다. 핫지는 참된 신앙이란 개인의 이성이나 경험에 의해 결정되는 것이 아니라, 성경이 증거하는 하나님과 그의 말씀에 대한 신뢰가 바탕이 된다고 하였다. 성도는 성경의 진리를 대하면서 그것이 하나님의 말씀임을 인식하고 순종하여 내적 경건을 먼저 이루고, 나아가서 삶 속에서도 거룩한 모습을 드러내게 되는 것이다. 그는 평생 '무엇을 믿는가?' 와 '어떻게 사는가?' 에 대한 실천적인 질문을 신학적으로 규명하고, 가르치며, 또한 알리는 일에 몰두하였다.

핫지가 대상으로 삼았던 신학자들은 하나님의 말씀으로서의 성경의 권위에 도전하여 인간을 신학의 주체로 대치하려고 시도하였기에, 성도들의 신앙적 경험의 기준과 경건한 삶의 방향에 큰 혼동을 초래하였다. 핫지는 성경을 중심한 자신의 신학 체계와 전혀 다른 인간 중심의 신학 사상과의 계속적인 신학적 충돌을 경험했다. 그는 과감히 그들과 맞서 성경의 권위를 세웠으며, 또한 그 진리 위에 학문과 경건의 조화를 이루는 신학을 변증하는 시대적 사명에 정열을 쏟았다.

핫지의 신학적 공헌을 두서없이 몇 가지로 요약하면 다음과 같다. 첫째로, 성경의 영감과 절대적 권위를 인정하는 개혁주의 신학이 지닌 가치를 재확인시켜주었다. 둘째로, 시대 정신과 타협하려는 자세를 벗어버리고 일관성 있게 성경의 하나님을 신학과 신앙의 출발점으로 삼는 일의 중요성을 알려주었다. 셋째로, 성경의 진리에 어긋나는 교리는 성도의 경건을 위협하기에, 바른 신학을 세우고 변증하는 두 가지 일의 중요성을 일깨워주었다. 넷째로, 성령의 사역이 경건의 영역은 물론 지적활동의 영역까지 포함된다는 사실을 확인시켜주었다. 다섯째로, 성경의 하나님에 대한 신 의식으로 기인된 내적 경건은, 외식과 형식주의를 없앨 수 있는 방법이 될 수 있다. 마지막으로, 핫지의 신학 체계는 하나님의 초월성과 내재성의 구분을 파괴하는 현대주의의 영향으로부터 주의 교회를 보호할 수 있는 좋은 도구이다.

핫지는 19세기라는 한 시대의 아들이었다. 계시보다 이성과 개인의 경험에 최고 권위를 부여하는 시대 정신에 의거하여 기독교를 재해석하던 신학자들은 인간 중심의 신학 이론을 제시하였다. 급변하는 사상적 물결로부터 전통 신학을 구할 수 있는 그가 찾은 유일한 길은 하나님의 말씀인 성경에 대한 확실한 신학적 근거를 찾는 것이었다. 그리고 그 사역은 성공적이었다.

그러나 시대가 바뀌면 또 다른 도전이 기다리는 것은 교회 역사가 증명하는 진실이다. 알렉산더, 핫지, 그리고 워필드로 이어지며 학문과 경건의 조화를 위해 노력했던 구 프린스턴 신학교는 20세기에 들어와 강한 시대적 도전을 받게 된다. 1922년 유명한 해리 포스딕의 '보수주의가 승리할 것인가?' 라는 설교와 1924년의 '어번 선언'은 건전한 신학과 경건에 뿌리를 두고 있던 장로교회 안에 인간 중심의 신학이 그 당시 신학자들의 사상과 성도들의 삶에 너무 깊숙이 들어와 있었던 것을 증명해주고 있다.

지금은 어떠한가? 20세기 이후 신학은 자유주의가 세워놓은 인간 중심의 신학, 즉 19세기의 신비주의, 지성주의, 그리고 부흥주의로부터 영향을 받은 다양한 신학 사상이 기승을 부리고 있다. 포스트모더니즘과 다원주의 신학의 영향력을 이겨내고 학문과 경건의 조화를 이룬다는 것은, 현대교회에게 주어진 힘든 숙제가 되어버렸다.

이러한 위기적 상황에도 불구하고 현대교회가 학문과 경건의 조화를 지켜갈 수 있는 가능성은 있다. 변치 않는 하나님의 말씀이 있기 때문이다. 핫지와 같이 말씀의 권위를 인정할 뿐 아니라 그 진리를 가슴에 품고 주의 뜻이 이뤄지기를 간절히 소망했던 신앙의 선배들이 남긴 귀한 교훈을 되새겨야 할 것이다. 우리는 핫지가 강조한 학문과 경건의 조화에 다시 한 번 관심을 기울임으로써 급변하는 세상을 위해 주신 말씀의 위치를 회복하는데 온 힘을 기울여야 할 것이다.

09

찰스 핫지 신학의 목회적 접근

길 자 연 목사
(영성목회연구회 총재)

Ⅰ. 일관성 있는 개혁주의
Ⅱ. 개혁주의 신학 전수의 사명
Ⅲ. 교리교육의 강조
Ⅳ. 장로교 정치 구현
Ⅴ. 신학과 영성의 조화
Ⅵ. 목회적 접목

찰스 핫지 신학의 목회적 접목

장로교회 전통은 칼빈에게서부터 출발한다. 그리고 정식으로 장로교주의(presbyterianism)가 출범하는 것은 스코틀랜드의 존 낙스(John Knox)에 의해서다. 그러나 장로교주의가 오늘날의 규모로 확대되는 데에는 미국이라는 토양에서 성장한 미국장로교 역사가 결정적인 역할을 하였으며, 그 중심에는 찰스 핫지(Charles Hodge, 1797-1878)가 있다.

우리의 장로교 전통은 어느 한 신학자를 이해한다고 해서 다 섭렵되지 않는다. 오늘 우리 장로교회는 많은 선진들의 어깨를 딛고 서 있다는 인식이 필요하다. 그 가운데 한국장로교회의 출범에 있어서 미국북장로교회의 영향이 컸다. 이것은 웨스트민스터 신앙고백(Westminster Confession of Faith, 1647)으로 응집되는 칼빈주의 개혁신학과 장로교정치제도가 구프린스톤 신학교를 통해 한국교회에 심어지는 역사를 말한다. 즉 칼빈, 낙스, 웨스트민스터, 핫지로 이어지는 전통이 한국장로교회의 뿌리이다. 그런 점에서 핫지로 대변되는 구프린스턴 신학교는 19세기 후반의 선교의 흐름을 타고 장로교가 전 세계로, 특히 한국으로, 뻗어 나가기 위한 중요한 산실의 역할을 한 것이다.

대체로 우리의 뿌리에 대한 연구로써 칼빈에 대한 연구는 활발하게 진행되고 있으며 앞으로도 지속되어야 할 것이다. 그러나 한국 장로교회에 대해 가교적 역할을 한 핫지에 대한 연구는 이제까지 매우 미약했던 것이 사실이다. 특별히 핫지는 장로교주의에 대한 의식이 강했던 신학자라는 점에서 오늘날 우리의 정체성을 확고히 하는데 필요한 연구대상이다. 이번 연구 프로젝트는 그런 점에서 한국장로교회에 기여하는 바가 크다고 생각한다.

앞서 여러 학자들에 의해 핫지의 삶과 신학이 소개되었다. 필자는 목회자의 관점에서 핫지를 바라보려 한다. 어떻게 핫지 신학을 목회에 적용할 수 있겠는지, 그렇게 할 때 유익이 무엇인지가 관심의 대상이다. 필자가 말하고자 하는 것은 핫지에 관한 새로운 발견은 아니다. 단지 한국교회의 목회자의 한 사람으로서 핫지가 주는 교훈을 통해 우리의 정체성을 견고히 해야 함을 역설하고 싶다. 그 목적을 위해 간단하나마 몇 가지만을 지적해 보려 한다.

Ⅰ. 일관성 있는 개혁주의

오늘날 우리 장로교회의 모습과 관련하여 필자가 우선적으로 지적하고 싶은 문제가 개혁주의 정체성이다. 웨스트민스터 신앙고백서를 표준으로 삼는 장로교회라는 그 말 자체가 개혁주의임을 입증하는 말이다. 우리의 모교 총신이, 우리가 몸담고 있는 교단이 이미 개혁주의임을 밝혀주고 있다. 그러나 과연 나의 개혁주의 정체성이 그런 이력으로 충분히 입증되고 있는가? 진정으로 개혁주의인지 아닌지는 일관성 있게 개혁주의를 실천해 나갈 때만 성립되는 것이다. 개혁주의는 이데올로기도, 슬로건도, 교권도 아니다. 개혁주의는 "오직 성경(sola scriptura)"의 원리가 충실하게 지켜질 때만 유효한 말이다. 삶과 목회의 구석구석에 이르기까지 sola scriptura의 원리가 세워져야만 개혁주의인 것이다. 그렇게 볼 때, 개혁주의이냐 아니냐를 가름하는 실질적인 차이는 일관성(consistency)이다. 개혁주의가 되고파서 개혁주의가 되는 것도 아니고, 개혁주의 학교 출신이라고 해서 다 개혁주의가 되는 것도 아니고, 개혁주의 교단에 속해 있다고 해서 절로 개혁주의가 되는 것도 아니라, 일관성 있게 개혁주의 원리를 삶과 목회 속에서 몸소 실천해 나가는 것만이 개혁주의를 판가름 하는 것이다. 그런 점에서 우리는 핫지에게서 배울 필요가 있다. 신학과 교회와 삶에 있어서 개혁주의 원리를 일관성 있게 유지하는 핫지의 모습이 오늘날 여러 갈레로 그 중심이 나뉘는 교회의 모습과는 대조가 된다고 하겠다.

II. 개혁주의 신학 전수의 사명

핫지는 여러 영역에서 개혁주의 원리를 실천하고자 노력한 사람이었다. 우선 신학자로서 그는 개혁주의 신학을 전수하는 일을 위해 노력하였다.[1] 그의 신학은 칼빈의 신학을 언약신학의 틀 위에서 보다 발전시킨 제네바의 프란시스 투레틴(Francis Turretin)의 신학을 계승하

---

1) 그 의미는 다분히 초기 100년 중 50년이 넘는 기간동안 교수로 봉직하며 프린스톤 신학을 형성한 핫지가 어떻게 칼빈-투레틴의 개혁신학을 잘 전수하고 있는지에서 찾을 수 있는 말로 우리는 충분히 이해할 수 있다.

고 있다. 즉 칼빈 신학이 미국 땅에 특히 장로교회 안에 뿌리를 내리는데 중요한 역할을 한 사람이 핫지이다. 그의 노력이 그의 『조직신학』(1872)으로 꽃을 피웠다. 이 점은 오늘날 신학을 경시하는 일부의 목회 풍조와 크게 대비가 된다. 말로는 개혁주의 목회자임을 자처하면서도, 역사적 개혁주의를 알아야 되는 중요성조차 인식하지 못하는 경우를 본다. 개혁주의가 무엇을 강조하는지(오직성경), 개혁주의 성경해석의 원리가 무엇인지(언약신학), 개혁주의 신학의 궁극적 목적이 무엇인지(하나님께 영광)를 아는 것이 한 목회자의 신학 정체성과 분리할 수 없는 요소이다. 한 편의 설교일지라도 그 설교를 통해 하나님을 아는 지식을 심는 일을 위해 최선을 다해야 하는 것이 개혁주의 설교자의 사명이다. 여기에서 어떤 "하나님을 아는 지식"을 심고자 하느냐는 신학의 문제이고, 그것은 그 설교자가 속해 있는 신학전통에 의해 결정된다. 그렇다면, 설교자의 가슴에 있어야 할 열정은 개혁주의 신학이 복음을 가장 잘 대변하고 있다는 것에 대한 확신과 그것을 전수하고자 하는 열정일 것이다. 개혁신앙 자체를 심고자 하는 열정과 복음에 대한 열정이 우리에게는 다른 것이 아니다.

Ⅲ. 교리교육의 강조

개혁주의가 교회에 뿌리 내리도록 한 핫지의 노력은 그의 저서 『생명의 길』(1840)에 담겨있다. 『생명의 길』은 주일학교 교육을 위해 쓰인 저서이다. 성경, 죄, 칭의, 믿음, 성례, 등의 주제를 다루고 있으며, 특히 젊은이들을 대상으로 신앙생활을 지도하기 위한 목적으로 간략하지만 결코 가볍지 않게 쓰여진 신학서이다. 개혁주의 신학을 보급하려는 그의 노력과 열정은 자신이 속해 있는 교실을 넘어 교회와 성도들을 향하고 있음을 보여주고 있다. 이 점은 오늘날 교회 교육에 있어서 교훈으로 삼아야 할 부분이다. 오늘날 교회 교육은 교리교육에서 벗어나 생활 적용에 치우치는 경향이 강하다. 그 자체도 매우 중요하고 꼭 있어야 할 요소이지만, 교리교육을 경시 여기는 경향 자체는 문제이다. 우리는 다른 전통이 갖고 있지 않는 좋은 교리의 체계를 갖고 있으면서도, 우리의 좋은 전통을 전수하지 못하는 우를 범하고 있다. 과연 어린이들에게, 교인들에게 제대로 개혁신앙이 심어지고 있는지 확인과 자기반성이 필요하다. 수십 년, 또는 100년 이상이 지난 후에 우리는 후대들을 통해 과연 개혁신앙을 잘 전수 했다고 평가받을 수 있겠는지, 더 근본적으로, 그때까지 장로교회가 존속하겠는지 심각하게 생각해 볼 문제이다. 주일학교 교사 핫지를 통해 우리는 교훈을 얻어야 할 것이다.

IV. 장로교 정치 구현

그의 개혁주의 실천의 열정은 북장로교 내에서 그가 차지했던 영향력으로 또한 나타난다. 조직신학자이면서도 그는 교회정치에도 많은 관심을 보였다. 실제로 총회에서 상황에 따라 장로교주의에 대한 그의 해석은 향후 장로교의 나아갈 방향과 정체성의 지표가 되었는데, 그 결과가 『미합중국 장로교회 헌정사』(1851)와 함께 *What Is Presbyterianism?* (장로교주의란 무엇인가? 1855)이다. 이 저서들에 핫지가 이해하는 장로교주의가 담겨있다. 예를 들어 윌리엄 톤웰(William Thornwell)은 총회에 장로 총대가 반드시 참석해야 성회가 된다고 한 반면, 핫지는 장로 총대의 참석 여부는 총회 성회를 위해 반드시 필요한 요소는 아니라고 하였다. 그 결과 북장로교는 핫지를 따른 반면, 톤웰의 주장은 그 후 남장로교회의 전통이 되었다.[2] 핫지의 역할은 상아탑 속의 신학자로서만이 아니라 교단을 바른 장로교주의로 인도하였던 교회정치가이기도 하다. 분명한 역사적 사실은 핫지의 영향에 따라 개혁주의-장로교주의에 충실했던 북장로교회가 한국장로교회를 비롯 인도장로교회 등을 세우는 일에 쓰임을 받았다는 사실이다. 이에 비해 오늘날 우리의 교회정치의 실태는 너무도 대조적이다. 구체적인 얘기는 피하더라도, 과연 교회정치와 신학이 깊은 연관성이 있다는 것 자체를 인식하는 사람이 얼마나 되겠는가? 정치는 장로교주의에 의해 정의되어야 한다는 생각을 과연 얼마나 할까? 오늘날 우리가 장로교회임을 재정립하려는 노력에 있어서 핫지와 같은 지도자의 부재가 아쉬움을 느끼게 한다.

V. 신학과 영성의 조화

핫지를 논하면서 빠뜨릴 수 없는 것이 있는데, 그것은 그의 신학과 영성의 조화이다. 한 마디로 핫지의 신학이 영향력 있는 것은 그

---

[2] 이 점에 대해 우리 합동측 총회는 헌법 정치 제12장(총회) 제1,2조에 따르면 각 노회에서 목사와 장로 총대 동수를 보내게 되어 있고, 성수도 목사 장로가 각각 과반수 출석하여야 성회되는 것으로 북장로교회 보다는 남장로교회에 더 가까운 면을 보이고 있다.

의 영성 또는 경건이 뒷받침되기 때문이다. 그는 아버지가 일찍이 돌아가셨기 때문에 어려서부터 위그노의 후손인 어머니로부터 엄격한 신앙교육을 받아왔다. 그는 웨스트민스터 교리문답을 숙지하였고 기도생활을 익혔다. 하나님을 아는 지식과 하나님과 동행하는 삶이 분리되지 않는 삶을 일찍부터 익힌 것이다. 이것이 개인적으로는 핫지라는 한 사람의 모습이었고, 크게는 프린스톤 신학에까지 영향을 끼쳤다고 할 수 있을 것이다.

핫지는 한때, 기독교가 무엇이냐는 질문에 대해 기독교는 교리와 삶이라고 대답한 적이 있다. 또한 그의 『생명의 길』에서 진리와 거룩은 불가분의 것임을 강조하였다. 즉 핫지에게서 우리가 배울 수 있는 것은, 예를 들어 말씀을 읽을 때 지적 충족과 영적 충족이 분리되지 않는다는 것이다. 이 점은 양면적 교훈이 있다. 우리의 주변을 보면, 지나치게 지성적 측면을 강조하여 영성이 간과되는 경우가 있고, 영성은 강조하나 말씀에서 이탈하는 경우가 있다. 그러나 핫지에게 있어서 바른 신학에서 영성은 배제될 수 없는 요소이다. 오히려 교리와 신학을 강조하는 철저한 칼빈주의자로서 핫지의 영성에 대한 강조는 놀라움을 자아내기에 충분하다. 1828년 유럽에서 돌아와 학생들에게 한 첫 강의에서 그는 교리(doctrine)와 종교적 감성(religious feelings)의 깊은 연관성을 강조하였던 사실이 있다. 영성에 대한 그의 강조는 충분히 당시의 일반적인 장로교도의 정서를 앞서는 것임에 틀림없다. 그러나 그가 이해하는 참된 기독교는 계시된 그리스도의 진리가 성령에 의해 우리의 깊은 곳을 변화시키는 살아있는 종교라는 것이다. 삶을 통해서 우러나는 그의 참된 신앙은 자녀들 양육과 아내와의 관계에도 반영되고 있으며, 특히 찬송 부르기를 좋아했던 그의 모습은 여러 사람들의 기억 속에 남겨졌다. 한 마디로, 핫지는 그의 스승이자 동료인 알렉산더(Achibald Alexander)와 함께 흔히 부르는 "프린스턴의 경건/영성"을 형성한 신학자였다. 그는 신학도들에게 신학만 가르친 것이 아니라, 몸소 경건의 삶이 무엇인지 그리스도를 존귀케하는 영성이 무엇인지 보여주었던 인물이었다.

그런 점에서 핫지는 오늘날 우리들에게 귀감이 된다고 본다. 신학과 영성이 양극화되는 현상이 두드러지고 있는 이 시점에 우리는 핫지를 교훈으로 삼을 필요가 있다. 신학을 무시하고 영성만 강조하는 목회자가 되어서도 안 되고, 신학을 강조하다 영성을 잃어버린 신학자가 되어서도 안 될 것이다. 핫지가 한국 장로교회에 전수해 준 기독교는 신학과 영성이 분리되지 않는 기독교였음을 잊어서는 안 될 것이다.

VI. 목회적 접목

영성목회 연구회에서 핫지를 조명하게 된 것은 기대이상의 큰 결실이라고 생각된다. 개혁주의를 표방하는 우리 장로교회가 과연 얼마나 개혁주의인지, 장로교주의 표방하는 우리 교단이 얼마나 장로교적인지 살펴보는 중요한 계기가 되었다.

주님의 교회를 목양하는 우리가 핫지에게서 배울 것은 이분법적 사고를 하지 않아야 하는 것을 지적하고 싶다. 핫지가 우리에게 보여준 것은 일관되게 개혁주의 원리를 적용하는 것이었다. 그러나 오늘날 신학과 목회가 이분법적으로 나누어지는 경향이 너무 많음을 인정하지 않을 수 없다. 오늘날 목회는 다분히 실용주의와 세속주의의 영향에 물들어 있다. 부흥이라는 미명하에 사람들을 동원할 수 있는 방법이라면 그 방법이 어떤 윤리적 책임을 동반하는지 따지지도 않은 채 사용하는 경우들이 많다. 사실상 그런 방법들이 백화점이나 마트에서 하는 방법과 크게 다르지 않다. 결국 물량주의로, 때로는 요행을 바라는 사행성 심리까지 조성하는 방법을 통해 사람들을 동원할 때, 과연 교회는 세상과 어떤 점에서 다르다고 할 수 있는가? 교회가 세속의 방법을 따라갈 때, 과연 세상 사람들은 교회가 존재해야 하는 이유를 인정할까? 세상의 지혜를 따라가는 교회가 과연 교회일까? 신학이 뒷받침하는 목회를 강조할 필요가 있다. 좀 더 구체적으로, 개혁주의 원리가 유지되는 목회가 절실히 요구된다. 그런 점에서 오늘날 목회자들이 신학과 목회를 나누는 이분법적 사고를 해서는 안 될 것이다. 목회를 좀 더 신학적 관점에서 볼 수 있는 통합적 사고가 필요하다는 생각이다.

그러기 위해서는 목회자들의 신학적 사고 훈련이 필요함을 강조한다. 신학적 사고란 결코 별개의 문제가 아니라, 결국 어떻게 해야 말씀에 더 가까이 다가갈 수 있느냐의 문제이다. 말씀에 바로 서고자 하는 마음이 없는 목회자는 없다. 그렇다면 말씀에 서고 안 서고의 문제는 지속적인 사고의 생활화 또는 습관화를 통해서 가능할 것이다. 이렇게 하는 것이 과연 말씀에 부합하는 것일까라는 질문이 반드시 선행되어야 한다. 아무리 좋아 보이는 방법일지라도 그렇게 하는 것이 과연 교회가 세상에 보여주어야 할 모습일까 질문해야 하는 것이다.

끝으로, 핫지가 강조하였던 영성은 말씀에서 나오는 영성이었음을 강조하고 싶다. 아담의 죄로 말미암아 우리는 전적으로 타락한 죄인이 되었고, 성경은 우리를 구원하기 위해 오시는 그리스도를 드러내고 있는 구속계시라는 점, 보혜사 성령을 통해 날로 날로 거룩해 진다는 교리가 결국 핫지의 영성을 형성하였음을 보았다. 오늘날 설교를 듣는 교인들이 이런 면에 훈련되어 있지 않음을 느낀다. 계시의 말씀이 선포될 때, 그 말씀이 계시이므로 아멘으로 받아들이는 훈련이 약함을 보게 된다. 오늘날의 청중들은 그 말씀이 나에게 어떤 유익이 되는지에 따라 설교를 평가하는 경향이 많다. 소위 설교의 적용성이 설교를 좌우하게 된다. 그러나 사실 설교의 근본적인 기능은 계시의 선포이다. 즉 그리스도의 계시를 선포하는 것이고, 그리스도를 아는 지식이 우선이다. 그러나 오늘날의 영성은 다분히 "나"가 중심인 실존주의적 영성이고, 체험주의적인 영성이 되어가고 있다. 계시의 말씀이기 때문에 아멘으로 받는 영성이 흔치 않은 시대인것 같다. 청중들의 이같은 모습은 결코 청중들만의 탓이라고 할 수 없다. 설교자 자신이 설교에 대해 어떤 이해를 갖고 있는지, 즉 설 교자 자신이 계시가 무엇인지, 설교가 무엇인지 다시 생각해 보아야 할 필요가 있다. 하나님 앞에서 선 자로서 계시를 전하고 계시를 대하는 모습이 회복되어야 할 것이다. 이것이 핫지를 통해 우리가 배워야 할 영성인 것이다.

　　이상 몇 가지로 핫지가 오늘날 목회에 주는 유익과 교훈을 살펴보았다. 한국 장로교회의 뿌리인 핫지의 신학에 대해 고찰해 볼 수 있었던 것은 큰 의미가 있었다. 핫지를 통해 배운 이상의 것들이 영성목회연구회가 표방하는 바가 되기를 희망한다. 그리고 한국교회가 특히 우리 장로교회가 우리 영성목회연구회의 섬김을 통해 새로운 사명과 도전들을 잘 감당해 나가게 되기를 소망한다. 이 땅위에 한국장로교회를 세우시고 큰 일을 이루어 가시는 하나님께 모든 영광과 존귀를 돌리는 바이다.

Appendix

찰스 핫지에 관한
1차 및 2차 문헌 모음

I. 핫지의 출간된 1차 문헌
II. 핫지의 미출간 저서 및 원고
III. 핫지에 관한 출간된 2차 문헌
IV. 핫지에 관한 미출간 2차 문헌

찰스 핫지에 관한
1차 및 2차 문헌 모음

편집자 주

찰스 핫지에 관한 연구를 돕기 위하여 핫지가 저서한 1차 문헌들과 그에 관한 2차 문헌들을 분류하여 소개하였다. 이 자료는 1차적으로 존 스튜어트(John W. Stewart)가 모은 자료를 주로 의존하였고, 그 이후에 나온 자료들을 찾아 첨가하였다.[1] 핫지 연구는 끝나지 않았기 때문에 이 자료는 결코 완결된 것이 아님을 밝힌다. 그러나 핫지 연구에 관심이 있는 신학도들에게는 충분히 좋은 출발점이 되리라 믿는다. 이하 소개되는 문헌은 편의상 아래와 같이 분류하였다.

---

1) John W. Stewart and James H. Moorhead, ed. *Charles Hodge Revisited: A Critical Appraisal of His Life and Work* (Grand Rapids: Eerdmans, 2002), 335-375.

1 핫지의 출간된 1차 문헌

A. 저서(출간연도순)

A Dissertation on the Importance of Biblical Literature. Trenton: George Sherman, 1822.

The Place of the Bible in a System of Education: A Sermon Preached in Philadelphia. Philadelphia : American Sunday School Union, 1832

Commentary on Romans: Designed for Students of the English Bible. Philadelphia: Gregg & Eliot, 1835. [In print, Grand Rapids: Eerdmans, 1990; Edinburgh: Banner of Truth, 1997; and Wheaton: Crossway Books, 1994.] 로마서 주석은 몇 차례의 재편집을 거쳐 1884년에 최종판이 나왔다. 1884년판의 편집자 주를 보면 출간의 역사를 알 수 있다.

Questions on the Epistle to the Romans: Designed for Bible Classes and Sunday Schools. Philadelphia : Gregg & Elliot, 1835.

The Constitutional History of the Presbyterian Church in the United States of America. 2 vols. Philadelphia William S. Martien, 1839-40.

The Way of Life. Philadelphia : American Sunday-School Union, 1841. [In print, Edinburgh: Banner of Truth Trust, 1978. Reprinted in *Charles Hodge: The Way of Life*. Ed. Mark A. Noll. New York: Paulist Press, 1987.]

A Commentary on Romans: Abridged by the Author for Use of Sunday Schools and Bible Classes. Philadelphia: Henry Perkins, 1843.

Theological Essays: Reprinted from "The Princeton Review." New York: Wiley and Putnam, 1846. [By Hodge et al.]

What Is Presbyterianism? An address delivered before the Presbyterian Historical Society at their anniversary meeting in Philadelphia on Tuesday evening, May 1, 1855. Philadelphia: Presbyterian Board of Publication, 1855.

A Commentary on the Epistle to the Ephesians. New York: Carter & Bros., 1856. [In print, Wheaton: Crossway Books, 1991.]

An Exposition of the First Epistle to the Corinthians. New York: Carter & Bros.,1856. [In print, Edinburgh: Banner of Truth, 1978; and Wheaton: Crossway Books, 1995]

Essays and Reviews: Selections from "The Princeton Review." New York: Robert Carter & Brothers, 1857.

An Exposition of the Second Epistle to the Corinthians. New York: Carter & Bros., 1857. [In print, Edinburgh: Banner of Truth, 1978, and Wheaton: Crossway Books, 1995]

Systematic Theology. 3 vols. New York: Charles Scribner and Co., 1871 [vols. 1 and 2]; New York: Scribner, Armstrong, and Co., 1872 [vol. 3]. Reprint, Peabody, MA: Hendrickson, 1999.

Systematic Theology. Abridged edition with study notes and index. Edited by Edward N. Gross. Grand Rapids: Baker Book House, 1992.

What Is Darwinism? New York: Scribner, Armstrong, and Company, 1874. (Re-printed in *What Is Darwinism? and Other Writings on Science and Religion.* Ed. Mark A. Noll & David N. Livingston. Grand Rapids: Baker Book House, 1994]

Index to Systematic Theology. New York: Scribner, Armstrong, and Company, 1877.

Discussions in Church Polity From the Contributions to "The Princeton Review." Ed. William Durant. New York: Charles Scribner's Sons, 1878. 이 저서는 원래 *Biblical Repertory and Princeton Review*에 출간되었던 것을 뽑아 재출간 한 것이다.

Conference Papers: Or Analyses of Discourses, Doctrinal and Practical; Delivered on Sabbath Afternoon to the Students of the Seminary. New York: Charles Scribner's Sons, 1879. [Reprint, *Princeton Sermons: Outlines of Discourses, Doctrinal and Practical, at Princeton Theological Seminary.* London: Banner of Truth, 1958.]

B. 소책자

Introductory Lecture Delivered in the Theological Seminary, Princeton, N.J. Nov. 7, 1828. N.p.: Connolly & Madden, n.d.

A Brief Account of the Last Hours of Albert B. Dod. Princeton: John T. Robinson, 1845.

Reunion of the Old and New School Presbyterian Churches. New York: Charles Scribner and Company, 1867.

Address of Rev. Charles Hodge, D.D., at the Conference of Commencement Week, Saturday, April 26, 1873. N.p., n.d.

A Solemn Question! Can the Protestants Conscientiously Build up the Churches of the Pope? Halifax: Nova Scotia Printing Co., 1873.

Proper Method of Dealing with Inquirers. New York: American Tract Society, 1876.

The Teaching Office of the Church. New York: Board of Foreign Missions, 1882.

The Rights of General Assembly Not to be Annulled by Any Assumed Authority of the Presbyteries; Their Relations to Each Other Defined by Dr. Hodge in "The Princeton Review." New York: E. B. Treat, 1896. [또한 1896년에 Anson D. F. Randolph & Co.에 의해서도 출간되었으며 핫지 소논문의 상당수가 실려 있다.]

Adequate Support of the Ministry : Sustentation Fund. Princeton: Blanchard, n.d.

How is the Sabbath to be Sanctified? Bellefonte, Pa.: Bellefonte Press Co., n.d.

Sunday Laws: Or Shall the Sabbath be Protected? Philadelphia: Presbyterian Board of Publication, n.d.

C. *Biblical Repertory and Princeton Review* 에 출간된 소논문

먼저 이 학술지의 이름이 몇 차례 바뀌었음을 알 필요가 있다. 처음에는 *Biblical Repertory*로 불리우다가 *Biblical Repertory and Theological Review*로 불리웠고, 다음으로 *Biblical Repertory and Princeton Review*로 불리우다가 나중에는 *Princeton Review*로 불리었다. 그러나 현재 핫지의 모든 소논문이 미시간 대학의 "Making of America" 시리즈에 실려 있으며 http://moa.umdl.umich.edu에서 접속할 수 있다.

The Biblical Repertory and Theological Review (1825-28)

Vol. 1 (1825)
"Introduction." pp. iii-vi.
"Proposal for the Periodical Publication of a Collection of Dissertations, Principally in Biblical Literature." pp. 1-3.

The Biblical Repertory and Princeton Review (The New Series 1829-68)

Vol. 1 (1829)
JANUARY "Introductory Lecture Delivered in the Theological Seminary, princeton, NJ November 7, 1828…" pp. 75-98.
JULY "Public Education…" pp. 370-410
"On the Sonship of Christ." pp. 429-56. [이 두편의 글이 핫지의 저작인지에 대한 논쟁의 여지는 남아있음.]
OCTOBER "On the Sonship of Christ." pp. 457-80.
"Remarks of the Editors on the Foregoing Strictures." pp. 602-38.

Vol. 2 (1830)

JANUARY "Professor Stuart's Postscript to His Letter to the Editors of the Biblical Repertory." pp. 122-45.

APRIL "Regeneration and the Manner of its Occurrence, a Sermon··· by Samuel H. Cox." pp. 250-97.

JULY "Review ofan Article in the June number of the Christian Spectator, entitled, 'Inquiries Respecting the Doctrine of Imputation.'" pp. 425-72.

Vol. 3 (1831)

JANUARY "The *American Quarterly Review* on Sunday Mails." pp. 86-134.

JULY "Review of Sprague's *Lectures to Young People*." pp. 295-306. "The *Christian Spectator* on the Doctrine of Imputation." pp. 407-43.

OCTOBER "Remarks on Dr. Cox's Communication." pp. 514-43.

Vol. 4 (1832)

JANUARY "Hengstenberg's Vindication of the Book of Daniel." pp. 48-71.

APRIL "The New Divinity Tried···" pp. 278-304.

Vol. 5 (1833)

JANUARY "Suggestions to Theological Students···" pp. 100-113.

JULY "*A Commentary on the Epistle to the Romans*··· by Moses Stuart." pp. 381-416.

Vol. 6 (1834)

APRIL "Lachmann's New Testament." pp. 269-81.

OCTOBER "The Act and Testimony." pp. 305-22.

Vol. 7 (1835)

JANUARY "Act and Testimony, No. II." pp. 110-34.

APRIL "*Notes, Explanatory and Practical, on the Epistle to the Romans*… by Albert Barnes." pp. 285-340.
JULY "The General Assembly of 1835." pp. 440-82.
OCTOBER "*Narrative of the Visit to the American Churches*… by Andrew Reed and James Matheson…" pp. 598-626.

Vol. 8 (1836)

JANUARY "*Commentar über den Brief Pauli an die Rümer*. Von L. J. Rückert…" or "Rückert's Commentary on the Romans." pp. 39-51.
APRIL "*Slavery*. By William E. Channing…" pp. 268-305.
JULY "The General Assembly of 1836." pp. 415-76.

Vol. 9 (1837)

JANUARY "*A Plea for Voluntary Societies and a Defense of the Decisions of the General Assembly of 1836 against the Strictures of the Princeton Reviewers and others*. By a member of the Assembly…" or "Voluntary Societies and Ecclesiastical Organizations." pp. 101-52.
APRIL "1. The Greek Testament, with English notes… by… S. T. Bloomfield… 2. The New Testament arranged in Historical and Chronological order… by Rev. George Townsend…" pp. 266-98.
JULY "The General Assembly of 1837." pp. 407-85.

Vol. 10 (1838)

JANUARY "*Tracts for the Times*. By members of the University of Oxford…" or "Oxford Tracts." pp. 84-119.
APRIL "1. *Facts and Observations*… by James Wood …" or "State of the Presbyterian Church." pp. 243-70.
JULY "The General Assembly of 1838." pp. 457-503.
OCTOBER "1. *An account of the present state of the Island of Puerto*

Rico. By Colonel Flinter··· 2. W. India Emancipation. By John A. Thorne···" pp. 602-44.

Vol. 11 (1839)

JULY "*A Brief History and Vindication of the Doctrines received and established in the Churches of New England* ... by Thomas Clapp ..." pp. 369-404.

"General Assembly of 1839" pp. 416-448.

OCTOBER "*Decretum Synodi Nationalis Ecclesiarum Reformatarum Galliae initio Anno 1645*··· ab Andrea Riveto···" or "Testimonies on the Doctrine of Imputation." pp. 553-79.

"Letters to the Rev. Professor Stuart by Daniel Dana..." or "Dr. Dana's Letters." pp. 584-96.

Vol. 12 (1840)

JANUARY "*A Discourse on the Latest Form of Infidelity*··· by Andrews Norton···" or "The Latest Form of Infidelity." pp. 31-71.

APRIL "Davies's *State of Religion among the Dissenters in Virginia*" or "Presbyterianism in Virginia." pp. 169-205.

"*A Treatise on Justification*. By George Junkin" or "Junkin on Justification." pp. 268-82.

JULY "*A History of the Rise, Progress, Genius and Character of American Presbyterianism*··· by William Hill···" pp. 322-50.

"Catalogue Collegii Neo-Caesariensis···" or "New Jersey College and President Davies." pp. 371-93.

"The General Assembly of 1840." pp. 411-31.

OCTOBER "*Sectarianism is Heresy*··· by A. Wylie." pp. 465-81.

"*The Substance of a Discourse*··· by J. C. Coit···" or "Discourse on Religion by Mr. Coit." pp. 582-99.

Vol. 13 (1841)

JULY "*A Brief Examination*··· by George W. Doane···" or "Bishop

Doane and the Oxford Tracts." pp. 450-62. [J. A. Alexander와 공저작.]

Vol. 14 (1842)

JANUARY "*Sermons on Important Subjects.* By ... Samuel Davies ...With an Essay on the Life and Times of the Author. By Albert Barnes…" pp. 142-69.

APRIL "*The History of Christianity*… By… H. H. Milman…" pp. 236-66.

JULY "The General Assembly of 1842 " pp. 472-523

OCTOBER "*The Divine Rule of Faith and Practice.* By William Goode…" or "Rule of Faith." pp. 598-630.

Vol. 15 (1843)

JANUARY "*The Marriage Question*… by Parsons Cooke." pp. 182-90.

APRIL "Rights of Ruling Elders." pp. 432-43.

JULY "The General Assembly of 1843 " pp. 407-69.

Vol. 16 (1844)

JANUARY "Proceedings of the General Assembly of the Free Church of Scotland, May 1843." pp. 86-119. [J. A. Alexander와 공저작.]

APRIL "Neander's *History of the Planting of the Church.*" pp. 155-83

"*The Claims of the Free Church of Scotland.* By Thomas Smith." pp. 229-61.

"*Presbyterian Government not a Hierarchy, but a Commonwealth*… by Robert J. Breckinridge." pp. 276-306.

JULY "The General Assembly of 1844." pp. 418-53.

OCTOBER "*The Integrity of our National Union us. Abolitionism*… by Rev. George Junkin" or "Abolitionism." pp. 545-81.

Vol. 17 (1845)

JANUARY "*Sacerdotal Absolution: A Sermon*… by M. A. Curtis." pp. 43-

61. [J. A. Alexander와 공저작.]
"*Christ, The Only Sacrifice: or the Atonement in its Relations to God and Man.* By Nathan S. S. Beman." pp. 84-138.

APRIL "*The Arguments of Romanists from the Infallibility of the Church and Testimony of the Fathers on behalf of the Apocrypha, discussed and refuted*, by James H. Thornwell." pp. 168-82.

JULY "The General Assembly." pp. 428-71.

OCTOBER "*Principles of Protestantism* ... by Philip Schaff" or "Schaff's Protestantism." pp. 626-36.

Vol. 18 (1846)

JANUARY "A *Treatise on the Scriptural Doctrine of Original Sin*··· by H. A. Boardman" or "The Original State of Man." pp. 67-81.

"*The Unity of the Church.* By Henry Edward Manning" or "The ories of the Church." pp. 137-58.

APRIL "Essays in the *Presbyterian* by Theophilus on the question: Is Baptism in the Church of Rome Valid?" or "Is the Church of Rome a Part of the Visible Church?" pp. 320-44.

JULY "The General Assembly." pp. 418-56.

"*Lectures on Biblical History*··· by William Neill." pp. 456-61.

OCTOBER "*Evangelische Kirchen-Zeitung.* Herausgegeben von C. W. Hengstenberg" or "Religious State of Germany." pp. 514-46.

"The Catholic News Letter, St. Louis··· " or "The Late Dr. John Breckinridge." pp. 585-89.

"*Lectures on Mental Philosophy and Theology.* By James Richards···" or "Life and Writings of Dr. Richards." pp. 589-600.

Vol. 19 (1847)

APRIL "*Lectures on Systematic Theology*··· by Rev. Charles Finney." pp. 237-77.

JULY "*An Earnest Appeal to the Free church of Scotland, on the subject of Economics.* By Thomas Chalmers" or "Support of the Clergy." pp. 360-78.

　　　　　"The General Assembly." pp. 396-444.

　OCTOBER　"*Discourses on Christian Nurture.* By Horace Bushnell." pp. 502-39.

Vol. 20 (1848)

　APRIL　"*The Mystical Presence. A Vindication of the Reformed or Calvinistic Doctrine of the Holy Eucharist.* By John W. Nevin" or "Doctrine of the Reformed Church on the Lord's Supper." 259-97.

　　　　　"*Das Leben Johann Calvin's. Ein Zeugniss für die Wahrheit*, von Paul Henry" or "Henry's Abridged Life of Calvin." pp. 278-305. [핫지의 저작 여부 논쟁의 여지로 남아 있음.]

　JULY　"The General Assembly of 1848." pp. 403-51.

　　　　　"*The Power of the Pulpit.* By Gardiner Spring." pp. 463-89. [J. A. Alexander와 공저작.]

Vol. 21 (1849)

　JANUARY　"American Board of Commissioners for Foreign Missions. Special Report of the Prudential Committee…" or "American Church Boards…" pp. 1-42.

　APRIL　"*God in Christ; Three Discourses* ... by Horace Bushnell." pp. 259-97.

　JULY　"The General Assembly." pp. 422-57.

　OCTOBER　"*The Question of Negro Slavery and the New Constitution of Kentucky.* By Robert J. Breckinridge" or "Emancipation." pp. 582-607.

Vol. 22 (1850)

　APRIL　"*Memoirs of Rev. Walter M. Lowrie* ... by his Father." pp. 280-312.

JULY "The General Assembly." pp. 441-83.
OCTOBER *"The Theology of the Intellect and that of the Feelings.* By Edwards A. Park" or "Professor Park's Sermon." pp. 642-74.

Vol. 23 (1851)
JANUARY *"Conscience and the Constitution.* By Moses Stuart" or "Civil Government." pp. 125-58.
APRIL "Remarks on the *Princeton Review* Vol. XXII. No. IV. Art. VII. By Edwards A. Park⋯" or "Professor Park's Remarks." pp. 306-47.
JULY "The General Assembly." pp. 521-53.
OCTOBER *"Unity and Diversities of Belief even on Imputed and Involuntary sin*⋯ by Edwards A. Park⋯" or "Professor Park and The Princeton Review." pp. 674-95.

Vol. 24 (1852)
JULY "The General Assembly." pp. 462-501.

Vol. 25 (1853)
APRIL "The Idea of the Church." pp. 249-90.
JULY "The Idea of the Church." pp. 339-89.
"Theology in Germany." pp. 430-50. [핫지의 저작 여부 논쟁의 여지로 남아 있음.]
"The General Assembly." pp. 450-528.
OCTOBER "Visibility of the Church." pp. 670-85.

Vol. 26 (1854)
JANUARY *"The Conflict of Ages*⋯ by Edward Beecher" or "Beecher's Great Conflict." pp. 96-138.
"*History of the Apostolic Church*...by Philip Schaff." pp. 148-93.
APRIL "*A Vindication of the Doctrine of the Church of England on the Validity of the Orders of the Scotch and Foreign Non-*

> *Episcopal churches*. By W. Goode" or "The Church of England and Presbyterian Orders." pp. 377-404.
>
> JULY "*Denominational Education*. By R. J. Breckinridge" or "The Education Question." pp. 504-44.
>
> "The General Assembly." pp. 545-80.

Vol. 27 (1855)

> JANUARY "*The Life of Archibald Alexander*. By James W. Alexander" or "Memoir of Dr. Alexander." pp. 133-59.
>
> APRIL "*The Truth and Life*… by Charles P. McIlvaine" or "Bishop McIlvaine on the Church." pp. 350-59.
>
> JULY "Eutaxia; or, the Presbyterian Liturgies" or "The Presbyterian Liturgies." pp. 445-67.
>
> "The General Assembly." pp. 467-542.

Vol. 28 (1856)

> JANUARY "*The Church Review and Register* for October 1855. Art. VI. 'Professor Hodge on the Permanency of the Apostolic Office.'" pp. 1-38.
>
> APRIL "*The Elements of Psychology*… by Victor Cousin. Translated by Caleb S. Henry… " or "The Princeton Review and Cousin's Philosophy." pp. 331-87.
>
> JULY "The General Assembly of 1856." pp. 552-90.
>
> OCTOBER "The Church - Its Perpetuity." pp. 689-715.

Vol. 29 (1857)

> JANUARY "Free Agency." pp. 101-35.
>
> JULY "The General Assembly of 1857." pp. 440-97.
>
> "On the Action of Our Church Courts in Judicial Cases, and Suggestions in Reference to Them." pp. 497-506.
>
> "Report on the History and Recent Collation of the English Version of the Bible… of the American Bible Society… " or

"The American Bible Society and its New standard Edition of the English Version." pp. 507-42.

OCTOBER "*The Inspiration of Holy Scripture*… by William Lee" or "Inspiration." pp. 660-98.

Vol. 30 (1858)

APRIL "*The Tecnobaptist*. By R. B. Mayes" or "The Church Membership of Infants." pp. 347-89.

JULY "The General Assembly." pp. 533-70.

OCTOBER "Adoption of the Confession of Faith." pp. 669-92.
"The Revised Book of Discipline." pp. 692-721.

Vol 31 (1859)

JANUARY "*The Testimony of Modern Science to the Unity of Mankind*… by J. L. Cabell" or "The Unity of Mankind." pp. 103- 49.

APRIL "Demission of the Ministry." pp. 360-70.

JULY "The General Assembly." pp. 538-618.

OCTOBER "*History of the Institution of the Sabbath Day, its Uses and Abuses*. By William Logan Fisher" or "Sunday Laws." pp. 733-67.

Vol. 32 (1860)

JANUARY "*Christian Life and Doctrine*. By the Rev. W. Cunningham" or "What Is Christianity?" pp. 118-61.

APRIL "*The First and Second Adam. The Elohim Revealed*… by Samuel J. Baird." pp. 335-76.

JULY "Reid' s Collected Writings. Preface, Notes, and Supplementary Dissertations by Sir William Hamilton… " or "Sir William Hamilton' s Philosophy of the Conditioned." pp. 472-510. [Possibly co-authored with Francis A. March.]
"The General Assembly." pp. 511-46.
"Presbyterianism." pp. 546-67.

Vol. 33 (1861)

JANUARY "The State of the Country." pp. 1-36.
APRIL "The Church and the Country." pp. 322-76.
JULY "The General Assembly." pp. 511-68.

Vol. 34 (1862)

JANUARY "Are There Too Many Ministers?" pp. 133-46.
"England and America." pp. 147-77.
JULY "Examination of some Reasonings against the Unity of Mankind" or "Diversity of Species in the Human Race." pp. 435-64.
"The General Assembly." pp. 464-524.

Vol. 35 (1863)

JANUARY "The War." pp. 140-69.
JULY "The General Assembly." pp. 439-99.
OCTOBER "Relation of the Church and State." pp. 679-93.

Vol. 36 (1864)

JANUARY "Can God Be Known?" pp. 122-52.
JULY "The General Assembly." pp. 506-74.

Vol. 37 (1865)

JANUARY "Nature of Man." pp. 111-35.
APRIL "The Principles of Church Union, and the Reunion of the Old and New-School Presbyterians." pp. 271-313
JULY "President Lincoln." pp. 435-58.
"The General Assembly." pp. 458-514.
OCTOBER "The *Princeton Review* on the State of the Country and of the Church." pp. 627-58.

Vol. 38 (1866)

JANUARY "Sustentation Fund." pp. 1-24.
APRIL "*The Vicarious Sacrifice*… by Horace Bushnell." pp. 161-94.
JULY "The General Assembly." pp. 425-500.

Vol. 39 (1867)

JULY "The General Assembly." pp. 440-522.

Vol. 40 (1868)

JANUARY "Presbyterian Reunion. By the Rev. Henry B. Smith D.D. Reprinted from the *American Presbyterian and the Theological Review*, October 1867." pp. 53-83.
APRIL "Representative Responsibility… by Henry Wallace." Pp. 219-45.
JULY "Professor Fisher on the Princeton Review and Dr. Taylor's Theology." pp. 368-98.
"The Protest and Answer." pp. 456-77.

Vol. 41 (1869)

JULY "The New Basis of Union." pp. 462-66.
OCTOBER "Morell on Revelation and Inspiration." pp. 489-511.

The Princeton Review

Vol. 42(1870)

JULY "The Trial Period in History." pp. 411-25.

Vol. 43 (1871)

JANUARY "Preaching the Gospel to the Poor." pp. 83-95.
APRIL "The Relation of Adam's First Sin to the Fall of the Race." pp. 239-62.

Presbyterian Quarterly and Princeton Review

New Series, Vol 5 (1876)
    APRIL "Christianity Without Christ." pp. 352-62.

D. 기타 학술지에 실린 소논문

"The State of Religion in France." *Christian Advocate* 2 (October 1827): 449-53; (November 1827): 499-502.
"Anniversary Address to the American Home Missionary Society." *The Home Missionary 2* (June 1, 1829): 3-20.
"Mr. Editor." *Presbyterian 2* (May 9, 1832): 51.
"Princeton Theological Seminary." *Presbyterian 6* (January 7, 1836): 2. [Co-authored with Archibald Alexander and Samuel Miller; also in The New York Observer, December 26, 1835.]
"To the Christian Public." *Presbyterian 6* (April 30, 1836): 70.
"A Correction of Dr Elliot's Statement." *Presbyterian 12* (August 20, 1842): 134.
"Narrative of the State of Religion." *Presbyterian 16* (June 13, 1846): 94.
"The Teaching Office of the Church." *Missionary Chronicle* (June 1848): 9-11.
"The Late Dr. J. W. Alexander." *Presbyterian 29* (August 13, 1859): 130.
"Dr. Hodge's Remarks at the Seminary." *Presbyterian 30* (February II, 1860): 22.
"A Communication from Rev. Charles Hodge, D.D." *The Central Presbyterian* (January 19, 1861).
"Protest of Dr. Hodge and Others." *Presbyterian 31* (June 8, 1861): 90.
"The Bible in Science." *The New York Observer* (March 26, 1863): 98-99.
"Dr. Hodge's Address at the National Sabbath Convention." *Presbyterian 33.* (December 5, 1863): 193.
"Another Letter from Dr. Hodge to the Rev. David Wills." *Presbyterian 36*

(August 18, 1866): 2. [Reprinted from the Macon (Ga.) Daily Telegraph.]

"The First Princeton Professors." *Presbyterian 45* (May 15, 1875): 7.

"Testimonial to A. H. Ritchie's picture, 'Mercy Knocking at the Wicket Gate,' from Bunyan's Pilgrim's Progress." *Presbyterian 45* (December 25, 1875): 10.

"A Last Word." *New York Independent*, May 9, 1878. [Reprinted in The Presbyterian, September 27, 1879.]

"An Unpublished Letter of Dr. Hodge to Dr. S. S. Schmucker, On Christian Union." *The Lutheran Church Review 18* (April 1899): 207-13.

"Unity of the Church." *Christianity Today* 2 (May 26, 1958): 23-27.

E. 설교

The Place of the Bible in a System of Education: A Sermon, Preached in Philadelphia, at the Request of the American Sunday-School Union, May 21, 1832. Philadelphia: American Sunday School Union, 1833. [또한 1834년에 *Sermons Delivered at the Anniversaries of the American Sunday-School Union*. Philadelphia: American Sunday-School Union에 도 게재됨.

A *Sermon, Preached in Philadelphia, at the Request of the American Sunday-School Union*, May 27, 1832. Philadelphia: American Sunday-School Union, 1833.

A Discourse Delivered at the Funeral of Mrs. Martha Rice, March 7, 1844. Princeton: n.p., 1844.

"Faith in Christ, The Source of Life," in *The Princeton Pulpit*. Ed. by John T. Duffield. New York: Charles Scribner, 1852. pp. 74-94.

"Sermon by Charles Hodge," in *Sermons Preached Before the Congregation of the Presbyterian Church, Corner of Fifth Avenue and Nineteenth Street, at the "Memorial Services," October 9, 1859, Appointed in Reference to the Death of Their Late Pastor, James Waddell Alexander*. New York: Anson D. F. Randolph, 1859. pp. 3-22.

"Funeral Address Delivered in the First Presbyterian Church, Burlington, New Jersey, on the 30th of July, 1860," in *Memorial of Cortlandt Van Rensselaer*. Philadelphia: C. Sherman & Son, 1860. pp. 8-17. [또한 The *Presbyterian Magazine 10* (September 1860): 388-95에 게재됨.]

"Funeral Sermon, by the Rev. Charles Hodge, D.D.," in Thomas L. Janeway, *Memoir of the Rev. Jacob J. Janeway*, D.D. Philadelphia: Presbyterian Board of Publication, 1861. pp. 277-96.

A Discourse Delivered at the Re-Opening of the Chapel, September 27, 1874. Princeton: Chas. S. Robinson, 1874.

Conference Papers, or Analyses of Discourses, Doctrinal and Practical, Delivered on Sabbath Afternoons to the Students of the Theological Seminary, Princeton, New Jersey. New York: Charles Scribner's Sons, 1879. [또한 *Princeton Sermons: Outlines of Discourses, Doctrinal and Practical*… London: T. Nelson, 1879으로도 출간됨.]

F. 기타 글들

"On the Necessity of a Knowledge of the Original Languages of the Scriptures," in *The Annual of the Board of Education of the General Assembly of the Presbyterian Church in the United States*. Vol. I. Ed. John Breckinridge. Philadelphia: Russell & Martien, 1832. pp. 195-214.

"Nature of the Atonement," in *The Spruce Street Lectures: Delivered by Several Clergymen, During the Autumn and Winter of 1831-32*. Philadelphia: Russell & Martien, 1833. pp. 143-69.

"Introduction," in *The Faithful Mother's Reward*. Philadelphia: Presbyterian Board of Publication, 1853.

"The Bible Argument on Slavery" in *Cotton is King, and Pro-Slavery Arguments: Comprising the Writings of Hammond, Harper, Christy, Stringfellow, Hodge, Bledsoe, and Cartwright on This Important Subject*. Ed. E. N. Elliott. Augusta, Ga.: Pritchard, Abbott & Loomis, 1860. pp. 841-877.

"The Fugitive Slave Law," in *Cotton is King, and Pro-Slavery Arguments: Comprising the Writings of Hammond, Harper, Christy, Stringfellow, Hodge, Bledsoe, and Cartwright, on This Important Subject.* Ed. E. N. Elliott. Augusta, Ga.: Pritchard, Abbott & Loomis, 1860. pp. 809-40.

"Address of Dr. Hodge, "in *A Discourse Delivered at the Funeral of Rev. John McDowell,* D.D. Philadelphia: William S. & Alfred Martien, 1863. pp. 22-24.

On Praying and Giving Thanks for Victories: a correspondence between Rev. J. M. MacDonald and Rev. Dr. Hodge. Princeton: n.p., 1864.

"Address," in *Memorial of Rev. Peter O. Studdiford, D.D., late Pastor of the Presbyterian Church of Lambertville, New Jersey, Who Departed this Life June 5th,* 1866. Philadelphia Published by the Session, 1866. pp. 33-35.

"Address of Welcome on Behalf of the Board of Trustees," in *Inauguration of James McCosh, D.D., LL.D., as President of the College of New Jersey, Princeton, October 27, 1868.* New York: Robert Carter and Brothers, 1869. pp. 10-12.

"Letter to Pius the Ninth, Bishop of Rome," reprinted in French in *Acta Et Decreta: Sacrorum Conciliorum Recentiorum.* Collectio Lacensis. Vol. 8. Ed. S. J. E. Domo et al. (Friburgi, Brisgoviae: Herder, 1870-90),1135-37. 이 편지의 원본은 프린스턴 대학의 Firestone Library에 소장되어 있음. 핫지는 두 미국장로교단을 대변하여 왜 이 두 교단들이 Vatican 의회(1869)에 참석치 않으려는지 편지하였다.

"Retrospect of the History of the *Princeton Review,*" in *The Biblical Repertory and Princeton Review Index Volume, from 1825-1868.* Philadelphia: Peter Walker, 1871. pp. 1-39.

"Address," in Proceedings Connected with the Semi-Centennial Commemoration of the Professorship of Rev. Charles Hodge, D.D., LL.D., in the Theological Seminary at Princeton, N.J., April 24, 1872. New York: Anson D. F. Randolph & Co., n.d. pp. 49-54.

"Introduction," in James B. Ramsey, *The Spiritual Kingdom: An Exposition of the First Eleven Chapters ofthe Book of Revelation.* Richmond:

Presbyterian Committee of Publication, 1873. pp. i-xxxv. [In print, Carlisle, Pa.: Banner of Truth Trust, 1977.]

"The Unity of the Church Based on Personal Union with Christ," *in History, Essays, Orations, and Other Documents of the Sixth General Conference of the Evangelical Alliance.* Ed. Philip Schaff and S. Irenaeus Prime. New York: Harper & Bros., 1874. pp. 139-44.

"Prayer by Rev. Charles Hodge, D.D.," in *A Memorial Of Joseph Henry.* Washington: Government Printing Office, 1880. pp. 13-14.

"Autobiography," in A. A. Hodge, *The Life of Charles Hodge, D.D., LL.D.* London: T. Nelson & Sons, 1881. pp. 1-38.

2 핫지의 미출간 저서 및 원고

Princeton Theological Seminary, Princeton, New Jersey

Speer and Luce 도서관의 고서 및 희귀본 부에는 핫지의 원고들이 소장되어 있다. 강의안이나 수백 편의 설교와 담화문 외에도 핫지의 대표적 저서인 『조직신학』이나 『장로교회역사』의 원고가 소장되어 있으며, 핫지의 서신과 개인 기념품과 그의 학생들이 기록한 강의노트 등이 있다.

Princeton University, Princeton, New Jersey

Firestone 도서관 희귀본 부에는 핫지의 강의노트를 비롯 설교원고, BRPR에 실렸던 소논문들과 그의 저서 *What Is Darwinism?*와 *the Commentary on Romans*가 소장되어 있다. 이 소장 중 가장 많은 양을 차지하는 것은 그의 가족 외 430명 이상에게 그가 보내거나 그들로부터 받았던 서신들이다.

Rutgers University, New Brunswick, New Jersey

Alexander 도서관의 희귀본 부에는 "Are There Too Many Ministers?" (너무 목사가 많은가?) "England and America"(영국과 미국)이란 제목의 원고가 소장되어 있으며(Francis March), 윌리엄 마티안(William S. Martien), 피니어스 걸리(Phineas D. Gurley), 퀼러(C. Cuyler) 등과 교환한 서신들이 있다.

Montreat, North Carolina

장로교 희귀본 서고의 맥파랜드(McFarland) 문서와 존 윌슨(John Wilson) 문서 보관에 핫지의 원고들이 함께 보관되어 있다.

New Jersey Historical Society, Newark, New Jersey

핫지의 편지들이 "Princeton, NJ, manuscripts, 1842-1918"의 혼블로우어(Hornblower) 문서와 함께 보관되어 있다.

The University of Vermont, Burlington, Vermont

Bailey/Howe 도서관의 희귀본 서고에 있는 제임스 마쉬(James Marsh) 수집품 중 핫지의 서신들이 몇 개 있다.

Library of Congress, Washington, D.C.

1854-1855까지의 세 편의 핫지의 강의안이 보관되어 있다.

3. 핫지에 관한 출간된 2차 문헌

A. 19세기에 출간된 2차 문헌

"The Act and Testimony, Once More." *The Christian Intelligencer and Evangelical Guardian 5* (December 1834): 351-53.

Adger, John B. "Calvin Defended Against Drs. Cunningham and Hodge." *The Southern Presbyterian Review 27* (January1876): 133-66.

―――. "Calvin's Doctrine of the Lord's Supper." *The Southern Presbyterian Review 36* (October 1885): 785-800.

―――. "The Life of Charles Hodge ... by his son, A. A. Hodge." *The Southern Presbyterian Review 32* (January 1881): 134-43.

―――. "Northern and Southern Views of the Province of the Church." *The Southern Presbyterian Review 16* (March 1866): 384-411.

Aiken, Charles A. "A Tribute Introductory to the Opening Lecture of the Session of 1878-9, Princeton Theological Seminary, September 6, 1878," in *Discourses Commemorative of the Life and Work of Charles Hodge, D.D., LLD.* Philadelphia: Henry B. Ashmead, 1879. pp. 21-23.

Alexander, James W. *The Life of Archibald Alexander, D.D.* New York: Charles Scribner, 1854.

"American Presbyterian History." *The New Englander 8* (February 1850): 89-106.

Atwater, Lyman H. *A Discourse Commemorative of the Late Dr. Charles Hodge delivered in the Chapel of the College of New Jersey by request of the President, October 13th, and repeated in the First Presbyterian Church, Princeton, at the request of its session*, Oct. 2o, 1878. Princeton: C. S. Robinson, 1878.

―――. "Dr. Forbes on Romans, vs. Dr. Hodge." *The Presbyterian Quarterly and Princeton Review 2* (January 1873): 164-73

―――. *The First Adam and the Second: The Elohim Revealed in the Creation and Redemption of Man.* Philadelphia: Parry & McMillan,

1860. [See pp. 435-51.)

―――. "*The New Englander April 1868, Article IV, Entitled, 'The Princeton Review* on the Theology of Dr. N. W. Taylor'" or "Professor Fisher on the Princeton Review and Dr. Taylor's Theology." *Biblical Repertory and Princeton Review 40* (July 1868): 368-98.

―――. *A Rejoinder to the "Princeton Review," Upon the Elohim Revealed, Touching the Doctrine of Imputation and Kindred Topics.* Philadelphia: Joseph M. Wilson, 1860.

"*The Biblical Repertory* on the Doctrine of Imputation." *The Quarterly Christian Spectator 3* (September 1831): 497-512.

Boardman, Henry A. "Memorial Discourse Delivered in the First Presbyterian Church, Princeton, N.J., April 27, 1879, "*in Discourses Commemorative of the Life and Work of Charles Hodge, D.D., LL.D.* Philadelphia: Henry B. Ashmead, 1879. pp. 27-70.

Briggs, Charles Augustus. *American Presbyterianism, Its Origin and Early History.* New York: Charles Scribner's Sons, 1885.

―――. *Whither? A Theological Question for the Times.* New York: Charles Scribner's sons, 1889.

Buttz, Henry A. "Rev. Charles Hodge, D.D., LL.D." *The National Repository 5* (January 1879): 60-66.

"Case of the Rev. Mr. Barnes." *The Quarterly Christian Spectator 3* (June 1831): 292-336.

Chadwick, J. W. "Two Presbyterian Professors." *The Nation 31* (1880): 381-82.

"Charles Hodge." *The Biblical Repertory and Princeton Review: Index Volume from 1825-1868.* Philadelphia: Peter Walker, 1871. pp. 200-211.

"*A Commentary on the Epistle to the Ephesians by Charles Hodge.*" The *Evangelical Review 8* (October 1856): 289-90.

"*A Commentary on the Epistle to the Ephesians by Charles Hodge.*" The *Journal of Sacred Literature and Biblical Record 4* (October 1856): 215.

"*A Commentary on the Epistle to the Ephesians by Charles Hodge.*" The *Theological and Literary Journal 9* (July 1856): 170.

"Commentary on the Epistle to the Romans by Charles Hodge." *The British and Foreign Evangelical Review 14* (July 1865): 656-58.

"Conference Papers." *Bibliotheca Sacra 36* (July 1879): 587-88.

"Conference Papers… by Charles Hodge." *The New Englander 38* (September 1879): 727.

"Conference Papers… by Charles Hodge." *The Presbyterian Review 1* (1880): 195-97.

"Cousin and the Princeton Reviewer." *The Church Review and Ecclesiastical Register 9* (October 1856): 358-74.

Cox, Samuel H. "Reply of Dr. Cox." *Biblical Repertory and Princeton Review 3* (October 1831): 482-514.

Cunningham, William. "Dr. Hodge and the *Edinburgh Witness*." *Presbyterian 30* (March 31, 1860): 50.

─────. "Dr. Hodge's *Essays and Reviews*." *The British and Foreign Evangelical Review 6* (July 1857): 687-715.

Dabney, Robert Lewis. "*Conference Papers*… by Charles Hodge." *The Southern Presbyterian Review 30* (July 1879): 606-8.

─────. "Doctrine of Original Sin." *The Southern Presbyterian Review 35* (October 1884): 583-610.

─────. "Hodge's Systematic Theology." *The Southern Presbyterian Review 24* (April 1873): 167-225.

─────. *Syllabus and Notes of the Course of Systematic and Polemic Theology Taught in Union Theological Seminary, Virginia*. 3d ed. Asbury Park, N.J.: Presbyterian Publishing Co., 1885.

"Danville Versus Princeton." *Methodist Quarterly Review 24* (November 1886): 145-59.

"Death of Dr. Charles Hodge." *The Evangelical Repository and United Presbyterian Worker 55* (August 1878): 123-24.

"The Death of Dr. Hodge." Princeton Press (June 22, 1878): 2.

Discourses Commemorative of the Life and Work of Charles Hodge. Philadelphia: Henry B. Ashmead, 1879. Essays by William Paxton, Charles A. Aiken, Henry A. Boardman, and a Minute adopted by the

Board of Trustees of Princeton Theological Seminary.

"Discussions in Church Polity." *Bibliotheca Sacra 36* (July 1879): 584-87.

"Dr. Dabney on Immediate Imputation." *The Southern Presbyterian Review 24* (January 1873): 30-65.

"Dr. Hodge on 'The Lutheran Doctrine' of the Person of Christ." *The Quarterly Review of the Evangelical Lutheran Church 2* (April 1872): 256-80.

"Dr. Hodge on the Resurrection." *The Theological and Literary Journal 10* (October 1857): 247-83.

"Dr. Hodge's Commentary on Romans in French." *Presbyterian II* (March 27, 1841): 50.

Dwight, Timothy. "The Life of Dr. Charles Hodge." *The New Englander 40* (March 1881): 222-46.

————. "Princeton Exegesis: A Review of Dr. Hodge's Commentary on Romans V.12-19." *The New Englander 27* (July 1868): 551-603.

————. "Princeton Exegesis, No. II: Its Dealings with the Testimony of the Scriptures Against the Doctrine of a Limited Atonement." *The New Englander 28* (April 1869): 361-405.

————. "A Review of the Biography of Charles Hodge." *The New Englander 40* (1881): 222-46.

Elliot, E. N., ed. *Cotton Is King, and Pro-Slavery Arguments*. Augusta, Ga.: Pritchard, Abbott & Loomis, 1860. BRPR에 실렸던 두 개의 논문 "The Bible Argument on Slavery"(1836)과 "The Fugitive Slave Law"(1857)이 이 저서에 실림. 그러나 재게재 과정에서 생략된 부분이 있는데 이 게재에 대해 핫지가 승인하였는지에 대한 여부는 밝혀지지 않고 있다.

Ellis, G. E." The New Theology." *The Christian Examiner and Religious Miscellany 62* (May 1857): 321-69.

Etter, John Wesley. "The Atonement." *United Brethren Review 3* (July 1892): 206-18; and 4 (October 1892): 364-71.

"*An Exposition of the First Epistle to the Corinthians* by Charles Hodge." The New Englander 16 (February 1858): 194-95.

"*An Exposition of the First Epistle to the Corinthians* by Charles Hodge."

The Theological and Literary Journal 10 (July 1857): 169.

"*The First Adam and the Second*… by Samuel J. Baird." *The Presbyterian Quarterly Review 8* (April 1860): 683-85.

Fisher, George P. "The Augustinian and the Federal Theories of Original Sin Compared." *The New Englander 27* (July 1868): 468-516.

――――. "Dr. N. W. Taylor's Theology: A Rejoinder to the *Princeton Review*." *The New Englander 27* (October 1868): 740-63.

――――. "Original Sin: The State of the Question." *The New Englander 18* (August 1860): 694-710.

――――. "The *Princeton Review* of January." *The New Englander 28* (April 1869): 406-8.

――――. "The *Princeton Review* on the Theology of Dr. N. W. Taylor." *The New Englander 27* (April 1868): 248-84.

Forbes, John. *Analytical Commentary on the Epistle to the Romans, Tracing the Train of Thought by the Aid of Parallelism*. Edinburgh: T & T Clark, 1868.

Girardeau, John L. "Theology as a Science, Involving an Infinite Element." *The Southern Presbyterian Review 27* (July 1876): 462-85.

Grayson, William John. *Reply to Professor Hodge on the "State of the Country."* Charleston: Evans & Cogswell, 1861.

Hageman, John F. *The History of Princeton and Its Institutions*. 2d ed. Philadelphia J. B. Lippincott & Co., 1879. [See pp. 354-58.]

Hawley, James Marvin. "The Image of God." *Methodist Quarterly Review 23* (January 1886): 17-40.

Hill, William. *A History of the Rise, Progress, Genius, and Character of American Presbyterianism: Together with a Review of "The Constitutional History of the Presbyterian Church in the United States of America, by Chas. Hodge, D.D. Professor in the Theological Seminary, at Princeton, N.J."* Washington City: J. Gideon, Jr., 1839.

Hodge, Archibald Alexander. *The Life of Charles Hodge D.D., LL.D.: Professor in the Theological Seminary Princeton, N.J.* New York: Charles Scribner's sons, 1880.

─────. *Questions on the Text of the Systematic Theology of Dr. Charles Hodge*. New York: Charles Scribner's Sons, 1885.

"Hodge on Ephesians." *The Presbyterian Magazine 6* (June 1856): 275-77.

"Hodge on First Corinthians." *The Presbyterian Magazine 7* (November 1857) 511-14.

"Hodge on Presbyterianism." *The New Englander 14* (February 1856): 1-32.

"Hodge on the Romans (Earl of Chichester's comments)." *Presbyterian 15* (October 4, 1845): 158.

"Hodge's *Discussions on Church Polity*." *The New Englander 38* (January 1879): 148-49.

"Hodge's *Systematic Theology* (vol. II)." *The New Englander 31* (April 1872): 371-72.

"Hodge's Theology." *The American Presbyterian Review 3* (October 1871): 651.

"*Index to Systematic Theology* by Charles Hodge." *Bibliotheca Sacra 31* (April 1874): 195-97.

"*Index to Systematic Theology* by Charles Hodge." *The Quarterly Review of the Evangelical Lutheran Church 3* (October 1873): 618.

"Infant Salvation." *The American Church Review 26* (October 1874): 519-25.

"Introductory Lecture ... by Charles Hodge." *The Quarterly Register and Journal of the American Education Society 1* (April 1829): 216-19.

Irvin, W. "*The Life of Charles Hodge*··· by his son, A. A. Hodge." *The Presbyterian Review 2* (January 1881): 199-201.

Knox, John. "The Presbytery of Oxford and Dr. Hodge." *Presbyterian 36* (May 5, 1866): 3.

Krauth, Charles P. *Infant Baptism and Infant Salvation in the Calvinistic System: A Review of Dr. Hodge's Systematic Theology*. Philadelphia: Lutheran Book Store, 1874.

─────. "A Review of Dr. Hodge's *Systematic Theology* with Special Reference to the Question of Infant Baptism and Infant Salvation, in the Calvinistic System." *The Mercersburg Review 21* (January 1874): 99-159.

Landis, Robert W. *The Doctrine of Original Sin as Received and Taught by the Churches of the Reformation Stated and Defended: And the Error of Dr. Hodge in Claiming that this Doctrine Recognizes the Gratuitous Imputation of Sin, Pointed Out and Refuted*. Richmond: Whittet and Shepperson, 1884.

―――. "The Gratuitous Imputation of Sin." *The Southern Presbyterian Review 27* (April 1876): 318-53.

―――. "Imputation, Part I." *The Danville Quarterly Review I* (September 1861): 390-427.

―――. "Imputation, Part II, Antecedent Imputation and Supralapsarianism." *The Danville Quarterly Review I* (December 1861): 553-613.

―――. "Imputation, Part III, Imputation and Original Sin." The *Danville Quarterly Review 2* (1862): 58-111, 248-82, 514-78.

―――. "'Unthinkable' Propositions and Original Sin." *The Southern Presbyterian Review 26* (April 1875): 298-315.

"The Late Mrs. Hodge." Presbyterian 20 (January 12, 1850): 6.

"*The Life of Charles Hodge*··· by his Son, A. A. Hodge." *The Baptist Review 3* (1881): 130.

"*The Life of Charles Hodge*··· by his son, A. A. Hodge." *Bibliotheca Sacra 38* (July 1881): 591-92.

"The Life of Charles Hodge, D.D." *London Quarterly Review 59* (October 1882): 56-73.

Linday, Thomas M. "The Doctrine of Scripture: The Reformers and the Princeton School." *The Expositor 1*, Fifth Series (1895): 278-93.

"Literary Review" [of *Systematic Theology*, vol.1]. *The Congregational Quarterly 13* (October 1871): 604-5.

"Literary Review" [of *Systematic Theology*, vol. 2]. *The Congregational Quarterly 14* (April 1872): 333-35.

MacDonald, James Madison. *On Praying and Giving Thanks for Victories: a correspondence between Rev. J. M. MacDonald and Rev. Dr. Hodge*. Princeton: n.p., 1864.

MacGregor, James. "Dr. Charles Hodge and the Princeton School." *The British and Foreign Evangelical Review 23* (July 1874): 456-69.

─────. "Review of *Systematic Theology*, by Charles Hodge." *The British and Foreign Evangelical Review 21* (1872): 384-85.

McMaster, Gilbert. "Review of Hodge on the Epistle to the Romans." *The Literary and Theological Review 3* (September 1836): 398-422.

Miller, John. *Fetich in Theology: Or, Doctrinalism Twin to Ritualism*. New York: Dodd and Mead, 1874. [Same as *The Congregational Quarterly 16* (1874): 619-21.

Mills, Henry. "Exegesis of Romans, 9:2,3." *The Literary and Theological Review 3* (1836): 331-45.

"Minute Adopted by the Board of Directors of the Princeton Theological Seminary at their Annual Meeting, Held April 29, 1879," in *Discourses Commemorative of the Life and Work of Charles Hodge, D.D., LL.D.* Philadelphia: Henry B. Ashmead, 1879. pp. 73-75.

"The Modern Doctrine of the Unknowable." *The Southern Presbyterian Review 27* (October 1876): 662-96.

Nevin, John W. "Doctrine of the Reformed Church on the Lord's Supper." *The Mercersburg Review 2* (September 1850): 421-548.

─────. "Dr. Hodge on the 'Mystical Presence.'" *The Weekly Messenger of the German Reformed Church 13* (May 24-August 9, 1848).

─────. "Hodge on the Ephesians." *The Mercersburg Review 9* (January 1857) 46-83.

─────. "Hodge on the Ephesians, Second Article." *The Mercersburg Review 9* (April 1857): 192-245.

Park, Edwards A." Dr. Hodge's *Systematic Theology*." *Bibliotheca Sacra 29* (July 1872): 553-60.

─────. "New England Theology; with Comments on a Third Article in the *Biblical Repertory and Princeton Review*, Relating to a Convention Sermon." *Bibliotheca Sacra 9* (January 1852): 170-220.

─────. "Remarks on the *Biblical Repertory and Princeton Review*, Vol. XXII. No. IV. Art. VII." *Bibliotheca Sacra 8* (January 1851): 135-80.

―――. "Unity Amid Diversities of Belief, Even on Imputed and Involuntary Sin, with Comments on a Second Article in the *Princeton Review* Relating to a Convention Sermon." *Bibliotheca Sacra 8* (July 1851): 594-647.

Patton, Francis Landey. "Charles Hodge." *The Presbyterian Review 2* (January 1881): 349-77.

Paxton, William M. "Address by William M. Paxton, D.D., of New York, at the Obsequies of the Rev. Dr. Hodge, in the First Presbyterian Church of Princeton, N.J., June 22, 1878," in *Discourses Commemorative of the Life and Work of Charles Hodge, D.D., LL.D.* Philadelphia: Henry B. Ashmead, 1879. Pp. 5-18.

Peck, T. E. "*Discussions in Church Polity* ... by Charles Hodge." *The Southern Presbyterian Review 30* (January 1879): 187-91.

Pond, Enoch. "The Atonement, in Its Relations to God and Man." *Bibliotheca Sacra 19* (October 1862): 685-706.

―――. "Dr. Hodge and New England Theology." *Bibliotheca Sacra 30* (1873): 371-81.

"*The Princeton Review* and the Office of Ruling Elder." *Spirit of the XIX Century 2* (May 1843): 315-16.

Proceedings Connected with the Semi-Centennial Commemorative of the Professorship of Rev. Charles Hodge, D.D, L.L.D, April 24, 1872. New York: Anson D. F. Randolph, 1872. [See also *The Southern Presbyterian Review 24* (July 1873) 461-63.]

"Professor Hodge on the Permanency of the Apostolic Office." *The Church Review and Ecclesiastical Register 8* (October 1855): 406-25.

"Professor Hodge's Exposition of II Corinthians." *The New Englander 18* (February 1860): 217-18.

"Recent English Commentaries on Paul's Epistle to the Ephesians." *The British and Foreign Evangelical Review 6* (October 1857): 933-60.

"Remarks on Protestant and the *Biblical Repertory*, Respecting the Doctrine of Imputation." *The Quarterly Christian Spectator 3* (March 1831): 162-68.

The Reviewer Reviewed: Or, An Answer to Strictures Contained in the Princeton Biblical Repertory, *for July, 1840, on Dr. Hill's History of the Rise, Progress, Genius, and Character of American Presbyterianism*. New York: Printed for the Author, 1842.

"Review of A Commentary on the Epistle to the Ephesians, by Charles Hodge." *Methodist Quarterly Review 10* (July 1856): 452.

"Review of C*ommentary on the Epistle to the Romans*, by Charles Hodge." *Methodist Review 69* (January 1887): 148-49.

"Review of *Conference Papers*, by Charles Hodge." *Methodist Review 61* (July 1879): 590-91.

"Review of *Conference Papers*, by Charles Hodge." *Southern Presbyterian Review 30* (July, 1879): 606-9.

"Review of *Conference Talks*, by Charles Hodge." *New York Times*, May 6, 1879, P. 3.

"Review of *Discussions in Church Polity*, by Charles Hodge." *Methodist Review 61* (January 1879): 166-67.

"Review of Dr. Hodge's System of Theology." *New Englander 30* (1871): 744-45.

"Review of *Essays and Reviews*, by Charles Hodge." *Methodist Quarterly Review II* (January 1857): 146-47.

"Review of *Essays and Reviews*, by Charles Hodge." *Methodist Review 39* (April 1857): 311-13.

"Review of *An Exposition of the First Epistle to the Corinthians*, by Charles Hodge." *Methodist Review 39* (July 1857): 483.

"Review of *Proceedings Connected with the Hodge Semi-Centennial*." *Southern Presbyterian Review 24* (July 1873): 461-63.

"Review of *Systematic Theology*, by Charles Hodge." *Methodist Review 55* (July 1873): 500-503.

"Review of *Systematic Theology*, by Charles Hodge." *New York Times*, October 23, 1871, p. 2.

"Review of *Systematic Theology*, vol.2, by Charles Hodge." *The Nation 446* (January 15, 1874): 44-46.

"Review of *Systematic Theology*, vols. I and 2, by Charles Hodge." *Methodist Review* 54 (April 1872): 337-38.

"Review of *Unabridged Commentary on Romans*, new ed., by Charles Hodge." *Presbyterian* 36 (May 26, 1866): 1.

"Review of *The Way of Life*." *Presbyterian* 12 (May 21, 1842): 83.

"Review of *What Is Darwinism?*, by Charles Hodge." *Methodist Review* 56 (July 1874): 514-16.

"Review of *What Is Darwinism?*, by Charles Hodge." *Methodist Review* 64 (July 1882): 586-92.

"Review of *What Is Darwinism?*, by Charles Hodge." *The Nation* 465 (May 28, 1874): 348-51.

"Review of *What Is Darwinism?*, by Charles Hodge." *New York Times*, July 2, 1874. p. 2.

Rice, John H. "*The Princeton Review* on the State of the Country." *Southern Presbyterian Review* 14 (April 1861): 1-44.

Salmond, Charles Adamson. "Dr. Charles Hodge." *The Catholic Presbyterian* 5 (January-June 1881): 56-66.

————. *Princetoniana: Charles and A. A. Hodge: With Class and Table Talk of Hodge the Younger*. New York: Scribner & Welford, 1888.

Schaff, Philip. *Theological Propaedeutic*. 8th ed. New York: Charles Scribner So s, 1909. [초판발행 1892. 390쪽 이하 참조.]

Shedd, William G. T. "Questions on the Text of the *Systematic Theology* of Charles Hodge… by A. A. Hodge." *The Presbyterian Review* 6 (April 1885) 371-72.

Smith, Henry Boynton. *The Reunion of the Presbyterian Churches, Called New School and Old School: A Reply to the "Princeton Review."* New York: William Sherwood, 1867. [Reprinted from *American and Presbyterian Theolqgical Review* 5 (October 1867): 624-65.]

————. "Systematic Theology … by Charles Hodge." *The Presbyterian Quarterly; and Princeton Review* 2 (April 1872): 395-400.

Stebbins, R. P. "The Andover and Princeton Theologies." *The Christian Examiner and Religious Miscellany* 52 (May 1852): 309-35.

Stowe, Calvin E. "Hodge's Commentary on Romans (last edition)." *Bibliotheca Sacra 22* (January 1865): 159-62.

Stuart, Moses. "Postscript," in *An Examination of the Strictures Upon the American Education Society, in a Late Number of the Biblical Repertory, originally published in that work.* Boston: Flagg & Gould, 1829. pp. 33-48.

---------. "Remarks of Protestant on the Biblical Repertory." *The Quartedy Christian Spectator 3* (March 1831): 156-62.

"Systematic Theology··· by Charles Hodge." *The American Church Review 25* (April 1873): 293-96.

"Systematic Theology by Charles Hodge." *The Baptist Quarterly 6* (January 1872): 115-16.

"Systematic Theology by Charles Hodge." *The Baptist Quarterly 6* (April 1872): 248-49.

"Systematic Theology by Charles Hodge." *The Baptist Quarterly 7* (January 1873) 124-25

"Systematic Theology by Charles Hodge." *The British Quarterly Review 55* (January 1872): 164.

"Systematic Theology by Charles Hodge." *The British Quarterly Review 55* (April 1872): 309-10.

"Systematic Theology by Charles Hodge." *The British Quarterly Review 59* (January 1874): 157.

"Systematic Theology by Charles Hodge." *The Mercersburg Review 19* (April 1872): 318-21.

"Systematic Theology by Charles Hodge." *The Mercersburg Review 20* (January 1873): 177-79.

"Systematic Theology··· by Charles Hodge." *The Presbyterian Quarterly and Princeton Review 2* (January 1873): 174.

"Systematic Theology by Charles Hodge." *The Quarterly Review of the Evangelical Lutheran Church 3* (January 1873): 156-57

"Theological Science in America." *The Mercersburg Review 20* (April 1873): 317-24.

Thornwell, James H. "The Princeton Review and Presbyterianism." *Southern Presbyterian Review 13* (January 1861): 757-810.

"Unitarian View of the Park and Hodge Controversy." *Presbyterian 22* (July 3, 1852): 106.

"A Voice from Princeton, N.J,, and the American Sunday School Union." *The Millennial Harbinger*, 3d series, 1 (January 1844): 33-35.

Wallace, Benjamin J. "The 'Presbyterian Magazine' and the 'Spirit of American Presbyterianism.'" *The Presbyterian Quarterly Review 2* (September 1853): 206-46.

──── . "The Spirit of American Presbyterianism." *The Presbyterian Quarterly Review I* (December 1852): 473-523.

Watts, Robert. "The Late Dr. Hodge." *The British and Foreign Evangelical Review 27* (October 1878): 699-724.

"The Way of Life⋯ by Charles Hodge." *The American Quarterly Register 14* (May 1842): 419.

"What Is Darwinism?" The New Englander 33 (July 1874): 594.

"What Is Darwinism? by Charles Hodge." *The American Church Review 26* (April 1874): 316-19.

Wright, George F. "Dr. Hodge's Misrepresentations of President Finney's System of Theology." *Bibliotheca Sacra 33* (April 1876): 381-92.

Woodberry, George Edward. "Johnson's Garrison, and Other Biographies." *The Adantic Monthly 47* (April 1881): 558-67.

B. 20-21세기에 출간된 2차 문헌

Ahlstrom, Sydney E. "The Scottish Philosophy and American Theology." *Church History 24* (September 1955): 257-72.

──── . *The Shaping of American Religion*. Princeton: Princeton University Press, 1961.

Ambrose, Vernon. "Charles Hodge," in *The Cambridge History of American Literature*. Ed. Carl Van Doren. New York: Macmillan, 1921, Vol 3, pp.

201-5.

Anderson, Robert A. *A Bicentennial Remembrance: Charles Hodge, 1797-1877: A Look at the Life and Witness of the Great Princeton Theologian.* Charlotte, N.C.: Fundamental Presbyterian Publications, 1997.

Albritton, James McLean. "Slavery, Secession, and the Old School Presbyterians: James Henley Thornwell and Charles Hodge on the Relationship Between Church and State." *Southern Historian: A Journal of Southern History 21* (Spring 2000): 25-39.

Alexander, George. "The Glory of Ministry," *The Princeton Seminary Bulletin 21* (November 1927): 2-5.

Aucker, W. Brian. "Hodge and Warfield on Evolution." *Presbyterian : Covenant Seminary Review 20* (Fall 1994): 131-42.

Baker, David W. "Dr. Charles Hodge: Down-to-Earth Theologian." *Eternity 9* (June 1958): 20.

Balmer, Randall. "The Princetonians and Scripture: A Reconsideration." *Westminster Theological Journal 44* (1982): 352-65.

―――. "The Princetonians, Scripture, and Recent Scholarship." *Journal of Presbyterian History 60* (Fall 1982): 267-70.

Barker, William S. "The Social Views of Charles Hodge (1797-1878): A Study in Nineteenth-Century Calvinism and Conservatism." *Presbyterion: Covenant Seminary Review I* (Spring 1975): 1-22.

Beam, Jacob N. "Charles Hodge's Student Years in Germany." *Princeton University Library Chronicle 8* (April 1847): 103-39.

Bie, Linden J. de. "The Spoils of War in Nineteenth-Century American Eucharistic Controversy." *Pro Ecclesia 4* (Fall 1995): 431-41.

Bodo, John R. *The Protestant Clergy and Public Issues, 1812-1848*. Princeton: Princeton University Press, 1954.

Bozeman, Theodore Dwight. *Protestants in the Age of Science: The Baconian Ideal and American Antebellum Religious Thought.* Chapel Hill: University of North Carolina Press, 1977.

Brown, Jerry Wayne. *The Rise of Biblical Criticism in America, 1800-*

1870: The New England Scholars. Middletown, Conn.: Wesleyan University Press, 1974

Butler, Diana Hochstedt. "Review of *The Way of Life*, by Charles Hodge." *Fides et Historia 21* (June 1989): 87-88.

Bruce, Frederick F. "Review of A Commentary on the Epistle to the Ephesians, by Charles Hodge." *Evangelical Quarterly 26* (July 1954): 184-85.

— — — —. "Review of *Commentary on the Epistle to the Romans*, by Charles Hodge." *Evangelical Quarterly 26* (July 1954): 184-85.

— — — —. "Review of *An Exposition of the First Epistle to the Corinthians*, by Charles Hodge." *Evangelical Quarterly 26* (July 1954): 184-85.

Calhoun, David B. *Princeton Seminary*. 2 vols. Edinburgh: Banner of Truth, 1994, 1996.

Carey, Jonathan Sinclair. "For God or Against Him: Princeton, Orthodoxy and Transcendentalists." *American Presbyterians 64* (Winter 1986): 243-58.

Carwardine, Richard J. *Evangelicals and Politics in Antebellum America*. New Haven: Yale University Press, 1993.

Cashdollar, Charles D. "The Pursuit of Piety: Charles Hodge's Diary, 1819-1820." *Journal of Presbyterian History 55* (1977): 267-74.

— — — —. *The Transformation of Theology, 1830-1890*. Princeton: Princeton University Press, 1989.

The Centennial Celebration of the Theological Seminary of the Presbyterian Church in the United States of America at Princeton, New Jersey. Princeton: Princeton Theological Seminary, 1912. 이 기념집은 핫지에 대해 많은 지적을 하고 있다.

Coker, Joe L. "Exploring the Roots of the Dispensationalist/Princetonian 'Alliance': Charles Hodge and John Nelson Darby on Eschatology and Interpretation of Scripture." *Fides et Historia 30* (Winter/Spring 1998): 41-56.

Conkin, Paul K. *The Uneasy Center: Reformed Christianity in Antebellum America*. Chapel Hill: University of North Carolina Press, 1995.

Coleman, Michael C. *Presbyterian Missionary Attitudes Toward American Indians, 1837-1893*. Columbia University of Missouri Press, 1985. See comments about the influence of Hodge.

Conser, Walter H. *Church and Confessions: Conservative Theologians in Germany, England and America, 1815-1866*. Macon, Ga.: Mercer University Press, 1984.

―――. *God and the Natural World: Religion and Science in Antebellum America*. Columbia University of South Carolina Press, 1993.

Crisp, Oliver D. "Federalism vs realism: Charles Hodge, Augustus Strong and William Shedd in the Imputation of Sin" in *International Journal of Systematic Theology* 8: 1 (January 2006), 55-71.

Danhof, Ralph J. *Charles Hodge as Dogmatician*. Goes, The Netherlands: Osterbaan and le Cointre, 1929.

Daughters, Kenneth A. "Review of *The Way of life*, by Charles Hodge." *Journal of the Evangelical Theological Society 31* (December 1988): 497-98.

Davis, D. Clair. "Princeton and Inerrancy: The Nineteenth-Century Philosophical Background of Contemporary Concerns," in *Inerrancy and the Church*. Ed. John D. Hannah. Chicago: Moody Press, 1984. pp. 359-78.

Dawson, David G. "A Recurring Issue of Mission Administration." *Missiology 25* (October 1997): 457-65

Dillenberger, John. *Protestant Thought and Natural Science: A Historical Study*. Nashville: Abingdon Press, 1960.

Duncan, J. Ligon III. "Divine Passibility and Impassibility in Nineteenth-Century American Confessional Presbyterian Theologians." *Scottish Bulletin of Evangelical Theology 8* (Spring 1990): 1-15.

Farina, John. "General Introduction," in *Charles Hodge: The Way of Life*. Ed. Mark A. Noll. New York: Paulist Press, 1987. pp. ix-x.

Farmer, James O. *The Metaphysical Confederacy: James Henley Thornwell and the Synth sis of Southern Values*. Macon, Ga.: Mercer University Press, 1986.

Flower, Elizabeth, and Murray G. Murphey. *A History of Philosophy in America.* Vol I. New York: Capricorn Press, 1977.

Fuller, Donald, and Richard Gardiner. "Reformed Theology at Princeton and Amsterdam in the Late Nineteenth Century: A Reappraisal." *Presbyterian: Covenant Seminary Review 21* (Spring 1995): 89-117.

George, Alexander. "The Glory of the Ministry." *Princeton Seminary Bulletin 21* (November 1927): 2-5.

Gerrish, Brian A. *Tradition and the Modern World: Reformed Theology in the Nineteenth Century.* Chicago: University of Chicago Press, 1978.

Gerstner, John H. "The Contributions of Charles Hodge, B. B. Warfield, and J. Gresham Machen to the Doctrine of Inspiration," in *Challenges to Inerrancy: A Theological Response.* Ed. Gordon Lewis and Bruce Demarest. Chicago: Moody Press, 1984. pp. 347-81.

Gillette, William. Neur Jersey Blue: *Civil War Politics in New Jersey, 1854-1865.* New Brunswick: Rutgers University Press.

Goen, C. C. *Broken Churches, Broken Nation.* Macon, Ga.: Mercer University Press, 1985

Grau, Jose. Review of *Teologia Sistematica,* by Charles Hodge. *Reforma 8* (1995) 11-14.

Gregory, Frederick. "The Impact of Darwinian Evolution on Protestant Theology in the Nineteenth Century," in *God and Nature: Historical Essays on the Encounter Between Christianity and Science.* Ed. David C. Lindberg and Ronald L. Numbers. Berkeley: University of California Press, 1986. pp. 369-90.

Gundlach, Bradley J. "McCosh and Hodge on Evolution: A Combined Legacy." *Journal of Presbyterian History 75* (Summer 1997): 85-102.

Harrill, J. Albert. "The Use of the New Testament in the American Slavery Controversy: A History of the Hermeneutical Tension Between Biblical Criticism and the Christian Moral Debate." *Religion and American Culture 10* (Summer 2000): 149-86.

Hart, Darryl G. "Divided Between Heart and Mind: The Critical Period for Protestant Thought in America." *Journal of Ecclesiastical History 38*

(April 1987): 254-70.

―――. "Poems, Propositions, and Dogma: The Controversy Over Religious Language and the Demise of Theology in American Learning." *Church History* 57 (September 1988): 310-21.

―――. "Review of *The Way of Life*, by Charles Hodge." *Fides et Historia* 22 (Winter-Spring 1990): 65-66.

Hatch, Nathan O., and Mark A. Noll. The Bible In America: Essays in Cultural History. New York: Oxford University Press, 1982.

Helseth, Paul K. "Right Reason and the Princeton Mind: The Moral Context." *Journal of Presbyterian History* 77 (1999): 13-28.

Hewitt, Glenn A. *Regeneration and Morality: A Study of Charles Finney, Charles Hodge, John W Nevin, and Horace Bushnell*. Brooklyn: Carlson Publishing, 1991.

―――. "Review of The Way of Life, by Charles Hodge." Journal of Religion 69 (April 1989): 305.

Hicks, Peter. *The Philosophy of Charles Hodge: A 19th Century Evangelical Approach to Reason, Knowledge and Truth*. Lewiston: Edwin Mellen, 1997.

Hoekema, Anthony A. "Review of Systematic Theology, by Charles Hodge." *Calvin Theological Journal* 24 (April 1989): 207.

Hoeveler, J. David. *James McCosh and the Scottish Intellectual Tradition*. Durham: Duke University Press, 1981.

Hoffecker, W. Andrew "Beauty and the Princeton Piety," in *Soli Deo Gloria: Essays in Reformed Theology*. Ed. R. C. Sproul. Nutley, N.J.: Presbyterian and Reformed Pub., 1976. pp. 118-33.

―――. "Charles Hodge," in *Dictionary of Christianity in America*. Ed. Daniel G. Reid et al. Downers Grove, Ill.: InterVarsity Press, 199o. pp. 537-38.

―――. "The Devotional Life of Archibald Alexander, Charles Hodge and Benjamin Warfield." *Westminster Theological Journal* 42 (Fall 1979): 111-29.

―――. *Piety and the Princeton Theologians: Archibald Alexander,*

Charles Hodge, and Benjamin Warfield. Philipsburg, N.J.: Presbyterian and Reformed Publishing Co., 1981. (Also published by Baker Book House, 1981.)

Hogeland, Ronald W. "Charles Hodge, The Association of Gentlemen and Ornamental Womanhood: A Study of Male Conventional Wisdom, 1825-1855." *Journal of Presbyterian History 53* (1975): 239-55.

Holifield, E. Brooks. *The Gendemen Theologians: American Theology in Southern Culture, 1795-1860*. Durham: Duke University Press, 1978.

————. "Mercersburg, Princeton and the South: The Sacramental Controversy in the Nineteenth Century." *Journal of Presbyterian History 54* (1976): 238-57.

Hollinger, David, and Charles Capper. *The American Intellectual Tradition*. Vol. 2, 2d ed. New York: Oxford University Press, 1989.

Hood, Fred J. *Reformed America: The Middle and Southern States, 1783-1837*. University, Ala.: The University of Alabama Press, 1980.

Hovenkamp, Herbert. *Science and Religion in America, 1800-1860*. Philadelphia: University of Pennsylvania Press, 1978.

Howe, Daniel W. *The Political Culture of the American Whigs*. Cambridge: Harvard University Press, 1979.

Illick, Joseph E. "The Reception of Darwinism at the Theological Seminary and the College at Princeton, New Jersey." *Journal of the Presbyterian Historical Society 38* (1960): 152-65, 234-43.

Jamison, Wallace N. *Religion in New Jersey A Brief History*. Princeton: D. Van Nostrand Press, 1964.

Jodock, Darrell. "The Impact of Cultural Change: Princeton Theology and Scriptural Authority." *Dialog 22* (1983): 21-29.

————. "Review of *The Way of Life*, by Charles Hodge." *Critical Review of Books in Religion I* (1989): 328-31

Kelsey, David H. *The Uses of Scripture in Recent Theology*. Philadelphia: Fortress Press, 1975

Kemeny, Paul C. *The Nation's Service: Religious Ideals and Educational Practice, 1868-1928*. New York: Oxford University Press, 1998.

Kennedy, Earl William. "From Pessimism to Optimism: Francis Turretin and Charles Hodge," in *Servant Gladly: Essays in Honor of John W Beardslee III*. Ed. J. Klunder and R. Gasero. Grand Rapids: Eerdmans, 1989. pp. 104-16.

————. "Review of *Systematic Theology*, by Charles Hodge." *Reformed Review 46* (Autumn 1992): 84-85.

Knight, George W. "Subscription to the Westminster Confession of Faith and Catechisms." Presbyterion: *Covenant Seminary Review 10* (Spring-Fall 1984): 20-55.

Kuklick, Bruce. *Churchmen and Philosophers: From Jonathan Edwards to John Dewey*. New Haven: Yale University Press, 1985.

Kull, Irving S. "Presbyterian Attitudes Towards Slavery" *Church History* (June 1838): 101-14.

Livingstone, David N. "Darwinism and Calvinism: The Belfast-Princeton Connection." *Isis 83* (1992): 408-28.

————. *Darwin's Forgotten Defenders: The Encounter Between Evangelical Theology and Evolutionary Thought*. Grand Rapids: Eerdmans, 1987.

————. "The Idea of Design: The Vicissitudes of a Key concept in the Princeton Response to Darwin." *Scottish Journal of Theology 37* (1984): 329-57.

————. D. G. Hart, and Mark A. Noll, eds. *Evangelicals and Science in Historical Perspective*. New York: Oxford University Press, 2002.

Loetscher, Lefferts A. *The Broadening Church: A Study of the Theological Issues in the Presbyterian Church Since 1869*. Philadelphia: University of Pennsylvania Press, 1954

————. *Facing the Enlightenment: Archibald Alexander and the Founding of Princeton Theological Seminary*. Westport, Conn.: Greenwood Press, 1983

March, Wallace Eugene. "Charles Hodge on Schism and Civil Strife." *Journal of the Presbyterian Historical Society 39* (June 1961): 88-97.

Marsden, George M. "The Collapse of American Evangelical Academia," in

Faith and Rationality: *Reason and Belief in God.* Ed. Alvin Plantinga and Nicolas Wolterstorff. Notre Dame: University of Notre Dame Press, 1983. pp. 219-64.

―――. *The Evangelical Mind and the New School Presbyterian Experience.* New Haven: Yale University Press, 1970.

―――. *Fundamentalism and American Culture: The Shaping of Twentieth-Century American Evangelicalism.* New York: Oxford University Press, 1980.

May, Henry F. *The Enlightenment in America.* New York: Oxford University Press, 1976.

Moore, James R. *The Post-Darwinian Controversies: A Study of the Protestant Struggle to Come to Terms with Darwin in Great Britain and America, 1870-1900.* Cambridge: Cambridge University Press, 1979.

Muller, Richard A. "Giving Direction to Theology: The Scholastic Dimension." *Journal of the Evangelical Theological Society 28* (June 1985): 183-93.

Mullin, Robert B. "Biblical Critics and the Battle Over Slavery." *Journal of Presbyterian History 61* (Summer 1983): 210-26.

Murchie, David N. "Charles Hodge and Jacksonian Economics." *Journal of Presbyterian History 61* (Summer 1983): 248-56.

―――. "From Slaveholder to American Abolitionist: Charles Hodge and the Slavery Issue," in *Christian Freedom: Essays in Honor of Vernon C. Grounds.* Ed. Kenneth Wozniak and Stanley Grenz. Lanham, Md.: University Press of America, 1986. pp. 127-52.

Nelson, John Oliver. "Charles Hodge (1797-1878): Nestor of Orthodoxy," in *The Lives of Eighteen From Princeton.* Ed. Willard Thorpe. Princeton: Princeton University Press, 1946.

Nichols, James H., ed. *Romanticism in American Theology: Nevin and Schaff at Mercersburg.* Chicago: University of Chicago Press, 1961. [See ch. 4, "The Reformed Doctrine of the Lord's Supper Recovered."]

―――, ed. *The Mercersburg Theology.* New York: Oxford University Press, 1966.

Nichols, Robert H. "Charles Hodge," in *Dictionary of American Biography*. Vol. 9. Ed. Dumas Malone (New York: Charles Scribner's Sons, 1932). pp. 98-100.

Noll, Mark A. "Charles Hodge," in *American National Biography*. Ed. John A. Garrity and Mark C. Carnes. New York: Oxford University Press, 1999.

─────. "Charles Hodge," in *Historical Handbook of Major Biblical Interpreters*. Ed. Donald K. McKim. Downers Grove, Ill.: InterVarsity Press, 1998.

─────. "Common Sense Traditions and American Evangelical Thought." *American Quarterly 37* (1985): 216-38.

─────. "Introduction," in *Charles Hodge: The Way of Life*. Ed. Mark A. Noll. New York: Paulist Press, 1987. pp. 1-44.

─────. "The Princeton Review." *Westminster Theological Journal 50* (Fall 1988): 283-304.

─────. "The Princeton Theology," in *The Princeton Theology*. Ed. David F. Wells. Grand Rapids: Baker Book House, 1989. pp. 13-36.

─────. *The Princeton Theology, 1812-1921: Scripture, Science, and Theological Method. From Archibald Alexander to Benjamin Breckinridge Warfield*. Grand Rapids: Baker Book House, 2001.

Olbricht, Thomas H. "Charles Hodge as an American New Testament Interpreter." *Journal of Presbyterian History 57* (Summer 1979): 117-33.

Phipps, William E. "Asa Gray's Theology of Nature." *American Presbyterians 66* (Fall 1988): 167-75.

Pierard, Richard V. "Review of *The Way of Life*, by Charles Hodge." *Christian Scholar's Review 19* (1990): 309-10.

Pope, Earl A. *New England Calvinism and the Disruption of the Presityterian Church*. New York: Garland Press, 1987.

Roberts, Jon H. *Darwinism and the Divine in America: Protestant Intellectuals and Organic Evolution, 1859-1900*. Madison: University of Wisconsin Press, 1988.

Rogers, Jack B. *Scripture in the Westminster Confession: A Problem of*

Historical Interpretation for American Presbyterians. Grand Rapids: Eerdmans, 1967.

―――. and Donald K. McKim. *The Authority and Interpretation of the Bible: An Historical Approach*. San Francisco: Harper & Row, 1979.

Russ, Pulliam. "Review of *Systematic Theology*, by Charles Hodge." *Eternity 39* (December 1988): 40-41

Sandeen, Ernest R. "The Princeton Theology: One Source of Biblical Literalism in American Protestantism." *Church History 31* (September 1962): 307-21.

―――. *The Roots of Fundamentalism: British and American Millenarianism, 1830-1930*. Chicago: University of Chicago Press, 1970.

Scott, Hugh Lennox. *Some Memories of a Soldier*. New York: The Century Company, 1928. H. L. Scott was a grandson of Charles Hodge and mentions his grandfather.

Scott, William B. *Some Memories of a Paleontologist*. Princeton, N.J.: Princeton University Press, 1939. W. B. Scott was a grandson of Charles Hodge and mentions his grandfather.

Shriver, George H. "Passages in Friendship: John W. Nevin to Charles Hodge, 1872." *Journal of Presbyterian History 58* (Summer 1980): 116-22.

Silva, Moises. "Old Princeton, Westminster, and Inerrancy," in *Inerrancy and Hermeneutic: A Tradition, A Challenge, A Debate*. Ed. Harvie Conn. Grand Rapids: Baker Book House, 1988. pp. 67-80.

Smart, Ninian, ed. *Nineteenth-Century Religious Thought in the West*. 3 vols. New York: Cambridge University Press, 1985.

Smith, Elwyn A. *The Presbyterian Ministry in American Culture: A Study of Changing Concepts, 1700-1900*. Philadelphia The Westminster Press, 1962.

Smith, H. Shelton, Robert T. Handy, and Lefferts A. Loetscher. "Church Boards Versus Voluntary Societies," in *American Christianity*, vol. 2, *1820-1960: An Historical Interpretation with Representative*

Documents. Ed. H. Shelcon Smith, Robert T. Handy, and Lefferts A. Loetscher. New York: Charles Scribner's Sons, 1963. pp. 88-92.
Smith, James H., and A. L. Jamison, eds. *The Shaping of American Religion*. Princeton: Princeton University Press, 1961.
Smith, Timothy L. *Revivalism and Social Reform in Mid-Nineteenth-Century America*. Nashville: Abingdon Press, 1957.
Smylie, James H. "Charles Hodge (1797-1878)," in *Makers of Christian Theology in America*. Ed. Mark G. Toulouse and James O. Duke. Nashville: Abingdon Press, 1997. pp. 153-60.
―――. "Review of *The Way of Life*, by Charles Hodge." *Church History* 58 (March 1989): 116-17.
―――. "Writings That Have Shaped Our Past." *American Presbyterians* 66 (Winter 1988): 213-332.
Soon, Gil Huh. *Presbyter in Volle Rechten: Het Debat Tussen Charles Hodge en James H. Thornwell over Het Ambt Van Ouderling*. Groningen, Netherlands: De Vuurbaak, 1972.
Speer, Robert E. "Charge to the President." *The Princeton Seminary Bulletin* 31 (April 1937): 2-6. This article contains several references to Hodge.
Stein, Stephen J. "Stuart and Hodge on Romans 5:12-21: An Exegetical Controversy About Original Sin." *Journal of Presbyterian History 47* (December 1969): 340-58.
Stevens, George Barker. *The Christian Doctrine of Salvation*. New York: Charles Scribner's Sons, 1905. (See pp. 181-86.]
Stewart, John W." Charles Hodge," in *Encyclopedia of The Reformed Faith*. Ed. Donald K. McKim. Louisville: Westminster/John Knox Press, 1992. pp. 174-76.
―――. "Hodge, Charles (1797-1878)," in *Dictionary of the Presbyterian and Reformed Tradition in America*. Ed. D. G. Hart. Downers Grove, Ill.: InterVarsity Press, 1999. pp. 122-23.
―――. *Mediating the Center: Charles Hodge on American Science, Language, Literature, and Politics*. Princeton: Princeton Theological Seminary, 1995.

Stewart, John W. & Moorhead, James H. eds. *Charles Hodge Revisited: A Critical Appraisal of His Life and Work.* Grand Rapids: Eerdmans, 2002.

Stoneburner, John. "Review of The Way of Life, by Charles Hodge." *Religion and Intellectual Life 6* (Fall 1988): 132-35.

Taylor, Marion Ann. *The Old Testament in the Old Princeton School (1811-1929).* Lewiston, N.Y.: Mellen Research Press, 1992.

Tise, Larry. *Proslavery: A History of the Defense of Slavery, 1701-1840.* Athens: University of Georgia Press, 1987.

Trinterud, Leonard. "Charles Hodge (1797-1878): Theology - Didactic and Polemical," in *Sons of the Prophets.* Ed. Hugh T. Kerr. Princeton: Princeton University Press, 1963. pp. 22-38.

Troxel, A. Craig. "Charles Hodge on Church Boards: A Case Study in Ecclesiology." *Westminster Theological Journal 58* (Fall 1996): 183-207.

Turner, James. *Without God, Without Creed: The Origins of Unbelief in America.* Baltimore: Johns Hopkins University Press, 1985.

VanderVelde, Lewis G. *The Presbyterian Churches and the Federal Union, 1867-1869.* Cambridge: Harvard University Press, 1932.

Van Huyssteen, J. Wentzel. *Duet or Duel? Theology and Science in a Postmodern World.* Harrisburg, Pa.: Trinity Press, 1998. See ch. 3.

Wallace, Peter J." The Defense of the Forgotten Center: Charles Hodge and the Enigma of Emancipationism in Antebellum America." *Journal of Presbyterian History 75* (Fall 1997): 165-77.

————. "Foundations of Reformed Biblical Theology: The Development of Old Testament Theology at Old Princeton." *Westminster Theological journal 59* (Spring 1997): 41-69.

————, and Mark A. Noll. "The Students of Princeton Seminary, 1812-1929: A Research Note." *American Presbyterians 72* (1994): 203-15.

Welch, Claude. *Protestant Thought in the Nineteenth Century.* 2 vols. New Haven: Yale University Press, 1985.

Wells, David F. "Charles Hodge," in *Reformed Theology in America: A History of Its Modern Development.* Ed. David F. Wells. Grand Rapids: Baker Book House, 1997. pp. 39-64.

————. "Charles Hodge," in *The Princeton Theology*. Ed. David F. Wells. Grand Rapids: Baker Book House, 1989. pp. 37-62.

————. "The Debate Over the Atonement in 19th-Century America: Aftermath and Hindsight of the Atonement Debate." *Bibliotheca Sacra 145* (January-March 1988): 3-14.

————, ed. *Southern Reformed Theology*. Grand Rapids: Baker Book House, 1989.

Wells, Jonathan. "Charles Hodge on the Bible and Science." *American Presbyterians 66* (Fall 1988): 157-65.

————. *Charles Hodge's Critique of Darwinism: An Historical-Critical Analysis of the Nineteenth-Century Debate*. Lewiston, N.Y.: Edwin Mellen Press, 1988.

————. "The Stout and Persistent Theology of Charles Hodge." *Christianity Today 18* (1974): 1278.

————, ed. *The Princeton Theology*. Grand Rapids: Baker Book House, 1989.

Wilcox, David L. "Three Models of Making: Prime Mover, Craftsman, and King - Alternate Theistic Frameworks For Teaching Origins." *Perspectives on Science and Christian Faith 39* (December 1987): 212-20.

Willis, E. David. "The Material Assumptions of Integrative Theology: The Conditions of Experiential Church Dogmatics." *Princeton Seminary Bulletin 2* (1979): 232-50.

Willis-Warkins, E. David. "Charles Hodge's Systematic Theology." *American Presbyterians: Journal of Presbyterian History 66* (Winter 1988): 269-72.

Wilson, R. Jackson, ed. *Darwinism and the American Intellectual*. 2d ed. Chicago: University of Chicago Press, 1989.

Wood, John Holsey, Jr. "The 1861 Spring Resolutions: Charles Hodge, the American Union, and the dissolution of the Old School Church." *Journal of Church and State* (March 2005). available in http://www.accessmylibrary.com/coms2/summary_0286-9429413_ITM

Woodbridge, John D., and Randall H. Balmer. "The Princetonians and Biblical Authority: An Assessment of the Ernest Sandeen Proposal," in *Scripture and Truth*. Ed. D. A. Carson and John D. Woodbridge. Grand Rapids: Zondervan, 1983.

4 핫지에 관한 미출간 2차 문헌

Balmer, Randall H. "The Old Princeton Doctrine of Inspiration in the Context of Nineteenth Century Theology: A Reappraisal." Th. M. thesis, Trinity Evangelical School, 1981.

Balzer, Joel. "A Comparison of Charles G. Finney's View of Sin With That of Charles Hodge." M.A. thesis, Simpson College, 1988.

Berg, Kenneth. "Charles Hodge, Controversialist." Ph.D. dissertation, University of Iowa, 1952.

Byrne, James M. "General Revelation Rreserved: General Grace in Charles Hodge, Herman Bavinck & Louis Berkhof." A paper presented at the 49th National Conference [of the Evangelical Theological Society], Santa Clara, CA, November 20-22, 1997.

Carl, Harold F. "Found in Human Form: The Maintenance and Defense of Orthodox Christology by Nineteenth Century American Reformed Theologians." Ph.D. dissertation, Westminster Theological Seminary, 1992.

Clyde, Walter R. "The Development of American Presbyterian Theology, 1705-1823." Ph.D. dissertation, Hartford Theological Seminary Foundation, 1939.

Dahl, James David. "Charles Hodge: Defender of Piety. A Study of the Relationship of Piety and Theology as Seen Through his Various Writings and his Critique of Schleiermacher." Ph.D. dissertation, Trinity Evangelical Divinity School, 1996.

Davis, Dennis Royal. "Presbyterian Attitudes Toward Science and the Coming of Darwinism in America, 1859-1929." Ph.D. dissertation,

University of Illinois, 1980.

Deifell, John J. "The Ecclesiology of Charles Hodge." Ph.D. dissertation, University of Edinburgh, 1969.

Gardner, Richard. "Princeton and Paris: An Early Nineteenth Century Bond of Mission." Unpublished paper, Princeton Theological Seminary Archives, 1994.

Goodwin, Russell Dixon. "Viable Ecumenicity as Presented in the Nineteenth Century Evangelical Perspective of Dr. Charles Hodge." M. A. thesis. Hartford Seminary, 1970.

Gundlach, Bradley J. "The Evolution Question at Princeton, 1845-1929." Ph.D. dissertation, University of Rochester, 1986.

Hoffecker, Andrew W., Jr. "The Relation Between the Objective and Subjective Aspects in Christian Religious Experience: A Study in the Systematic and Devotional Writings of Archibald Alexander, Charles Hodge, and Benjamin B. Warfield." Ph.D. dissertation, Brown University, 1970.

Jang, Sung Shik. "Contextualization in Princeton Theology, 1822-1878: Scottish Common Sense Realism and the Doctrine of Providence in the Theology of Charles Hodge." Th.M. thesis, Westminster Theological Seminary, 1993.

Johnson, Deryl Freeman. "The Attitudes of the Princeton Theologians Toward Darwinism and Evolution from 1859-1929." Ph.D. dissertation, University of Iowa, 1969.

Jones, Charles A. "Charles Hodge, the Keeper of Orthodoxy: The Method, Purpose and Meaning of His Apologetic." Ph.D. dissertation, Drew University, 1989.

Kennedy, Earl William. "An Historical Analysis of Charles Hodge's Doctrine of Sin and Particular Grace." Ph.D. dissertation, Princeton Theological Seminary, 1968.

Kim, Ki-Hong. "Presbyterian Conflict in the Early Twentieth Century: Ecclesiology in the Princeton Tradition and the Emergence of Presbyterian Fundamentalism." Ph.D. dissertation, Drew University,

1983.

Knaak, Patric J. "An Exposition and Analysis of Charles Hodge's Conception of Limited Atonement." M.A. thesis, Wheaton College, 1995.

Lazenby, Henry F. "Revelation History in the Theologies of Karl Barth and Charles Hodge." Ph.D. dissertation, University of Aberdeen, 1984.

McAllister, James L., Jr. "The Nature of Religious Knowledge in the Theology of Charles Hodge." Ph.D. dissertation, Duke University, 1957.

Murchie, David N. "Morality and Social Ethics in the Thought of Charles Hodge." Ph.D. dissertation, Drew University, 1980.

Nelson, John Oliver. "The Rise of the Princeton Theology: A Genetic History of American Presbyterianism until 1850." Ph.D. dissertation, Yale University, 1935.

Plaster, David R. "The Theological Method of the Early Princetonians." Th.D. Dissertation, Dallas Theological Seminary, 1989.

Richards, Walter Wiley. "A Study of the Influence of Princeton Theology upon the Theology of James Petigru Boyce and His Followers with Special Reference to the Work of Charles Hodge." Th.D. dissertation, New Orleans Baptist Theological Seminary, 1964.

Scovel Raleigh D. "Orthodoxy in Princeton: A Social and Intellectual History of Princeton Theological Seminary, 1812-1860." Ph.D. dissertation, University of California, 1970.

St. Amant, Penrose. "The Rise and Early Development of the Princeton School of Theology." Ph.D. dissertation, University of Edinburgh, 1952.

Stewart, John W "The Tethered Theology: Biblical Criticism, Common Sense Philosophy, and the Princeton Theologians, 1812-1860." Ph.D. dissertation, University of Michigan, 1990.

Stull, Clark D. "Education at Home and at School: the Views of Horace Bushnell, Charles Hodge, and Robert Dabney." Ph.D. dissertation, Westminster Theological Seminary, 2005.

Torbett, David. "Theology and Slavery: Charles Hodge and Horace Bushnell on the Problem of African American Slavery in the United

States." Ph.D. dissertation, Union Theological Seminary and the Presbyterian School of Christian Education, 2002.

Wells, John C. "Charles Hodge's Critique of Darwinism: The Argument to Design," Ph.D. dissertation, Yale University, 1986.

Wilhelm, Paul A. "A Victim of Sectional Theologies: Parochial Schools in the Presbyterian Church in the Crossfire Between Charles Hodge and James Henley Thornwell," M.A. thesis, Vanderbilt University, 1999.